中知认证系列丛书

基于ISO 56005国际标准的企业创新与知识产权管理指南

中知（北京）认证有限公司 / 组织编写

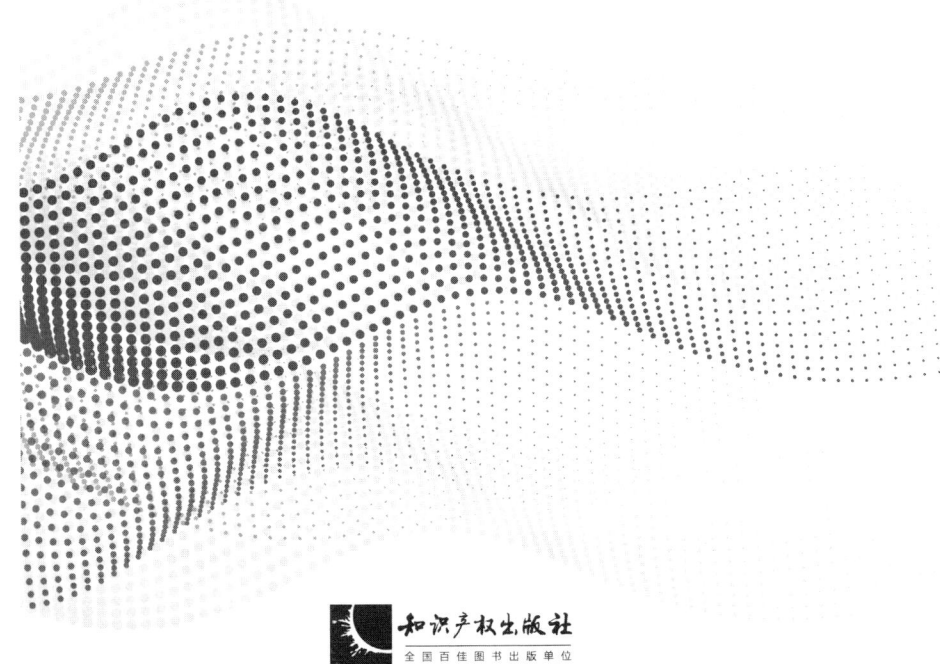

知识产权出版社
全国百佳图书出版单位
——北京——

图书在版编目(CIP)数据

基于 ISO 56005 国际标准的企业创新与知识产权管理指南 / 中知（北京）认证有限公司组织编写. -- 北京：知识产权出版社, 2025. 8. -- (中知认证系列丛书).
ISBN 978-7-5130-9928-8

Ⅰ. D923.404

中国国家版本馆 CIP 数据核字第 20252MK221 号

责任编辑：刘 睿 刘 江 邓 莹　　责任校对：王 岩
封面设计：杨杨工作室·张 冀　　责任印制：刘译文

基于 ISO 56005 国际标准的企业创新与知识产权管理指南

中知（北京）认证有限公司　组织编写

出版发行： **知识产权出版社** 有限责任公司		网　址：http://www.ipph.cn	
社　　址：北京市海淀区气象路 50 号院		邮　编：100081	
责编电话：010-82000860 转 8344		责编邮箱：liujiang@cnipr.com	
发行电话：010-82000860 转 8101/8102		发行传真：010-82000893/82005070/82000270	
印　　刷：三河市国英印务有限公司		经　销：新华书店、各大网上书店及相关专业书店	
开　　本：720mm×1000mm　1/16		印　张：19	
版　　次：2025 年 8 月第 1 版		印　次：2025 年 8 月第 1 次印刷	
字　　数：283 千字		定　价：108.00 元	
ISBN 978-7-5130-9928-8			

出版权专有　侵权必究
如有印装质量问题，本社负责调换。

《中知认证丛书》编委会

主　任　雷筱云
副主任　王文静　余　平
委　员（按姓氏拼音排序）

杜鹃花　范恺偈　范艳伟　冯国伟
郭志萍　何万兴　胡治中　黄方红
黄智达　雷　斌　雷　蕾　李　娟
李文辉　李西良　李　曦　李小永
李学锋　刘　娟　刘　伟　刘　鑫
龙湘云　穆旭东　乔文龙　任文斌
苏　京　孙丽芳　田　收　王　博
王海涛　王　昊　王健琳　王景凯
王靖哲　王军红　王新伟　邢文超
徐立群　闫　丹　杨丽萍　杨　洋
姚　丹　尤新嬿　杨　静　袁　蓉
张　飞　张　青　张升媛　章洪流
赵　兵　赵　佳　张　周

《基于 ISO 56005 国际标准的企业创新与知识产权管理指南》编写组

主　编　余　平
副主编　杨　洋　郭志萍　赵　佳
撰　写　(按章节排序)
　　　　杨　洋　郭志萍　赵　佳　雷　蕾
　　　　王彩霞　李稷亮　周红娅　刘　娟
　　　　刘嘉怡　罗洪星
审　稿　余　平

序

当前，新一轮技术革命和产业变革正以前所未有的速度演进。技术创新浪潮以迅猛之势席卷全球，深刻影响着全球经济社会发展格局。

在这一时代背景下，技术创新主体的知识产权管理的重要性日益凸显，已经从企业核心竞争力的关键要素上升至国家战略层面。为统筹推进知识产权强国建设，中共中央、国务院印发了《知识产权强国建设纲要（2021—2035年）》，国务院制定了《"十四五"国家知识产权保护和运用规划》，旨在高效促进知识产权运用，激发全社会创新活力。

我国关于知识产权战略的顶层设计，蕴含着推动知识产权管理标准贯彻实施的重要内容。《知识产权强国建设纲要（2021—2035年）》明确提出要"推动企业、高校、科研机构健全知识产权管理体系"。《"十四五"国家知识产权保护和运用规划》进一步明确提出"推动创新主体加强知识产权管理标准化体系建设，推动实施创新过程知识产权管理国际标准"。相关标准的贯彻实施，有助于加快建立高效的知识产权综合管理体制，加强支撑和协同实施国家知识产权战略，更好地融入和服务国家经济社会发展大局。

当前和今后相当长的一个时期内，有三个知识产权管理标准是与企业息息相关的。一是《企业知识产权合规管理体系　要求》（GB/T 29490—2023），为企业建立并完善知识产权合规管理体系、有效防范知识产权风险、充分实现知识产权价值提供了参照。二是ISO 56005：2020《创新管理　知识产权管理指南》，是由中国提出并经国际标准化组织

（ISO）正式立项、起草制定和发布的全球首个创新和知识产权管理融合的国际准则，该标准吸收了全球创新管理最先进的理念，为全球创新主体提供了一套科学、系统的知识产权管理架构。三是《企业商业秘密管理规范》（T/PPAC 701—2021），这是中国专利保护协会发布的企业商业秘密管理团体标准，该标准吸收了国内外关于企业开展商业秘密管理的先进理念和实践经验，对我国企业建立并完善商业秘密管理体系具有重要指导作用，对其他有商业秘密管理需求的组织开展商业秘密管理也有有益的参考价值。以上三个标准已经在大批创新主体中广泛实施，取得了良好成效。

为帮助更多的创新主体通过国家标准、国际标准的贯彻实施，实现高质量发展，在"十四五"规划已届收官，知识产权强国建设取得一系列新进展之际，中知（北京）认证有限公司作为中国知识产权认证领域的开创者与引领者，将深耕行业十余载的创新与知识产权管理领域的国家标准、国际标准、团体标准的制定研发经验和认证评价实践经验精心凝练、荟萃，形成了《〈企业知识产权合规管理体系 要求〉（GB/T 29490—2023）理解与实施》《基于 ISO 56005 国际标准的企业创新与知识产权管理指南》《商业秘密保护——体系化管理实务》三部图书。丛书旨在基于创新与知识产权领域国家标准、国际标准和团体标准及在中国的实践，为广大创新主体提供以标准助力高质量发展的工作指引。

该丛书立意高远、观点新颖、内容丰富、案例翔实：第一本基于知识产权合规管理国家标准引入的合规管理理念，通过大量企业合规管理实战案例和审核实践总结，揭示了通过体系化知识产权合规管理构筑企业竞争优势的实用技巧；第二本通过对众多标杆企业实施案例的拆解，将"专利-创新-商业"价值闭环清晰地呈现在读者面前，为创新主体提供了一本实用的以知识产权管理促进创新的战术手册；第三本突破传统商业秘密保护思维，详解商业秘密体系化管理范式，通过名企商业秘密管理方案和经典司法案例，将体系化的商业秘密治理模型呈现给读者，助力创新主体有效应对商业秘密泄露风险。

希望该丛书能够帮助企业熟知知识产权管理的理论和技术,促进企业运用管理标准提升知识产权保护和运用的能力,推动企业知识产权价值的实现,助力企业打造市场经济中的核心竞争力。

中国专利保护协会常务副会长

前　言

创新是引领发展的第一动力。知识产权作为创新成果向现实生产力转化的关键桥梁和纽带，其重要性日益凸显。伴随经济全球化深入发展，创新与知识产权已成为国家发展的战略性资源和国际竞争的核心要素。

党中央、国务院高度重视创新和知识产权强国建设，先后印发《国家创新驱动发展战略纲要》《知识产权强国建设纲要（2021—2035 年）》，强调要深入实施知识产权强国战略，有效支撑创新驱动发展。创新驱动发展战略和知识产权强国战略是我国在新时代推动高质量发展的两大核心战略，对塑造国际竞争新优势、增强经济发展持久动能具有深远战略意义，同时对提升经济增长质量与效益、加快经济发展方式转变具有重大现实价值。当前，我国正处于两大战略实施的关键时期。企业作为创新的核心主体，同时也是知识产权创造、保护、运用和管理的关键载体。提升企业创新与知识产权管理能力，是助力企业掌握关键技术、构建核心竞争力、扩大品牌影响力，进而实现长期健康可持续发展的必然要求。

实践证明，标准化是提升我国企业创新与知识产权管理能力的有效途径。ISO 56005：2020《创新管理　知识产权管理指南》国际标准，是由中国提出并主导制定、经国际标准化组织（ISO）正式发布的全球首个融合创新与知识产权管理的国际准则。实施该标准，有助于企业优化创新与知识产权管理流程，推动创新管理体系与知识产权管理体系深度融合，全面提升管理效能，促进创新价值实现，为知识产权强国建设和创新型国家建设提供有力支撑。

本书旨在立足 ISO 56005 国际标准，紧密结合我国企业的实际特点，应用世界创新与知识产权管理理论研究的最新成果，并借鉴世界知名企业创新与知识产权管理的最佳实践，系统阐述企业创新管理体系与知识产权管理体系的组成要素及其内在联系，帮助企业掌握创新管理与知识产权管理的知识和技能。本书基于体系化思维，明确企业创新管理体系与知识产权管理体系的基本原则、总体战略、组织架构、文化建设、资源保障和实施路径，介绍创新管理与知识产权管理常用的工具和方法，侧重指导企业如何在创新各阶段开展知识产权全过程管理，从而实现企业创新管理体系与知识产权管理体系的深度融合。此外，本书还精选国内部分优秀企业的实践案例以供参考。

本书适用于企业创新人员、知识产权管理人员、创新与知识产权管理能力分级评价人员、知识产权服务机构人员等。期望本书的出版能为企业相关工作提供有益借鉴。受限于各方面条件及编者水平，书中疏漏之处在所难免，恳请广大读者不吝指正。

目 录

上 篇 创新管理体系与国际标准化

第一章 企业创新与知识产权管理能力提升的必要性 …………（3）

 第一节 企业发展的必由之路：创新与知识产权管理 …………（3）

 第二节 中国特色企业创新与知识产权管理路径探索 …………（6）

 第三节 我国企业创新与知识产权管理主要任务 ………………（13）

 第四节 案 例 ……………………………………………………（18）

第二章 ISO 56000 创新管理系列标准概述 ………………………（24）

 第一节 创新管理标准化的发展历程：国内外视角 ……………（24）

 第二节 ISO 56000 创新管理系列标准核心内容解读 …………（30）

 第三节 ISO 56005 国际标准与我国相关国家标准对比分析 …（49）

 第四节 案 例 ……………………………………………………（54）

中 篇 企业创新与知识产权管理指南

第三章 企业创新与知识产权管理基础知识 ………………………（63）

 第一节 企业创新与知识产权管理基本概念 ……………………（63）

第二节　企业创新与知识产权管理基本原则 …………………… (83)

　　第三节　企业创新与知识产权管理关键问题 …………………… (93)

　　第四节　案　例 ………………………………………………… (103)

第四章　企业创新与知识产权战略构建与实施 ……………………… (108)

　　第一节　企业创新与知识产权战略概述 ………………………… (108)

　　第二节　企业创新与知识产权战略构建 ………………………… (123)

　　第三节　企业创新与知识产权战略实施 ………………………… (132)

　　第四节　案　例 ………………………………………………… (136)

第五章　企业创新与知识产权管理组织架构 ………………………… (142)

　　第一节　企业创新与知识产权管理组织形式 …………………… (142)

　　第二节　企业创新与知识产权管理组织构建 …………………… (149)

　　第三节　案　例 ………………………………………………… (155)

第六章　企业创新与知识产权管理文化建设 ………………………… (161)

　　第一节　企业创新与知识产权文化建设意义 …………………… (161)

　　第二节　企业创新与知识产权文化建设重点 …………………… (163)

　　第三节　案　例 ………………………………………………… (168)

第七章　企业创新与知识产权管理资源保障 ………………………… (176)

　　第一节　企业创新与知识产权管理财务资源保障 ……………… (176)

　　第二节　企业创新与知识产权管理信息资源保障 ……………… (187)

　　第三节　企业创新与知识产权管理人力资源保障 ……………… (194)

　　第四节　企业创新与知识产权管理基础设施保障 ……………… (205)

　　第五节　案　例 ………………………………………………… (207)

第八章　企业创新全过程知识产权管理要点 ………………………… (211)

　　第一节　企业创新与知识产权管理的基本流程 ………………… (211)

第二节 "识别机会"过程创新与知识产权管理要点 …………（218）

第三节 "创建概念"过程创新与知识产权管理要点 …………（224）

第四节 "验证概念"过程创新与知识产权管理要点 …………（230）

第五节 "开发方案"过程创新与知识产权管理要点 …………（234）

第六节 "部署方案"过程创新与知识产权管理要点 …………（240）

第七节 案 例 ……………………………………………………（246）

第九章 以评促建——企业创新与知识产权管理实施路径 …………（253）

第一节 企业创新与知识产权管理能力分级评价工作简介 ………（253）

第二节 企业创新与知识产权管理能力分级评价工作要求 ………（256）

第三节 企业创新与知识产权管理能力分级评价工作流程 ………（259）

下 篇 创新与知识产权管理能力建设案例

第十章 企业创新与知识产权管理能力建设案例 ……………………（271）

第一节 巨石集团创新与知识产权管理能力建设案例 ……………（271）

第二节 珠海光恒创新与知识产权管理能力建设案例 ……………（277）

参考文献 ………………………………………………………………………（286）

上篇
创新管理体系与国际标准化

第一章　企业创新与知识产权管理能力提升的必要性

第一节　企业发展的必由之路：创新与知识产权管理

一、创新管理是企业实现可持续发展的内在要求

创新无处不在。创新是企业面向未来并有效实现其确保繁荣、可持续性以及长期相关性和生存的总体目标的一种方式。当前全球技术革命、产业变革和军事变化加速演进，科学探索正在从微观到宏观各个层面上向纵深拓展，以智能、绿色、泛在为特征的群体性技术革命将引发国际产业分工重大调整，颠覆性技术不断涌现，正在重塑世界竞争格局、改变国家力量对比。联合国可持续发展目标（SDGs）指出，基础设施和创新上的投入对于推动经济增长尤为重要。创新有助于应对最关键的全球社会、经济、政治和环境挑战。创新已经并将继续影响人们的生活、组织和社会的发展和变化。创新正成为许多国家谋求竞争优势的核心战略。

目前，全球的竞争越来越体现在经济和科技实力方面的竞争，而创新日益成为经济和科技竞争力的关键因素，创新对企业成功发挥着越来越重要的作用。越来越多的企业发现，仅有足够高的生产效率、质量甚至灵活性，已不足以保持市场竞争优势。创新日益成为企业生存与发展的不竭源泉和动力。创新已成为引领企业发展的第一动力。科技创新与制度创新、

管理创新、商业模式创新、业态创新和文化创新相结合，推动企业的发展方式向依靠持续的知识积累、技术进步和劳动力素质提升转变，从而确保企业实现长期可持续发展。

企业当前面临环境变化更快、市场全球化以及知识经济的挑战。数字化时代为企业的业务带来了各种挑战，对创新速度和过程产生了深刻的影响。随着新技术的发展和消费行为的改变，以此为代表的许多旧商业模式都受到了重创甚至已经消亡。在快速变化的环境中，企业面临着越来越高的不确定性，企业的寿命周期正在进一步缩短。不少以前耳熟能详的公司都已悄然而逝，原因就是它们没有积极拥抱创新，无法适应变化的公司很可能会被时代抛弃。据统计，1900 年入围道琼斯指数的 12 家企业，只有通用电气（GE）一家实现持续发展。10 年前的《财富》500 强企业中，将近 40% 已经销声匿迹；而 30 年前的《财富》500 强企业中，60% 已被收购或破产。❶

全球著名管理咨询机构波士顿咨询公司（The Boston Consulting Group，BCG）自 2005 年起发布《全球最具创新力企业报告》，评选出每年度 50 家最具创新力的公司。据统计，BCG"最具创新力 50 家公司"榜单中，累计已上榜的 162 家公司每年只有 8 家进入榜单，只有 12% 的公司进入前 50 名 10 次或 10 次以上，这些企业包括苹果、谷歌、微软、三星、丰田、宝马、亚马逊、3M、IBM、惠普、通用电气、思科、耐克、索尼、英特尔、宝洁和沃尔玛等。研究发现，这些企业通过实施系统化创新，使企业拥有源源不断的活力，适应或者影响变化的环境，永葆企业青春。只有重视创新的企业才能不断适应各种变化，甚至变得更加强大。❷

创新有助于企业理解和应对更具挑战性的环境，抓住各种契机，提供

---

❶ 陈劲，郑刚. 创新管理：赢得持续竞争优势 [M]. 3 版. 北京：北京大学出版社，2016：12-17.

❷ BCG. The Most Innovative Companies 2020 [EB/OL]. (2020-06-22) [2023-02-01]. https://www.bcg.com/publications/2020/most-innovative-companies/large-company-innovation-edge.

更好的工作方式，依托内部和外部人员的创造力，产生创造收益和提高可持续性的新方案，提高企业在变化莫测的世界中的适应能力。企业创新的目的是希望通过引入新的或变化的产品、服务、过程、模式、方法或任何其他类型的创新，实现激励员工，吸引合作伙伴、合作者和创新资金，更新产品组合，满足客户需求，提高客户满意度，增加收入，有效利用资源，降低成本，减少浪费，增强盈利能力，保护和创造新市场，获得竞争优势，提高声誉和创造社会效益等。

二、知识产权管理是创新管理的重要组成部分

知识产权与创新密不可分。知识产权一头连着创新，一头连着市场，是创新成果向现实生产力转化的桥梁和纽带。知识产权制度的本质就是激励创新。知识产权制度着眼于社会整体技术水平的提升和社会生产效率的提高，调整创新主体在创造、运用知识和信息过程中产生的利益关系，鼓励发明创造和文化创作，加速创新成果的扩散、应用、商业化和产业化，加快对外开放和知识资源的流动，进一步促进经济和社会全面发展。因此，知识产权管理的目的就是促进创新活动的开展，提高创新过程的效率，积累有价值的无形资产，最终提升市场竞争力（见图1-1）。

随着当前知识经济的迅猛发展以及经济全球化进程的不断加快，知识产权日益成为国家发展的战略性资源和国际竞争力的核心要素，在国际竞争中变得越来越重要，知识产权管理能力日益成为企业核心竞争力的重要组成部分。国际知识产权保护呈现新的发展趋势，特别是科技加速发展、技术贸易迅速增长、国家间和企业间竞争日益激烈，知识产权正成为建设创新型国家的重要支撑和掌握发展主动权的关键。各国都加强了对知识产权的保护，发达国家以创新为主要动力推动经济发展，充分利用知识产权制度维护其竞争优势。例如，德国推出创意助力基金，提供2000万欧元资助，为中小企业制定知识产权战略和保护知识产权提供支持，推动出现了大量在专业细分市场占有领先地位、具有"隐形冠军"之称的中小企业；日本将大型企业拥有的知识产权，开放许可给创新型中小企业以支持

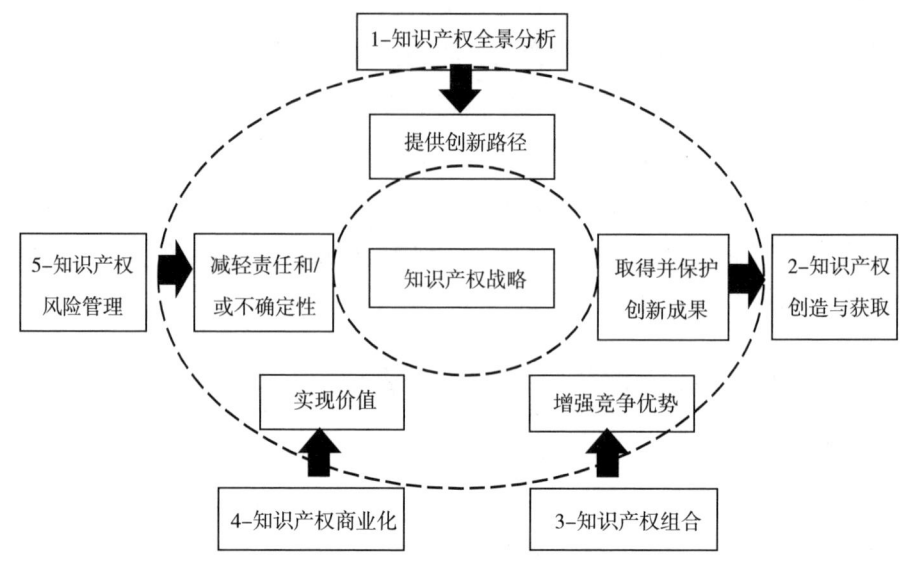

图 1-1　知识产权管理活动助力创新管理

其产品开发；新加坡中小企业可以通过申报知识产权申请注册与许可收购开支，享有税额扣除或延期缴税优惠。在此背景下，我国要积极制定适应我国国情的知识产权政策和措施，以知识产权作为重要手段，有效促进科技、经济和社会的可持续发展。

第二节　中国特色企业创新与知识产权管理路径探索

一、提升企业自主创新能力是大势所趋

科学技术是第一生产力，创新是国家经济社会发展的决定性力量。党的十八大提出"科技创新是提高社会生产力和综合国力的战略支撑，必须摆在国家发展全局的核心位置"，强调我国要坚持走中国特色自主创新道路、实施创新驱动发展战略。这是党中央在新的发展阶段确立的立足全局、面向全球、聚焦关键、带动整体的国家重大发展战略，也是我们党放眼世

界、立足全局、面向未来作出的重大决策。2016年5月，中共中央、国务院颁布《国家创新驱动发展战略纲要》，明确了实施创新驱动发展战略的指导思想、基本原则、战略目标、战略重点、战略部署、战略任务和工作保障。党的二十大报告进一步提出"坚持面向世界科技前沿、面向经济主战场、面向国家重大需求、面向人民生命健康，加快实现高水平科技自立自强"，这是中央在新时期对加快实施创新驱动发展战略作出的重要部署。实施创新驱动发展战略，既是国家未来发展的需要，也是我国企业参与全球竞争的需要。

走中国特色自主创新道路对我国形成国际竞争新优势、增强发展的长期动力具有战略意义，也对提高我国经济增长的质量和效益、加快转变经济发展方式具有现实意义。经过多年努力，我国科技发展正在进入由量的增长向质的提升的跃升期，科研体系日益完备，人才队伍不断壮大，科学、技术、工程、产业的自主创新能力快速提升，庞大的市场规模、完备的产业体系、多样化的消费需求与互联网时代创新效率的提升相结合，为创新提供了广阔空间。同时也要看到，我国许多产业仍处于全球价值链的中低端，一些关键核心技术受制于人，发达国家在科学前沿和高技术领域仍然占据明显领先优势，我国支撑产业升级、引领未来发展的科学技术储备亟待加强；企业创新动力不足，创新体系整体效能不高，经济发展尚未真正转到依靠创新的轨道；科技人才队伍大而不强，领军人才和高技能人才缺乏，创新型企业家群体亟须发展壮大；激励创新的市场环境和社会氛围仍需进一步优化。

创新是引领发展的第一动力。当前国家之间企业竞争越来越体现为创新的竞争。当前我国经济发展进入新常态，传统发展动力不断减弱，粗放型增长方式难以为继。创新驱动发展本质是依靠科技创新。只有依靠科技创新，才能打造发展新引擎，培育新的经济增长点，坚持抓创新就是抓发展、谋创新就是谋未来，让创新成为国家意志和全社会的共同行动，走出一条从人才强、科技强到产业强、经济强、国家强的发展新路径，持续提升我国经济发展的质量和效益，实现经济保持中高速增长和产业迈向中高端水平的"双目标"。在此背景下，我国既面临赶超跨越的难得历史机遇，也面临差距拉大的严峻挑战。

2023年9月，习近平总书记在黑龙江考察时首次提出"整合科技创新资源，引领发展战略性新兴产业和未来产业，加快形成新质生产力"❶。2023年，中央经济工作会议强调要"以科技创新推动产业创新，特别是以颠覆性技术和前沿技术催生新产业、新模式、新动能，发展'新质生产力'"❷。2024年1月，习近平总书记在主持中共中央政治局第十一次集体学习时指出："新质生产力是创新起主导作用，摆脱传统经济增长方式、生产力发展路径，具有高科技、高效能、高质量特征，符合新发展理念的先进生产力质态。它由技术革命性突破、生产要素创新性配置、产业深度转型升级而催生，以劳动者、劳动资料、劳动对象及其优化组合的跃升为基本内涵，以全要素生产率大幅提升为核心标志，特点是创新，关键在质优，本质是先进生产力。"❸ 新质生产力理论的提出，对于指导当前和未来中国的科技创新和产业发展具有重要意义。它要求我们在科技创新方面持续加大投入，优化创新环境，激发创新活力，推动科技成果转化应用。新质生产力的发展，需要在国家创新驱动发展战略的引领下，发挥创新的主导作用，依靠科技创新及其催生的新模式、新业态和新产业，整合各类创新资源，优化创新环境，提升创新能力，激发创新活力。

当前创新型国家建设为我国企业培育创新能力提供了机遇与挑战，也对我国企业提升自主创新能力提出了更高要求。一方面，通过充分发挥科技创新的引领作用，以企业创新驱动可持续发展，以产业创新调整经济结

---

❶ 习近平在黑龙江考察时强调：牢牢把握在国家发展大局中的战略定位，奋力开创黑龙江高质量发展新局面［EB/OL］.（2023-09-08）［2025-05-01］. https://www.news.cn/2023-09/08/c_1129853312.htm.

❷ 中央经济工作会议在北京举行 习近平发表重要讲话［EB/OL］.（2023-12-12）［2025-05-01］. https://www.gov.cn/yaowen/liebiao/202312/content_6919834.htm.

❸ 习近平在中共中央政治局第十一次集体学习时强调：加快发展新质生产力 扎实推进高质量发展［EB/OL］.（2024-02-01）［2025-05-01］. https://www.gov.cn/yaowen/liebiao/202402/content_6929446.htm.

构，以创新培育未来重大产业发展，以高新技术改造提升传统产业，提升产业竞争力，对于促进我国产业实现转型升级，实现我国经济社会的高质量和可持续发展，具有重大战略意义。另一方面，我国当前尚处于工业化发展的初期阶段，研发经费占国内生产总值的比重尚未达到发达国家水平，很多重大创新与原始创新的核心技术仍掌握在发达国家手中，导致我国以往创新大多是跟随式创新，但是这种方式往往容易受制于人。实践证明，真正的核心技术是买不来的。如果没有自主创新，我国就会在未来全球竞争格局中居于产业链低端，在激烈的国际竞争中长期处于劣势。只有独创式、引领式的自主创新，才能掌握核心技术，形成核心竞争力，确保实现长期和可持续发展。

企业是市场的主体，是推动创新的生力军。企业强则产业强，产业强则国家强。《国家创新驱动发展战略纲要》提出"培育一批核心技术能力突出、集成创新能力强、引领重要产业发展的创新型企业，力争有一批企业进入全球百强创新型企业"。企业创新能力源自系统的创新管理活动，是技术、管理、制度、战略、市场、文化以及商业模式等多种要素的有机整合。自主创新，不仅是简单的技术创新，更是创新资源、创新模式、创新动力、创新价值的复杂整合。自主创新是指以创造市场价值为导向，并不单纯依赖技术引进和模仿，而是在创新中掌握核心技术和知识产权，打造自主品牌，掌握自主权，赢得持续竞争优势。我国企业提升自主创新能力，一方面要加强企业的原始性创新，努力获得更多科学发现和技术发明；另一方面要有效整合资源，通过全球产业链资源整合、全球价值链分工与合作、跨国合作与并购等实现跨越式创新。为此，我国企业要充分利用一切资源，提升企业内部和外部创新资源的联结与协调，加强整合式创新，积极开展技术引进、消化、吸收和再创新，持续积累基础技术，不断突破关键技术，逐步实现核心技术自主可控，最终形成具有国际竞争力的产业。提升企业自主创新能力，是提升我国产业科技创新能力的必要基础，更是推动我国新质生产力加快发展的重要前提。

二、提升知识产权管理能力是企业自主创新的必然要求

2008年，国务院发布《国家知识产权战略纲要》，提出要大力提升知识产权创造、运用、保护和管理能力，支持企业通过原始创新、集成创新和引进消化吸收再创新，形成自主知识产权，提高把创新成果转变为知识产权的能力，促进自主创新成果的知识产权化、商品化、产业化，推动企业成为知识产权创造和运用的主体等。实施国家知识产权战略，切实加强知识产权工作，有利于增强我国自主创新能力，建设创新型国家；有利于完善社会主义市场经济体制，规范市场秩序和建立诚信社会；有利于增强我国企业市场竞争力和提高国家核心竞争力；有利于扩大对外开放，实现互利共赢。

国家知识产权战略实施以来，我国知识产权事业发展取得显著成效，知识产权法规制度体系逐步完善，知识产权保护效果、运用效益和国际影响力显著提升，全社会知识产权意识大幅增强，涌现出一批知识产权竞争力较强的市场主体，走出了一条中国特色知识产权发展之路，有力保障了创新型国家建设和全面建成小康社会目标的实现。但是也要看到，我国当前自主知识产权尚不能满足创新发展需要，创新主体运用知识产权能力仍不强，社会公众知识产权意识仍较薄弱，知识产权制度对我国经济社会发展的促进作用尚未得到充分发挥。

2015年，《国务院关于新形势下加快知识产权强国建设的若干意见》发布。2021年，中共中央、国务院印发《知识产权强国建设纲要（2021—2035年）》。实施知识产权强国战略是我国服务于创新驱动发展战略的重要举措，有利于回应新技术、新经济、新形势对我国知识产权制度变革提出的挑战，加快推进我国知识产权改革发展，协调好政府与市场、国内与国际，以及知识产权数量与质量、需求与供给的联动关系，全面提升我国知识产权综合实力，大力激发全社会创新活力，建设中国特色、世界水平的知识产权强国，提升国家核心竞争力，扩大高水平对外开放，实现更高质量、更有效率、更加公平、更可持续、更为安全的发展。

当前，在实施创新驱动发展战略和知识产权强国建设的背景下，提高我国企业的创新能力和知识产权管理能力更具有现实的意义。企业如果缺乏创新能力、缺乏核心技术和核心知识产权，就很难具备长期可持续发展的能力。提升我国企业创新与知识产权管理能力，对于推动我国企业在自主创新基础上，掌握核心技术，实现自主可控，扩大品牌影响力，提升企业核心竞争力等方面，具有重大现实意义。其中，如何将企业的知识产权管理活动有效融入企业创新活动是关键。我国企业可以通过知识产权信息分析和利用、创新成果知识产权合理布局等方式，提升企业知识产权创造能力；通过知识产权资产管理和有效处置等方式，提升企业知识产权维护能力；通过知识产权风险监控和维权等方式，提升企业知识产权保护能力；通过知识产权许可、转让、合资、投资和融资等方式，提升企业知识产权运用能力。

三、标准化是提升企业创新与知识产权管理能力的有效手段

企业、高校和科研机构是我国创新体系的三个重要组成部分。提升企业、高校和科研机构的创新能力，必然要求同步提高知识产权管理能力，更好保护企业、高校和科研机构的创新成果。《知识产权强国建设纲要（2021—2035年）》提出要"推动企业、高校、科研机构健全知识产权管理体系"。

日前，我国已经发布了分别以企业、高校、科研组织为管理对象的三项知识产权管理国家标准。自 GB/T 29490—2013《企业知识产权管理规范》国家标准于 2013 年发布以来，我国各省市已有超过 6 万家企业实施该国家标准。GB/T 33250—2016《科研组织知识产权管理规范》、GB/T 33251—2016《高等学校知识产权管理规范》也有力推动了科研机构和高校加强知识产权管理，进一步推动构建以企业、高校和科研机构为主体的国家创新体系。据调查，99.2% 获证企业认为知识产权管理体系有效地提升了创新能力，有利于企业在市场中取得竞争优势；76.16% 获证企业通过知识产权管理体系建设，将知识产权管理上升至企业战略高度，统筹布局研

发方向和经营策略；58.2%获证企业认为知识产权管理体系有助于加速企业实现创新收益。❶

2020年，由中国提案并牵头制定的首个知识产权管理领域的国际标准ISO 56005：2020《创新管理 知识产权管理指南》正式发布。实施ISO 56005国际标准，有利于指导我国企业将创新管理与知识产权管理进行深度融合，显著提升企业的创新能力，全面提高企业的知识产权创造质量和运用效益。

2021年，《"十四五"国家知识产权保护和运用规划》明确提出"提升创新主体知识产权管理效能。推动创新主体加强知识产权管理标准化体系建设，推动实施创新过程知识产权管理国际标准"。

2022年，《关于知识产权助力专精特新中小企业创新发展的若干措施》提出"推广实施《创新管理—知识产权管理指南（ISO 56005）》国际标准，进一步完善全国知识管理标准化技术委员会标准推广应用综合服务平台，为各类创新主体提供国际标准宣贯解读、课程培训、能力测评、案例分享等综合服务，面向全国遴选一批专精特新'小巨人'企业率先开展国际标准实施试点，推动知识产权管理融入企业创新全过程，加快培育单项冠军企业和领航企业。各地方知识产权管理部门、工业和信息化主管部门要组织专精特新中小企业，通过标准推广应用综合服务平台开展知识产权和创新能力分级测评、学习提升，运用标准化手段持续提高创新能力和效率"。

2023年，《知识产权助力产业创新发展行动方案（2023—2027年）》提出"推动知识产权管理融入企业创新全过程，鼓励企业开展《创新管理 知识产权管理指南（ISO 56005）》国际标准实施试点"。同年，国家知识产权局办公室、工业和信息化部办公厅联合印发《关于组织开展创新管理知识产权国际标准实施试点的通知》，计划通过3年时间，逐步实现对国家知识产权优势示范企业、专精特新"小巨人"企业的创新管理国际标准实

---

❶ 国家知识产权局．《知识产权认证管理办法》政策解读［EB/OL］．（2018-05-15）［2024-08-12］．https：//www.cnipa.gov.cn/art/2018/5/15/art_66_28303.html．

施试点全覆盖。试点企业通过全面实施 ISO 56005 国际标准，实现创新管理体系与知识产权管理体系深度融合，企业知识产权创造质量和运用效益全面提高，创新能力显著提升，涌现出一批具有示范效应的创新与知识产权融合管理实践案例，培育出一批支撑企业和产业创新发展的高价值核心专利，助力打造一批知识产权强企、单项冠军企业和领航企业，有力支撑制造强国和创新型国家建设。

第三节　我国企业创新与知识产权管理主要任务

一、中小企业需要加强创新与知识产权管理

2018 年，习近平总书记在广州视察时指出"聚焦主业、自主创新、中小企业能办大事"。❶ 中小企业已经成为技术创新的重要主体，是保持市场经济韧性和活力的重要基础，是提升产业链稳定性和竞争力的关键环节，是构建新发展格局的有力支撑。据统计，我国中小微企业数量超过 5200 万家。其中，科技型中小企业 50 万家，高新技术企业 46.5 万家，创新型中小企业 21.5 万家，"专精特新"中小企业 10.3 万家，是新技术新产业新业态的重要源泉。我国中小企业贡献了 50% 以上税收、60% 国内生产总值、70% 技术创新成果、80% 城镇劳动就业和 90% 以上企业数量。❷ 中小企业是推动创新、促进就业、改善民生的重要力量。而知识产权制度作为激励创新的基本保障，对于激发中小企业活力，为中小企业实现创新投入与商业回报的良性循环一直发挥着重要作用。随着市场竞争日益激烈，越来越多中小企业更加注重以科技创新塑造发展新优势，逐渐意识到知识产权的重要作用。但是也有相当一部分中小企业存在资源要素缺乏、创新与知识产

---

❶ 习近平：党中央高度重视中小企业发展［EB/OL］.（2018-10-25）［2025-05-25］. http://jhsjk.people.cn/article/30362413.

❷ 知识产权报社论：知识产权，让创意随时代"起舞"［N］. 中国知识产权报，2020-04-24（2）.

权管理能力较弱等问题，这也在一定程度上制约了中小企业的持续创新和发展壮大。

党中央、国务院历来高度重视中小企业发展，不断健全中小企业法律政策支持体系，加快完善公共服务体系，确保中小企业持续健康发展，综合实力、核心竞争力和社会责任能力不断增强，在国民经济和社会发展中的地位进一步凸显，尤其在稳定增长、扩大就业等方面发挥了十分重要的作用。2012 年，国务院发布《关于扶持小型微型企业健康发展的意见》。2013 年，工信部开始组织促进中小企业"专精特新"发展工作。2016 年，国家知识产权局、工业和信息化部开始全面组织实施"中小企业知识产权战略推进工程"并取得显著成效，《"十四五"国家知识产权保护和运用规划》提出"深化实施中小企业知识产权战略推进工程"。2018 年 1 月 1 日，新修订的《中华人民共和国中小企业促进法》开始实施。2021 年，国家发改委、工信部、科技部等十九部门联合印发《"十四五"促进中小企业发展规划》。2022 年，国家知识产权局、工业和信息化部联合印发《关于知识产权助力专精特新中小企业创新发展的若干措施》。2023 年，国务院办公厅印发《专利转化运用专项行动方案（2023—2025 年）》，将"以专利产业化促进中小企业成长"列为重点任务。同年，国家知识产权局办公室、工业和信息化部办公厅联合印发《知识产权助力产业创新发展行动方案（2023—2027 年）》，提出要"推动知识产权服务融入产业科技创新全过程"。2024 年，国家知识产权局、工业和信息化部等五部门联合印发《专利产业化促进中小企业成长计划实施方案》，明确了各项工作要求和具体措施。

二、中小企业知识产权管理要点

知识产权管理的核心目标是创造经济利益，知识产权管理始终是围绕为企业创造商业价值的目标来进行的。因此，中小企业在不同发展阶段对知识产权管理的需求必然有所差异。❶

---

❶ 高莉. 企业不同成长阶段的知识产权管理［C］//第十七届（2022）中国管理学年会论文集，2022：468.

（一）初创期企业的知识产权管理要点

企业初创期的首要目标是生存。初创期企业一般生产规模小、市场份额低、盈利能力弱。企业往往倾向于将有限的资金投入研发，知识产权则因为"缺钱、缺人、缺时间"等各种理由被忽视甚至被主动放弃。此阶段，企业知识产权管理的主要目的是保护企业产品安全，选择合适的知识产权保护手段帮助企业在市场上站稳脚跟。

（1）商标和域名先行。商标的获得门槛和难度较低，但投资回报率极高，需要尽早进行商标检索和完成商标申请，避免因此引发商标权侵权纠纷。类似的还有域名。

（2）核心技术优先保护。我国的专利实行先申请原则，为了保护自身产品的安全，创业期企业一定要针对核心技术尽可能地深挖该技术可专利化的点，尽可能先申请专利，并保证权利要求范围的合理性。企业在提交专利申请后，再公开发布产品，进行宣传、参展等，避免因此导致无法获得专利权保护。

（3）合理利用知识产权组合管理。不是每一项核心技术都适合申请专利。过早申请专利会暴露自己的研发路线，容易被抄袭、被收购或被拖入诉讼的泥潭。企业可以针对技术链条，对核心技术进行分级分类，根据具体技术研发的难易程度进行灵活选择。例如，对极易被复制、反向拆解测试的技术优先选择专利保护，反之可以选择技术秘密保护。此外，企业应加强涉密人员的管理，避免因人员流失造成商业秘密泄露。

（二）成长期企业的知识产权管理要点

成长期的企业业务模式和盈利模式已经得到市场的初步验证，主营产品在市场上也具有一定的占有率。随着市场竞争的加剧，逐渐引起竞争对手的关注，为了加速研发抢占市场，企业常仍面临较大的资金压力。此阶段，企业知识产权管理应坚持"内外兼修"。

1. 在知识产权创造方面，企业需要夯实基础，适度扩张

（1）夯实基础。通过对企业的产品和核心技术进行梳理和深挖，对产品的名称、外观、技术、代码等进行全面保护，并从提升技术创新水平、

提高专利质量、促进专利与标准结合等方面入手，培育一批高质量专利，织密核心技术保护网，加强知识产权护城河的深度和广度。

（2）适度扩张。根据企业战略，扩展知识产权布局。结合经营战略，企业可扩大商标的注册品类，并对专利技术和著作权进行迭代申请，构建关联技术的专利族群，还可以进行防御专利申请以限制竞争对手。对于有海外发展战略的企业，还应注意扩展知识产权地域布局。

2. 在知识产权保护方面，企业需要知己知彼，防患未然

（1）收集情报。建立知识产权动态监控机制，全面了解国内外技术的发展动态，监测竞争对手研发动向。站在巨人的肩膀上，加快研发进度，节省研发费用，迅速推动产品上市，扩大市场份额。同时，对可能发生的知识产权风险进行预警，做到早发现、早干预、早处理。

（2）防范风险。企业可能会面临竞争对手的抄袭，甚至被行业领先的竞争对手发起诉讼。企业需要制定合理的谈判策略，快速收集证据，主动反击。如果应对不当，企业可能被迅速拖垮或被排挤出市场。企业应在研发立项前、产品研发中、产品上市前等重要时间节点进行自由实施（FTO）分析。如果发现自身知识产权被侵犯，要做好有效应对。

3. 在知识产权运用方面，企业需要评估风险，资产运营

（1）评估风险。企业需要梳理产品—核心技术—知识产权对应关系，将无形的知识产权具象化为有形的产品进而延伸至资产的价值，通过资产盘点，分类梳理出基础资产、可运营资产、可出售资产等，以便运营资产。同时，需要在全面排查知识产权风险的基础上，梳理可诉知识产权，以便及时有效应对诉讼问题。最典型的就是企业IPO尽职调查，尤其是科创板IPO，知识产权尽职调查尤其重要。

（2）资产运营。通过知识产权许可、知识产权质押、知识产权保险、知识产权债券、知识产权证券化、知识产权资产化等方式融资。对于符合要求的技术合同、研发费用、无形资产等，也可享受税收优惠，实现财务报表的合理调整，为企业带来更多经济利益。

(三) 成熟期企业的知识产权管理要点

成熟期的企业业务模式已相对稳定，企业知识产权资产储备越来越多，但越来越高的维持费慢慢变成了企业负担。企业需要提质增效，考虑如何将知识产权的成本转换成效益。

（1）维持地位。合理运用知识产权为企业构筑行业壁垒、捍卫市场利益，构建产业价值链和生态系统。例如，某企业以自有专利为基础，与研究机构、供应商、客户等展开广泛合作。该企业还为部分供应商提供知识产权托管服务，进一步加强与供应商的合作，同时鼓励供应商优先给该企业供货，使该企业更具有市场竞争力。

（2）投资并购。企业可以利用市场主导地位和对产业的深刻理解，在产业链内寻找合适的中小企业或高校实验室的前沿技术，通过早期投资孵化，进行产业链整合，获取超额收益。

（四）衰退期企业的知识产权管理要点

衰退期的企业可能走向三种结局：持续发展、转型或消亡。此时，企业需要关注的就是如何在此过程中持续发挥知识产权的最大价值。

（1）持续发展期。知识产权资产精细化管理。例如，对基础必要专利、核心专利等加强维护，对其他专利可以进行转让或许可，既可获取经济利益，又可降低持有成本。为了持续经营，企业依然要维持一定的知识产权储备，在有限的条件内维持一种平衡。

（2）转型期。企业可以通过知识产权运营，实现价值最大化。例如，1992—2018年IBM连续26年居美国专利榜首位。20世纪末破产时，IBM账上资产几乎只剩知识产权。自此IBM就走上了知识产权"生钱"之路，每年通过知识产权转让许可获得数十亿美元收入。

（3）消亡期。企业可以将知识产权全部或者部分变价出售偿付债权，或者将知识产权投入下一个创业企业。例如，北电（Nortel）专利业务主管说服高管和债权人将6000多项专利公开拍卖，拍卖价值高达45亿美元。其中4000多项被注入一家新公司开展专利运营业务。

对于不同成长阶段的中小企业而言，应根据自身发展阶段去制定知识产权管理策略，在知识产权创造、保护、运用、管理全流程提升知识产权能力和水平，如此知识产权才能在企业生命周期的每一个阶段都切实发挥最大的经济价值，为企业带来更多的经济利益。

第四节 案 例

【案例一】我国高铁行业自主创新历程[*]

国际创新学界对技术能力有一个经典定义，即"技术能力是产生和把握技术变化的能力"。技术能力的构成要素是产品开发能力和技术积累，其具有三个特性：一是产品设计和生产技术是可交易的，但技术/产品开发能力是不可交易的。二是对竞争力更重要的技术来源是以企业自己的能力去改变已有的技术，即创新。三是生产能力仅是指使用给定技术进行生产的能力，而技术能力是指"掌握"技术和变化的能力。由于技术能力的主要性质是经验性的，其获得离不开研发和使用的经验，因此技术能力只能是组织内生的，无法从市场上买到。

中国高铁最近 20 年的技术进步，被普遍认为是通过"引进、消化、吸收、再创新"而来。中国高铁共跨越了三个台阶：第一个台阶是通过引进、消化、吸收、再创新，掌握了时速 200~250 千米高速列车制造技术；第二个台阶是自主研制生产了时速 300~350 千米高速列车；第三个台阶是以时速 350 千米高速列车技术平台为基础，成功研制生产出新一代 CRH380 车型。虽然"三个台阶"在时间顺序上是连续的，但在技术上存在许多"断裂"，即许多技术不是来自对引进技术的改进，而是来自与引进技术毫无关系的其他来源。

2004—2006 年，我国主要从四个外国企业完成了相应的技术转让。其中，"1 型车"，即 CRH-1，铁道部从加拿大庞巴迪公司购买了 40 列。这

---

[*] 路风. 冲破高铁迷雾——追踪中国高铁技术核心来源 [J]. 瞭望新闻周刊，2013 (48)：30-32.

批列车由庞巴迪公司在中国的合资企业生产,没有技术转让费。"2 型车",即 CRH-2,以新干线 E2-1000 为原型车,由日本川崎重工业株式会社(以下简称"川崎重工")转让,铁道部订购 60 列,由当时的中国南车集团青岛四方机车车辆股份有限公司(以下简称"四方公司")引进,技术转让费约 6 亿元。"3 型车",即 CRH-3,是 2006 年第二轮招标后,由德国西门子公司转让,铁道部订购 60 列,技术转让费约 8 亿元。"5 型车",即 CRH-5,由法国阿尔斯通公司转让,由当时的中国北车集团长春轨道客车股份有限公司(以下简称"长客公司")引进,技术转让费约为 9 亿元。除整车外,还有配套牵引、制动等系统及部件的生产转让。

所谓"转让技术"包括:一是对中国购买的高速列车进行"联合设计",双方对中方购买的车型进行设计修改,以使其适应中国的线路特点。二是外方向中方提供购买车型的制造图纸,但设计原理和设计来源数据库等关键技术资源不可能转让,也不是所有的零部件图纸都提供给中方。三是生产引进产品的工艺,其属于制造体系的一部分。四是对中国工程师和技术工人进行培训。

实际上,所谓买来的技术,都是给定产品设计的给定技术,中方获得的更多是生产能力(对给定技术的使用方法),而不是技术能力(把这些技术开发出来的方法)。长客公司的一位技术管理者回忆:"我们拿到的全部是西门子的制造图纸,连一张三维模型图都没有,只是设计的结果,没有过程。学会了怎样把现成的零部件装上,但怎么设计的,不知道。"四方公司的一位技术负责人回忆:"日方不是教你设计的方法,如为什么这么设计,而是教你读图。他们不会告诉你为什么电路要以这个逻辑关系设计出来,而是告诉你这个执行机构的作用,以及此后有哪几个步骤要懂。"

从大规模引进开始,中国高铁技术一度遭到社会广泛质疑,争论焦点在于是否真的引进了"核心技术"。事实上,从技术变化的时间逻辑和技术逻辑看,中国高铁的技术能力并非因为技术引进而生成,而是在技术引进之前就存在,充其量是经过对引进技术的"消化、吸收"而得到成长。如果引进是"原始技术"的来源,那么中国高铁后来的发展路径就是按照外国车型设计来制造，并通过引进新车型来进行升级换代。但是实际情况并非如此。实际上，中国高铁"土生土长"的技术能力、产品开发能力和技术积累，就是"新的技术"的另外一个来源。中国高铁几乎还在"消化、吸收"原型车技术期间，就已经开始"再创新"。

以"2型车"为例，日本川崎重工在引进初期认为四方公司对引进技术的消化和吸收至少需要16年，即"8年消化+8年吸收"，然后才能开始再创新。然而，四方公司技术进步的速度远远超出所有人的预料。

第一，彻底消化引进的技术。四方公司对如何消化引进的技术进行了系统的筹划。一是图纸层面的消化，技术转让的只有静态的图纸和计算的结果，没有计算的过程，需要靠自己的技术人员去理解和推导。二是施工层面的消化，派最精英的技术团队对转移过来的作业指导书进行理解，再对工人进行上岗前培训。三是零部件供应商对技术的消化。所有的主要设备供应商的技术人员和四方公司的技术人员成立联合技术团队，一起全过程参加对应的技术培训，包括共同赴日本川崎重工进行培训。

第二，按照四方公司的组织架构和设计体系，对引进的图纸进行重新设计。四方公司采取了和国内其他同样做技术引进的公司截然不同的策略。其他几个参与动车组技术引进的公司都是按照国外技术提供方的原图进行生产，而四方公司则按照公司的组织体系重新设计了图纸。虽然只是将图纸进行了梳理，按照四方公司的组织结构进行重新拆分组合，但这个看似不起眼的过程让设计人员对整车设计有了深度的理解。

第三，全过程参与重要零部件的制作。高速列车的运行工况非常复杂，完全靠仿真分析无法模拟所有情况，因此从零部件到整车试验对技术消化吸收来说非常关键。当时一些重要零部件无法国产，四方公司就派技术员到日方公司全程参与重要零部件的生产，学习制造经验。

第四，适度地再创新。在京津城际轨道支线和武广线建设过程中，四方公司又积累了科学研究试验能力和丰富的列车运营经验和数据，大大提升了企业自身的创新能力，针对我国的运营环境，对设计方案做了110多项改进。这个再创新过程让设计人员更深入地理解了引进的技术，为创新的进一步扩大奠定了基础。

2008年，铁道部和科技部签署《中国高速列车自主创新联合行动计划协议》，确定了时速350千米及以上中国高速铁路技术体系的顶层设计。随后，按照顶层设计，四方公司开始着手CRH380A车型的产品研发设计工作。四方公司将整体目标拆解成多个子系统，然后分析各子系统现有解决方案和设计目标之间的差距，并对各个子系统的解决方案进行优化或重新设计，最后形成从内到外的一揽子整体解决方案，实现了产业从追赶到引领的转变。

为进入美国市场做准备，四方公司曾专门聘请美国律师对CRH380A车型的知识产权状况进行独立审查，最终结论是CRH380A车型没有知识产权问题，完全可以出口到美国市场。目前，中国高铁产品已经出口到80多个国家和地区，其中仅四方公司的产品就已经出口到20多个国家和地区。

【案例二】比亚迪创新与知识产权管理*

比亚迪股份有限公司成立于1995年。比亚迪开始电动汽车之旅时，它从制造手机电池（为诺基亚和摩托罗拉供应）转向为汽车制造电池。2002年，比亚迪通过收购小型汽车制造公司秦川机械厂进入汽车行业。在步入汽车行业的短短20年内，比亚迪就成为世界汽车行业的新宠。2023年，比亚迪汽车实现全年销售共3 024 417辆，同比增长61.9%，超额完成年初定下的300万辆目标；全年出口242 765辆，同比增长334.2%，不仅夺得了中国汽车年度销售冠军，也夺得了全球新能源汽车年度销冠。比亚迪的销量提升并不单纯依靠一两款车型，而是多点开花，拥有全面的产品布局，这也是其销量能保持持续攀升的重要原因之一。

比亚迪能取得这样的成绩，并非一日之功，而是依靠多年坚持积累和不断创新。多年来，比亚迪始终坚持"自主品牌、自主研发、自主发展"的发展模式，一直坚持潜心研发和创新，并不断取得领先科技成果。目前，

---

* 赵杰. 比亚迪基于绿色战略发展的知识产权合规管理实践［J］. 深圳法治评论，2021（3）：21-23.

比亚迪每年研发投入占营业收入比例高达6%，构建了以中央研究院、通讯电子研究院及汽车工程研究院为主体的研发体系，拥有3万多人的研发队伍，提供硬件、软件及测试等产品全方位设计和开发，逐步形成了具有国际水平和比亚迪特色的技术开发平台。比亚迪独创的"三电"（电池、电机和电控系统）技术被广泛应用于电动汽车和混合动力汽车，在行业内享有很高声誉。目前，比亚迪与戴姆勒、丰田等世界知名企业开展技术合作，共同开发新能源汽车相关技术；与全球汽车同行共享比亚迪"e平台"核心技术；与百度在智能驾驶等领域开展合作，开创了中国汽车行业的先河。比亚迪还积极在全球市场进行布局，主动拓展新能源汽车的世界版图。目前，比亚迪的销售足迹已经覆盖全球六大洲的70多个国家和地区。

20世纪90年代，比亚迪拥有质优价廉的锂电池，并迅速占领全球手机市场，对主要竞争对手造成威胁。随后，竞争对手在海外以专利侵权为由起诉比亚迪。比亚迪因此陷入非常被动的局面。最终，比亚迪与竞争对手和解，并由此深刻认识到知识产权关乎企业生存。比亚迪制定了以"知识产权为公司发展保驾护航"的知识产权战略，提出了"自主创新、持续积累、合理布局、灵活运用"的知识产权方针。

2019年，结合比亚迪业务增长和向开放式创新战略转型的需要，比亚迪修订了知识产权战略，以价值为导向，秉承"技术创新改变世界，知识产权竞争未来"的理念，强化知识产权保护，遵守和运用国际规则，共建技术标准，引领行业发展，促进社会进步，全力践行比亚迪"用技术创新满足人们对美好生活的向往"的使命。

二十多年来，比亚迪知识产权工作先后经历了四个发展阶段：

一是数量倍增。制造业相关技术通常会在产品上得到充分体现，因此极易被竞争对手模仿。为避免被竞争对手模仿改进，就需要围绕核心技术大量申请专利。比亚迪成立之初，国内尚没有企业拥有二次充电电池的独立知识产权，比亚迪在进行相关技术的投入和研究后，希望为这些技术申请相应的专利，成为具有独立知识产权的电池企业，从而获得更多客户的认可。在进行相关技术研究后，比亚迪对可能的技术方案、相关的技术路径进行专利申请,从而储备大量的知识产权,形成全方位、多角度的保护。

二是质量提升。随着知识产权数量的快速积累,比亚迪逐渐意识到,知识产权保护将以质量制胜。数量积累机制使比亚迪形成了一定的知识产权防御屏障;高质量机制使比亚迪产出高质量专利,自主创新成果得到高质量知识产权保护;价值机制使比亚迪能持续发掘高价值专利,进而保证业务的自由安全经营。通过对质量的把控,使知识产权投入成本与知识产权产出质量得以平衡,从而输出高质量专利,使公司的知识产权得到高质量保护。

三是专利布局。没有相互关联性的散点式专利申请,都无法对知识产权形成严密保护。在知识产权质量提升的基础上,比亚迪探索创建了体系化专利布局工作模式,有目的、有意识、有系统地规划体系性专利工作,改变以往专利布局在实际操作过程中的局限性、繁复性、片面性。通过专利组合的方式,建立具有关联性的专利网,形成数量中有重点、重点中有核心的知识产权分布模式,开展密而不疏的知识产权保护,形成逐层递进的全面自我保护机制。

四是高价值专利。在竞争激烈的市场环境中,高价值专利对于提升企业在市场竞争中的抗风险能力以及安全经营具有重要作用。基于公司战略发展,比亚迪对前沿科技、战略技术、重要产品实现全方位、体系化、层次化的全面保护和管理,探索高价值专利储备的工作模式,构建高价值专利池,通过高价值专利组合,保证未来经营自由和安全。

目前,比亚迪已经建立一个百人规模的知识产权工作团队。其中既有设立于集团层面的专职知识产权人员,也有分布于各产品事业部的专利工程师。这些人员成为比亚迪知识产权保护和管理的主力军。随着全球化进程的发展,知识产权将在比亚迪绿色战略发展中发挥更大作用,逐步成为比亚迪实现国际化经营必不可少的"软实力"。

第二章　ISO 56000 创新管理系列标准概述

第一节　创新管理标准化的发展历程：国内外视角

宏大的想法和新的发明创造通常都是由一系列的点滴钻研和改良长期累积而成，通过最有效的方式抓住机会并且不断调整。组织如果能把所有必要活动及相关要素系统化管理起来，就能更加有效、高效地进行创新。实施创新管理体系标准有助于做到这一点。

一、国际创新管理标准化现状

创新管理体系起源于欧美发达国家，目前发展相对较为成熟。西方发达国家在创新管理方面做了大量的工作，已制定了创新管理体系的相关标准或规范性文件，推广了先进管理理念和方法，并在部分国家和地区得到了应用。

在西方发达国家中，英国最早开展了创新管理标准化的相关工作，最早制定了设计管理标准，用于指导研究开发过程管理，并在此基础上，提出了创新管理的概念和相关理论。

西班牙、葡萄牙在经济合作发展组织（OECD）的理论基础上，提出了研究开发创新（RDI）管理体系，提出了创新管理的概念、框架模型，并在国内开展了创新管理体系认证。RDI管理体系在南美国家也相当流行，例如哥伦比亚、巴西等国家也发布了RDI管理体系国家标准。

法国在知识产权管理方面做得最早，并领导着欧盟创新管理标准化工作。RDI 管理框架模型已纳入欧盟标准发布。

(一) 西方发达国家创新管理标准化现状

1. 英　国

为了有效地应对市场环境变化和挑战，英国标准协会（BSI）组织制定了为组织建立长期创新体系的设计管理体系标准——BS 7000《设计管理体系》系列标准，主要定位在产品的创新管理，后来又不断进行修订完善。最新版本的 BS 7000-1：2008 命名为《设计管理体系 第 1 部分：创新管理指南》，其他部分包括《制造产品设计管理指南》《服务设计管理指南》《报废管理指南》《包容性设计管理指南》《设计管理术语和词汇》等。

2. 法　国

法国标准化协会（AFNOR）早在 2000 年就发布了 FDX 50-190：2000《管理工具-知识资产管理》国家标准，主要规定了经验资本化过程，包括经验资本化的原因、条件、个体到群体转化、信用对象、经验活动的资本化流程、经验资本化与质量管理关系等相关内容。

2010 年，法国标准化协会发布 FDX 50-146：2010《创新管理　知识产权管理》标准，内容包括知识产权战略（作为组织战略的组成部分）、跟踪和保护创新、知识产权管理和使用指南以及实验室笔记本管理、发明披露等资料性附录。

2013 年，法国标准化协会发布 FDX 50-271《创新管理　创新管理方法实施指南》标准，提出了创新管理的概念、框架，并从战略和操作两个层面说明了创新管理的过程。通过矩阵形式从两个维度，即分别从探索、评估决策、项目管理、资本化 4 个环节，以及市场销售、技术、法律/规范/财务、监督和组织 4 个工程领域进行说明。

此后，法国标准化协会发布了 6 项创新管理标准和规范性文件，分别是《战略情报管理》《开放式创新方法实施指南》《创新过程中的可持续开发集成》《创造力管理》《研究活动管理》以及《创新管理　知识产权管理》。

3. 西班牙

2006 年起,西班牙标准化和认证协会(AENOR)发布了 UNE 16600《研究、开发和创新(RDI)管理体系》系列标准,包括《RDI 相关活动的术语和定义》《RDI 管理:RDI 项目的要求》《RDI 管理:RDI 管理体系的要求》《RDI 管理:UNE 166002:2006 在资本财贸部门使用指南》《RDI 管理:技术监控与竞争情报系统》《RDI 管理:UNE 166002:2006 使用指南》《RDI 管理:技术转移》。

在 UNE 166002:2014《RDI:RDI 管理体系的要求》中,西班牙标准化和认证协会首次提出 RDI 管理体系框架模型,包括范围、规范性引用文件、术语和定义、组织环境、领导力、策划、研究开发创新支撑措施(组织机构角色和职责、资源管理、人员能力、意识、沟通、文档化信息、知识产权和知识管理、协作管理、技术跟踪和竞争情报)、RDI 运行过程(综述、创意管理、RDI 项目开发、创新成果的保护和开发、引入市场、RDI 运行过程结果)、绩效评估、提升、参考文献等 11 章。欧盟创新管理标准化技术委员会成立后,该模型成为欧盟创新管理体系的框架模型。

4. 葡萄牙

2007 年,葡萄牙质量研究院(IPQ)发布了 4 项研究开发创新管理体系标准。包括 NP 4456:2007《RDI 管理:RDI 活动的术语和定义》、NP 4457:2007《RDI 管理:RDI 体系要求》、NP 4458:2007《RDI 管理:RDI 项目要求》和 NP 4461:2007《RDI 管理:RDI 管理体系和 RDI 项目审核员的资质和评估》等。

葡萄牙质量研究院在 NP 4456:2007《RDI 管理:RDI 活动的术语和定义》标准中,借鉴了经济合作与发展组织(OECD)《基于知识的经济》报告中的"知识经济中的创新过程概念模型–链状互动模型"作为 RDI 管理体系模型,将创新划分为产品创新、过程创新、组织创新和市场创新 4 种类型。

另外,南美国家如巴西、哥伦比亚等均采用了葡萄牙、西班牙的 RDI

管理体系的理论和框架。

5. 美　国

近年来，美国积极参与了国际标准化组织（ISO）创新管理标准化工作，主要由美国生产力与质量中心（APQC）和美国全球知识经济委员会两个机构负责。其中，美国全球知识经济委员会秘书处则负责管理美国国家标准化协会（ANSI）下属知识管理标准组，经ANSI授权制定知识和创新管理领域的美国国家标准。美国生产力与质量中心提出了知识管理APQC框架，并已经制定和发布知识管理领域多项行业标准。

（二）区域标准化组织创新管理标准化现状

1. 经济合作与发展组织

1992年，经济合作与发展组织（OECD）发布了《奥斯陆手册——技术创新数据的收集和解释指南》第1版，主要用于欧盟范围内的技术创新调查统计。1996年，经济合作与发展组织发布《奥斯陆手册》第2版，适用于经济合作与发展组织成员方范围内。

1996年，经济合作与发展组织在《基于知识的经济》报告中提出，知识经济是一种"以知识为基础的经济，这种经济直接依赖于知识和信息的生产、分配和使用"。同时指出，由于信息与通信技术的作用，促使创新模型从传统线性模型转换为网链状的创新模型，并提出了以知识为核心的"知识经济中创新过程概念模型——链状互动模型"。

1997年，经济合作与发展组织发布《国家创新体系》报告，提出了国家创新系统的概念、框架和基本理论。其认为国家创新体系是一种方法，主要基于3个方面因素：（1）对知识的重要经济价值的认识；（2）系统方法的广泛应用；（3）与知识生产相关机构的大量增加。同时指出国家创新系统方法已经从早期的强调技术创新，转化为既重视技术创新，又关注知识在经济中的作用，包括知识的生产、储存、转移和应用，把知识扩散力、知识网络、知识和人才流动，以及创新指标研究作为重点。

2005年，经济合作与发展组织发布《奥斯陆手册》第3版，其中提出了创新概念、框架模型、创新类型、评价方法和评价指标等，并在许多欧美发达国家获得广泛应用。

2. 欧盟标准化委员会

2008年，欧盟成立创新管理标准化技术委员会（CEN/TC389），主要致力于创新管理体系导则、协作和创造力管理、设计思维、战略情报管理、创新自评估工具、知识产权管理等标准化工作。此后，法国标准化协会一直领导着欧盟创新管理标准化工作。

2013年至今，欧盟发布了 CEN/TS 16555 系列共7个标准，包括 CEN/TS 16555-1《创新管理-第1部分：创新管理体系》、CEN/TS 16555-2《创新管理-第2部分：战略情报管理》、CEN/TS 16555-3《创新管理-第3部分：创新思维》、CEN/TS 16555-4《创新管理-第4部分：知识产权管理》、CEN/TS 16555-5《创新管理-第5部分：协同管理》、CEN/TS 16555-6《创新管理-第6部分：创意管理》、CEN/TS 16555-7《创新管理-第7部分：创新管理评估》，并基本构建了欧盟创新管理标准的体系框架。

（三）国际标准化组织创新管理标准化现状

2013年，国际标准化组织（ISO）成立创新管理标准化技术委员会（ISO/TC 279），其设立对全球创新过程管理意义重大。这也是目前创新领域唯一的国际标准化组织。ISO/TC 279 以发展、维护和促进创新管理为宗旨。目前，ISO/TC 279 由70多个国家和地区参与，包括美国、日本、法国、德国、瑞士、阿根廷、爱尔兰等全球主要创新型经济体，其秘书处设在法国标准化协会。截至目前，ISO/TC 279 已发布8个创新管理体系相关国际标准，另有4个创新管理相关国际标准正在制定中。

ISO 56000 创新管理系列标准作为国际最佳实践的标杆，所提供的方法、体系和流程可以帮助企业节约时间和资源，以腾出精力投入更富创意的活动中。创新管理体系为组织将创新融入各个层面提供了系统化的方式，使它们能够抓住和创造机会，开发出新的方案、系统、产品和服务。组织还可以利用创新管理评估标准中提供的方法，给创新管理体系做一次全面的检查，以帮助组织进一步改进其创新管理活动。

二、我国创新管理标准化现状

我国创新管理标准化工作起步较晚。21世纪初，我国开始跟踪国际知识管理、知识产权管理标准化的发展趋势。经过近几年的跟踪、模仿、创新发展，我国的创新管理标准化工作已基本与欧美发达国家保持同步，达到了与国际同步。结合我国经济和社会发展的实际，实现创新活动的科学、系统、规范管理具有重要意义。在这方面，积极参与和推动创新管理国际标准化活动是一种行之有效的手段。

全国知识管理标准化技术委员会（SAC/TC 554）由国家知识产权局筹建并进行业务指导，负责知识产权创造、运用、保护、管理以及传统知识保护和管理、组织知识管理等国家标准的制修订工作，秘书处由中国标准化研究院、国家知识产权局知识产权运用促进司共同承担。

2015年，我国开始参与创新管理国际标准化工作。2015年9月，在ISO/TC 279第三次年会上，我国首次提出制定《创新管理 知识产权管理》国际标准的建议。2016年9月，在ISO/TC 279第四次年会上，我国再次提出设立该项国际标准工作项目的提案建议，得到全体与会成员方的支持。2016年11月，《创新管理 知识产权管理》国际标准提案通过投票而正式立项。2020年11月24日，ISO 56005：2020《创新管理 知识产权管理指南》国际标准正式发布和实施。

为跟踪创新管理理论和实践的最新进展，推动创新管理国际标准的实施和应用，我国也同步加快了创新管理国家标准的制定工作。2018年10月，国家标准化管理委员会（SAC）下达了《创新过程知识产权管理》国家标准编制计划（20173974-T-463），这也是首个与ISO 56005国际标准同步制定的知识产权管理国家标准。2020年4月，国家标准化管理委员会下达了《创新管理体系 基础和术语》国家标准编制计划（20201391-T-463）、《创新管理体系 指南》国家标准编制计划（20191885-T-463）。目前，全国知识管理标准化技术委员会（SAC/TC 554）正在针对我国国家标准采用ISO 56000创新管理系列标准中其他国际标准的可行性进行研究。

第二节 ISO 56000 创新管理系列标准核心内容解读

目前，ISO/TC 279 已发布 10 项创新管理相关国际标准，另有 6 项国际标准正在制（修）定中（统计截至 2025 年 6 月底）。

其中，ISO 56000 标准是理解创新管理体系标准的重要基础；ISO 56001《创新管理体系 要求》标准为创新管理体系认证活动提供依据；ISO 56002 标准提供创新管理体系通用框架和实施指南；ISO 56003、ISO 56004、ISO 56005、ISO 56006、ISO 56007 和 ISO 56008 标准则提供了创新协作、创新管理评估、知识产权管理、战略情报管理、创新机会与创意管理、创新活动测量的工具和方法的指南；ISO 56009、ISO 56010 标准提供了创新活动测量和创新管理基础和术语的示例；ISO 56011 标准则提供了创新管理能力框架（见表 2-1）。

表 2-1 ISO 56000 创新管理系列标准清单

ISO 标准号	ISO 标准名称	ISO 标准状态
ISO 56000：2025	创新管理 基础和术语（第 2 版）	2025 年发布
ISO 56001：2024	创新管理体系 要求	2024 年发布
ISO 56002：2019	创新管理 创新管理体系：指南	2019 年发布，修订中
ISO 56003：2019	创新管理 创新协作的工具和方法：指南	2019 年发布
ISO/TR 56004：2019	创新管理评估 指南	2019 年发布
ISO 56005：2020	创新管理 知识产权管理指南	2020 年发布
ISO 56006：2021	创新管理 战略情报管理的工具和方法：指南	2021 年发布
ISO 56007：2023	创新管理 机会与创意管理的工具和方法：指南	2023 年发布
ISO 56008：2024	创新管理 创新活动测量的工具和方法：指南	2024 年发布
ISO/TR 56009	创新管理 创新活动测量的示例	制定中
ISO/TS 56010：2023	创新管理 ISO 56000 的示例	2023 年发布
ISO 56011	创新管理能力框架	制定中

由于欧盟在创新管理标准化方面起步较早并且积累了很多经验，ISO/TC279秘书处及其工作组负责人又主要来自英国、法国、阿根廷、挪威、德国等国家，因此ISO 56000标准体系与CEN/TS16555标准体系的组成有较高的相似度（见表2-2）。

表2-2 ISO 56000标准与CEN/TS16555标准比较

ISO 56000 标准号	ISO 56000 标准名称	CEN/TS16555 标准号	CEN/TS16555 标准名称
ISO 56000	创新管理 基础和术语	无	
ISO 56002	创新管理 创新管理体系：指南	CEN/TS16555-1	创新管理-第1部分：创新管理体系
ISO 56001	创新管理体系 要求		
ISO 56006	创新管理 战略情报管理的工具和方法：指南	CEN/TS16555-2	创新管理-第2部分：战略情报管理
无		CEN/TS16555-3	创新管理-第3部分：创新思维
ISO 56005	创新管理 知识产权管理指南	CEN/TS16555-4	创新管理-第4部分：知识产权管理
ISO 56003	创新管理 创新协作的工具和方法：指南	CEN/TS16555-5	创新管理-第5部分：协同管理
ISO 56007	创新管理 机会和创意管理的工具和方法：指南	CEN/TS16555-6	创新管理-第6部分：创意管理
ISO/TR 56004	创新管理评估：指南	CEN/TS16555-7	创新管理-第7部分：创新管理评估
ISO 56008	创新管理 创新活动测量的工具和方法：指南	无	
ISO/TR 56009	创新管理 创新活动测量的示例	无	
ISO/TR 56010	创新管理 ISO 56000的示例	无	

一、创新管理的基础和术语

ISO 56000：2005《创新管理 基础和术语》国际标准结合当前的思想和研究成果，为组织提供了建立结构性创新管理体系的最佳实践指南和重要工具，对大、中、小型企业的创新都能够提供有益帮助，使各种规模的企业都能保持灵活性，提升复原力，应对组织面临的种种复杂挑战。

ISO 56000：2025 国际标准提供了创新管理的术语、概念和原则，旨在帮助组织使用正确的术语进行创新管理，并就其过程、成效和实现方式进行持续沟通。这些术语、概念和原则，共同构成了创新活动实现有效管理的基础。

ISO 56000：2025 国际标准提供了以下创新管理的术语和定义：有关创新的术语（17个）；有关组织的术语（16个）；有关目标的术语（9个）；有关知识的术语（5个）；有关知识产权的术语（6个）；有关创新行动的术语（13个）；有关绩效的术语（10个）；有关评估的术语（12个）。

ISO 56000：2025 国际标准提供了以下创新管理的基本概念：

（1）有关创新的概念，包括创新、创新的属性等概念以及创新与改进、发明、创造力、研究、开发等相关概念之间的关系。

（2）有关创新管理的概念，包括创新管理、创新管理体系及其组成要素等概念与其他管理体系之间的关系。

（3）有关创新行动的概念，包括组织参与创新行动的理由、组织中的创新活动及其影响、组织实现创新的活动和过程等概念。

ISO 56000：2025 国际标准提出了创新管理的八项基本原则：实现价值、面向未来的领导者、战略方向、文化、开发洞察力、管理不确定性、适应性和系统方法。

此外，ISO 56010：2023《创新管理 ISO 56000 示例》国际标准还对 ISO 56000 标准中关键术语和定义提供了描述、背景和示例，帮助相关方理解 ISO 56000 系列标准中与创新管理有关的基本概念，为 ISO 56000 创新管理系列标准的理解、沟通、传播和采用提供了指导。

二、创新管理体系实施指南

在知识经济背景下，创新已经成为组织生存与发展的主流。检验创新成功与否的最终标准是市场。创新需要组织内部多个部门和外部生态系统之间合作才能成功。因此，如何建立一个创新管理体系，并协调创新流程和各方关系十分重要。

ISO 56002：2019《创新管理 创新管理体系：指南》、ISO 56001：2024《创新管理体系 要求》国际标准旨在指导企业将创新活动作为一个相互关联和相互作用的系统来管理，将创新管理与自身业务整合，指导组织根据战略方向，建立相关的创新抱负和愿景，专注于最重要的创新活动及其行动和支持，优化资源的使用，促进创新评价和改进，更有效和更高效地管理创新过程和所需的各项支持性活动，在组织内外部建立创新活动的认同感。

ISO 56002：2019 与 ISO 56001：2024 国际标准采用了管理体系国际标准的高级架构（HLS），提供了创新管理体系通用框架（见图 2-1），指导组织建立、实施、保持和持续改进创新管理体系。

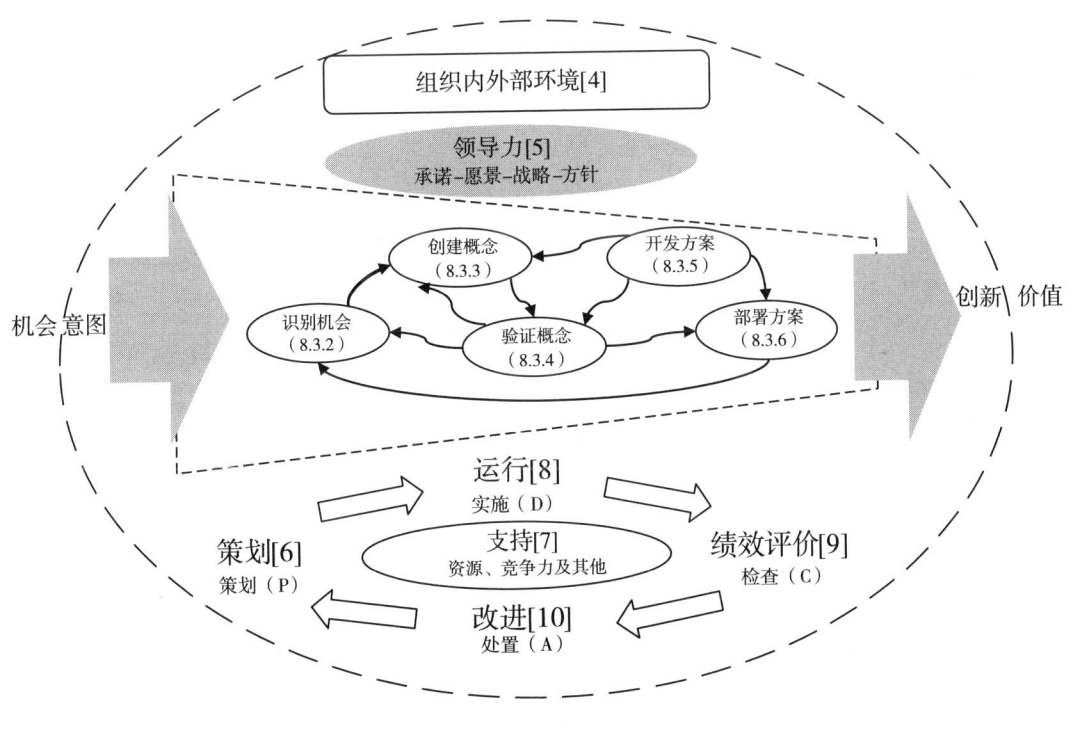

图 2-1 创新管理体系通用框架

创新管理体系的组成要素包括环境、领导力、策划、支持、运行、绩效评价和改进。

（一）环　境

组织确定与其宗旨相关的外部和内部问题，包括能触发创新活动的机会领域、相关方的需求和期望以及必要的支持性文化和协作方法。组织应将创新管理体系与组织自身的经营战略、组织的外部环境和内部环境、相关方的需求和期望相关联，有效地识别组织运行中的风险，并制订计划来规避这些风险。组织应建立支持创新的文化、开展内部和外部协作等，从而使组织从创新管理中获得真正益处。

（二）领导作用

以组织环境为输入，最高管理层展现领导力和对创新管理体系的承诺，确立创新愿景、创新战略、创新方针，明确必要的组织角色、职责和权限，并考虑如何将创新活动融入组织。必要时，组织可能需要建立一个由变革推动者组成的核心团队来实施创新。

（三）策　划

组织决定其应对机遇和风险的行动，确立其创新目标和实现这些目标的计划，包括组织结构和创新组合。根据所确定的内部和外部环境、相关方的需求和期望，"策划"的输出结果是一个创新实施计划，包括组织应对风险和机遇的措施、创新目标及实现、组织架构、创新组合，例如组织是否需要对组织的产品、过程或业务模式进行创新等。

（四）支　持

组织应为创新管理体系提供必要支持，如拥有必要能力的人员、财务和其他资源、意识、沟通、工具方法及战略情报和知识产权管理方法。其中，知识管理受到了较多的关注。

（五）运　行

创新的实现过程是创新管理体系的核心。为应对创新机遇，组织要计划、实施和控制创新行动、创新过程以及所需的支持。创新行动可以通过一个创新路径或多个创新路径的组合来实施。创新过程模型包含识别机会、创建概念、验证概念、开发解决方案以及部署解决方案五个阶段，该模型是一个连续循环的动态过程。组织可以使用适当的创新过程建立和实施创新行动（如项目、计划或其他活动）。

创新过程是从"识别机会"开始的。组织应充分收集数据和信息，并对其进行分析，以便确定创新所要解决的具体问题。例如，组织应当与顾客进行沟通，并分析创新将面临哪些困难、时间分配在何处、哪些要求还不清楚或很难满足。另外，组织还应当与标杆的过程或产品进行对比，以便了解其他组织在该领域的相关工作进展。

"创建概念"指导组织如何运用相关技术来确定解决方案。爱因斯坦说过，你无法在问题产生的层面解决问题。因此，组织要打破原有思维的束缚，利用"异想天开"的思维创造出全新的解决方案，从而开发一个全新的产品或过程。

"验证概念"用来发现首选解决方案中所存在的弱点。组织要尽可能寻找到更多的替代解决方案，对其时间、成本和风险进行分析，确定每个解决方案是否容易复制、是否具有高风险、是否具有高成本或是否将花费较长时间实施等，以降低创新的风险，提高创新的收益。另外，组织还需要检查任何知识产权的侵权情况，以确定是否需要对组织自身的知识产权进行保护。

"开发方案"主要是通过模型来对新服务和新产品进行确认。组织要巩固与合作伙伴的关系并规避风险。如果已经为一个特定的顾客开发了新的产品，那么与顾客所进行的试验和测试将会发现问题，以便消除这些问题。同时，组织可以选择对自身所创造的知识产权进行保护。

"部署方案"是组织将易于交付和易于使用的解决方案交到顾客手中。可测量的关键指标包括采用率、用户满意度和供方绩效等。从这一点上看，如果组织能够提前让市场营销和销售人员参与到开发阶段，将有利于其有效掌握相关知识和信息，从而更快实现成功交付。

（六）绩效评价

定期评估创新管理体系的绩效，使用与计划有关的创新绩效指标，并考虑愿景、战略、政策和目标。一般来说，组织需要在创新过程的输入或创造性活动结束时，在评价人员参与速度和程度时，以及在测量结果输出时，利用组织事先已确定的绩效指标进行评价。因此，组织要确定可用的绩效指标，包括内部审核和管理评审。

（七）改 进

基于绩效评价，组织持续改进创新管理体系，重点关注其在背景、领导力、规划、支持和运营方面最关键的差距和偏差。组织要根据绩效评价的结果，确定改进机会，并对创新管理体系实施必要的措施或变更。在发现相关问题和差距时，组织应当迅速处理，这也是系统思维的优势。

创新管理体系有效和高效地实施可能会对其他管理体系产生影响或被其他管理体系影响。因此，企业可以将创新管理体系与其他管理体系中具有不同作用的部分在组织架构、职责分工、制度流程、评价改进等多个层面整合为一个完整的管理体系，并共同实施，从而可以通过探索和引入新产品，实现当前运营与未来创新的有效平衡。

三、创新协作的工具和方法

在知识经济时代，组织仅仅依靠内部的资源进行高成本的创新活动，已经难以适应快速发展的市场需求和日益激烈的市场竞争。在此背景下，"开放式创新"正在逐渐成为创新的主导模式。创新协作能给合作各方创造价值。发展创新协作，有助于企业获得自身不具备的知识、技能、技术、知识产权以及基础设施（如实验室和实验设备等），以帮助组织改进产品/服务或者开发新的产品/服务。

ISO 56003：2019《创新管理 创新协作的工具和方法：指南》国际标准描述了创新协作的框架以及相应工具和方法，旨在帮助组织判定是否需要与他人共同建立创新项目以及选择合适的合作伙伴，并达成共识，以及指导合作各方进行角色合理分配、明确权责分工以达到最佳配置，并建立有效的创新合作管理过程。

（一）加入创新协作

创新协作始于差距分析。当发现创新机会，组织应进行差距分析，以评估组织现有的能力、能力和资产与其需求之间的差异。根据差距分析，组织可以决定是否能够在内部得到处理。如果不能，组织就应考虑选择外部合作伙伴。当然，有些组织基于失去独立性、不愿分享专有知识和知识产权归属等方面的顾虑，倾向于不与外部开展合作。特殊情况下，即使没有任何确定的创新机会，多个组织之间也有可能基于相关的内部和外部问题、需求和期望等而联合创新。

（二）创新合作伙伴的选择

大多数情况下，上述差距分析会形成一个与技术缺失和组织知识、能力、资产有关的清单，这将被用于识别和选择最合适的合作伙伴。组织可以根据对组织的相关方、现有关系及其内部和外部环境的分析，首先确定入围的潜在合作伙伴。尤其需要注意，组织应采取开放的态度，而不是仅关注组织现有合作网络中的伙伴，这可能会带来新的、意想不到的合作机会。

为了将潜在合作伙伴的长名单缩小为短名单，组织可以根据一定标准和优先级排序，对潜在合作伙伴进行评分，以评估上述长名单的适用性。这些评分标准可能包括潜在合作伙伴的知识、能力，以前的合作经验，以往的创新历史，实施配合程度，财务状况，知识产权状况以及地理政治、企业、道德和其他风险等。最后，组织通常要与入围者进行初步谈判，以确定其合作意愿。

（三）创新合作伙伴的协调

在组织正式签订具有法律约束力的协议之前，重要的是确保双方对提议的创新机会和协作有共同的理解。要做到这一点，需要解决一些形成共识的因素，以增加创新协作成功的可能性。这些因素可能包括顾客利益，可能影响所需投入的因素，可能影响结果的因素以及与创新行动计划相关的因素。在双方开始讨论或谈判以及在共享机密信息之前，应首先签署保密协议。双方的结盟可以谅解备忘录或意向书的形式记录。

(四) 创新合作伙伴的互动

在正式的创新合作伙伴协议中,需详细说明合作伙伴互动的性质,并确定如何互动。根据合作的性质和合作伙伴的角色,互动可能会有所不同。互动的性质和实质将取决于双方合作的性质和分配的角色。互动也可能受外部因素的影响,如协作的持续时间、组织文化、现有关系、承诺和协议等。

四、创新管理评估的工具和方法

为了确定创新管理是否以最有效的方式创造价值,需要定期对其绩效进行评价,其目标是识别出哪些创新管理活动真正为组织创造了价值,哪些没有创造价值。创新管理评估及其结果使组织能更好地将其资源集中在创造最大价值(如产品、服务、系统、品牌、创新协作、知识产权等)的创新管理活动上。

创新管理评估(IMA),一方面可以使组织清楚了解当前创新管理(IM)运行方式,通过洞察当前创新管理绩效的优势、劣势和差距,以达到理想的价值创造,这是确定和实施改进措施的基础;另一方面也可以使组织有机会采取适当改革(如制定改革路线图),以实现更好的创新管理绩效。

ISO/TR 56004:2019《创新管理评估 指南》技术报告旨在指导组织有效地评价其创新管理过程,确定创新管理是否以最有效的方式创造价值,使组织能更好地将其资源集中在创造最大价值的创新管理活动上,以便组织持续改进并更好地运行其创新管理过程,使创新活动真正为组织的未来发展作出贡献。

(一) 创新管理评估(IMA)的方法

为了深入了解创新对价值创造的影响,IMA 应坚持以下七项原则(PI-MA):为组织增加价值;向组织的战略和目标提出挑战;激励和动员组织发展;及时关注未来;考虑具体情况并促进采用最佳实践;灵活而全面;

成为一个有效和可靠的过程。IMA应考虑组织的创新战略、创新组织、创新文化、创新过程、创新激励和创新结果等要素。

创新为组织增加的价值可以通过以下方面评价：来自创新的收入；来自创新的利润；创新的市场份额；从事创新的员工数量；创新的地理范围；创新的受益者数量（如社会企业或公共部门的受益者等）；创新为受益者创造的价值、社会发展和/或环境可持续性。

组织引领创新步伐的能力可以通过以下方面评价：组织优化创新生命周期的程度；创新的速度。

创新效率可以通过以下方面评价：组织为实现规定价值而分配的资源；按计划完成或提前完成创新；达到甚至超过规定的质量水平。

IMA可以采用多种方式或其组合，如访谈、调查和理论研究等。可用方法包括检查表评价和基准评价两大类。检查表可以提供在评价创新管理及其部署时需要考虑的问题列表。基准评价基于已确定的内部或外部对照组的创新管理（IM）绩效分数，提供组织IM绩效和竞争力的透明度。

（二）创新管理评估（IMA）的流程

IMA的流程包括准备、实施、总结和改进四个阶段。

在准备阶段，组织应考虑管理层对IMA的未来意图和准备情况，以及如何将IMA融入组织的其他活动。组织应明确：IMA战略意图和范围；适合该组织的IMA设计；IMA预期结果；IMA绩效指标；所需资源（内部和/或外部）；组织创新的能力和意愿；IMA的建立和实施过程等。

在实施阶段，IMA一般按照以下顺序进行：工具设置；定量和定性的数据收集；数据分析；数据清洗；数据解释和差距识别，并确定和发展针对IM和IMA改进的建议。

在总结阶段，根据开展IMA的结果，识别、开发、记录调查结果和相应的改进建议，包括实施这些建议所需的估计时间表和资源，并与所有主要利益相关者进行沟通。

在改进阶段，每次IMA之后，建议组织检查IMA方法本身的适用性以及所部署的过程，并为下一次IMA做好准备。根据对下一次IMA的影响及其实施的难易程度和时间安排，为改进 IMA 的措施制定一份路线图，以确保最重要的改进措施得以适时实施。路线图包括措施、时间表、职责以及可交付成果和必要的预算。

（三）创新管理评估（IMA）结果的应用

尽可能先将 IMA 结果呈现给组织的高级管理层，然后再向不同级别的员工进行传达。传达 IMA 结果的主要目的是使参与创新活动的所有人员对未来设定的目标作出承诺，并使个人目标与组织的特定战略目标保持一致。同时，每位员工将更好地了解他们如何在组织的特定角色内为相同的目标作出贡献。必要时，组织也可以就 IMA 结果与外部利益相关方进行沟通，以寻求其理解。

对 IMA 结果的分析有助于更好地了解组织在创新管理中的优缺点及其根本原因，并针对创新管理的进一步改进提出建议，以反映组织创新的战略意图，提高创新管理的价值创造。最高管理者可以借此展示其领导能力和沟通能力，以推动所建议措施的实施，从而改善组织的创新管理绩效。同时，组织还要考虑其所追求的创新水平、提高创新管理绩效的紧迫性、组织的能力和资源的配备等影响因素，以便成功实施创新管理改进所需的各项措施。

五、知识产权管理的工具和方法

根据创新管理的需求，组织需要建立知识产权战略以支撑组织的创新战略和经营战略，并在创新过程的不同阶段开展相应的知识产权管理活动，将创意管理、知识产权规划、现有技术分析、知识产权风险评估、组合获取管理以及许可计划管理等重要且具有实际效用的知识产权管理工具和方法嵌入创新过程的不同阶段，并在实施创新活动的组织内部和多个组织之间实现知识产权管理活动的有效管理，确保组织可以利用其创新成果，并促进创新活动的实施。

ISO 56005：2020《创新管理　知识产权管理指南》标准旨在为创新全过程提供知识产权管理工具与方法的指南。其内容包括知识产权管理架构、知识产权战略制定与实施、创新全过程知识产权管理等。

（一）知识产权管理架构

知识产权管理应考虑所需的活动、过程和支持，它们之间的相互作用，以及如何根据 ISO 56005 国际标准实现持续改进。组织应确定与组织目标及影响既定知识产权战略目标实现的能力相关的外部和内部问题与因素；确保相关岗位的职责和权力在组织内得到分配和沟通；促进支持有效知识产权管理的组织文化，提升知识产权意识，提供和保持有利的工作环境，配备称职人员以支持知识产权的有效管理；认识到开发和维护知识产权组合需要的各类成本，并将知识产权管理视为一项能产生财务回报及业务机会的长期投资；对与知识产权管理相关的法律事项有整体理解，为创新过程涉及的知识产权法律活动提供必要的支持。

（二）知识产权战略制定与实施

知识产权战略应与组织的业务战略保持一致并支持其业务战略。知识产权战略宜成为组织业务和创新战略的组成部分。

制定知识产权战略的目的是将知识产权管理融入业务和创新战略，从而确保在整个创新过程中合理配置资源；确立知识产权战略目标和相关方针，以确保组织实现其组织目标和创新目标；战略过程将确保创新的有效管理，并提升创新成功率、产出和/或组织绩效；最大限度地降低与创新活动和行动相关的知识产权风险，确保组织保持对创新产出和/或成果的所有权或可获得性；优化知识产权资产，最大限度地提高创新效率，增加产出和/或成果（例如，通过货币化、商业化、技术转让、创新协作、供应链管理或知识产权全景分析，优化组织定位予以实现）；通过利用知识产权增强组织竞争力。

不同组织宜根据其业务和创新战略的需要来量身定制并实施其知识产权战略。根据组织环境变化，组织应及时调整其知识产权战略。组织应将知识产权战略传达给所有相关方，并开发工具和配置必要的资源，确保知识产权战略和知识产权管理过程得以适当实施。

(三) 创新全过程知识产权管理

创新过程中知识产权管理涵盖创新过程各个阶段，涵盖发明记录与披露和知识产权产生、获得、维护、检索、评估、开发利用等整个生命周期。组织应根据每个创新过程的情境和目标，在不同创新过程中配置适宜的知识产权管理活动，持续使用相应管理工具和方法（如知识产权全景分析或导航），并由有能力的不同人员承担工作。

创新过程中知识产权管理的主要内容包括：

（1）界定哪些知识产权资产需要受到保护，哪些不需保护，以及何时、何地受到何种方式保护；

（2）创造、保护和运用知识产权的理由，如实现价值、获得实施自由或者防止侵权；

（3）不保护知识产权的理由，如保密性、成本、速度和风险；

（4）建立和保持组织的知识资产；

（5）作为创新活动的输入，定期监测和分析与组织相关并且已披露的知识产权，以确保实施自由，并避免潜在的侵权；

（6）管理知识产权的需要，包括明确与外部合作伙伴的所有权关系，如在合作创新计划中明确在创意产生阶段的知识产权共享；

（7）如何从知识产权中实现价值，如通过许可、交叉许可、销售和合作协作；

（8）在组织内建立知识产权意识并提供培训，包括与知识产权相关的所有权和保密，以及潜在侵犯第三方知识产权的后果，如许可和诉讼费用；

（9）确保内部人员或外部人员在工作需要时能获得或限制其知识产权，如通过保密协议、程序和政策；

（10）如何管理来自第三方的潜在和实际侵权；

（11）监测相关国际、各国家法律、法规要求和合规承诺发展和差异。

ISO 56005：2020 国际标准在附录部分还为组织提供了知识产权管理的工具与方法。例如，发明记录和披露，知识产权产生、获得和维护，知识产权检索，知识产权权利评估，知识产权风险管理，知识产权开发利用等。

六、创新战略情报管理的工具和方法

当今全球竞争的加剧、知识流动的范围扩大和快速变化需要企业能够及时预测环境变化并对创新及时作出明智的决策。战略情报促进基于知识的决策，通过平衡机会和风险帮助管理不确定性，是创新管理体系活动和流程的组成部分。战略情报是收集、处理和向决策者传达数据、信息和知识的结构化过程的结果，其可以持续应用或应用于即将启动的特定项目。战略情报不仅限于创新活动，也可以用于组织的战略决策和后续行动的所有领域。创新过程的每个阶段都需要情报，用来帮助组织了解技术发展、市场变化、商业趋势、地缘政治等情况。

ISO 56006：2021《创新管理 战略情报管理的工具和方法：指南》国际标准旨在指导组织制定战略情报管理策略，以支持组织的创新；实施战略情报管理，以支持创新管理系统内创新活动和举措以及相关的创新过程；运用战略情报工具和方法，在创新管理系统和相关创新过程中支持创新活动和举措。组织可以利用战略情报作为实现其业务目标和实施创新举措的有利因素，如寻找新的商业机会和联盟；增加竞争优势；预测风险和不确定性；创造技术转让机会；预测社会、政治、技术和商业驱动因素；寻找微弱的信号来预测变化；消除限制价值创造的障碍；采用结构化的方法来解决问题。

ISO 56006：2021 国际标准中，战略情报过程采用 DIKI 模型，即：数据→信息→知识→情报。

（一）数据收集

组织应根据质量、客观性、可靠性和分类标准，确定数据、信息和资源的来源。例如，机密信息，其根据组织预先制定的量表，具有量化的敏感性水平；涉及公司或市场的内部信息，具有很高的潜在价值，但尚未公开或尚不为公众所知；敏感信息，其披露、丢失或不可用可能对组织产生负面影响，无论其传播媒介（口头、书面、电子）如何；关键信息，可能会改变组织的战略。

数据可通过内部来源或外部来源获得。数据和信息质量可通过以下方面进行评估：可靠性和准确性，如数据和信息的来源以及来源的可信度；适当性和充分性，如识别关键信息中的差距并实施解决方案，如果需要的话，包括进一步的信息。

（二）数据分析

数据分析是将一组战略情报管理数据转化为信息，即具有重要意义的复合数据的过程。根据建模过程中确定的分析工具，从同质或异质数据集（如专利、论文、市场数据）开始，产生复合信息（如相关性、趋势、地图）。

组织应适当地使用不同的分析技术，如基于人工的、自动化的或组合的分析技术。常见的自动化工具可以处理大量的数据和信息，用于揭示模式和趋势并提供可视化表示。例如，统计工具或软件；数据挖掘；测绘和可视化工具；分类方法；分类系统；词汇或语义分析；SWOT 分析（关于优势、劣势、机会和威胁）；PESTEL 分析（关于政治、经济、社会、技术、环境和法律因素）；五力分析（关于竞争力量和参与者、新进入者、竞争对手、客户和供应商）等。

（三）数据解释

数据解释是对战略决策者有价值的实际知识，即对战略决策有用的信息。例如，绘制竞争对手的活动，突出微弱信号；确定技术发展的优先次序和实施路线图。具体包括以下方面：整合不同来源的数据，以实现协同效应，因为不同来源的信息的组合构成了一个整体，其相关性和范围比单个信息更大；对信息的解释，目的是确定哪些是有效的，哪些与决策相关，例如分析信息的基础，或对其后果和可预见的演变的预测；验证所分析的信息的意义，例如关于技术含量和市场/商业相关性，以及它们对组织可能产生的后果。根据具体情况，解释和数据收集/分析之间可以发生反馈和迭代，例如添加或修改数据集，应当用不同的分析工具，以及避免可能的错误解释。

（四）提出建议

建议的结果就是情报（交流的知识）。情报可以通过可用性、及时性和清晰度检查来验证。组织应将情报传达给组织内负责的职能部门，如总经理、高级经理、战略主管和研发主管等，并提出与战略情报应用范围相关的建议，以支持决策。

管理层应对建议持开放态度，并就后续行动进行双向沟通。例如，前瞻性规划，针对变化提出的行动建议，或对所分析环境变化的预期；提出改进，提出解决限制、效率低下问题或尽量减少已发现的弱点所需的行动建议；寻求机会，提出利用已确定机会的行动建议；降低风险，减少已识别风险的行动建议；评估技术和/或市场选择；合作，确定潜在合作伙伴及相关合作方案；创新，关于新想法和/或研究、发展和创新活动和举措的建议；技术与当前/潜在产品之间的影响和相互作用，如产品、服务和流程；定期监测（确定责任方、频率、评分和行动）。

七、创新机会与创意管理的工具和方法

任何希望创新的组织都需要将好的机会和创意转化为现实，从而提供一系列潜在的创新。机会和创意管理可以帮助组织追求新的战略目标，确定具体的探索领域，应对组织的挑战，开发新产品、服务或运营模式，或建立在对利益相关方行为的见解基础上。

机会和创意可以来自任何地方，例如自上而下或自下而上，组织内部或外部，可以跨越从渐进式创新到激进式程序的连续创新类型。通常，"机会"更有可能成为激进式程序或突破性创新的起点，因为需要更多的探索来了解潜在的解决方案；"创意"更有可能成为渐进式创新的起点，因为人们对潜在的解决方案可能了解得更多。

机会和创意管理是创新管理过程的核心，它们也被称为与创新过程相关的前端创新活动，其预期结果是交付经过验证并准备进行开发的创新概念。组织要根据其规模、成熟度、环境和目标，在不同的复杂程度上实施管理，选择和调整适合其具体情况的方法和工具。在前端创新过程早期，

确保小规模的、低成本的迭代对于实现创新管理工作的效率和可持续的成功也是有价值的。

ISO 56007：2023《创新管理 机会与创意管理的工具和方法：指南》国际标准侧重创新前端的早期机会和创意，用于识别机会、创建创新概念和验证创新概念的工具和方法，以考虑开发和部署，为组织创新活动提供了从创新意图到选择发展的指导方针，帮助组织系统地管理其机会和创意，从而从前端创新活动中实现更大的价值，使其能够从战略和运营层面的机会和创意中实现价值。

（一）识别机会和创意

无论机会和创意的目的是解决一个具体的问题，还是更广泛地寻找新的方向，都应该制订一个适当的计划。主要考虑以下几点：激发和产生这些机会和创意的来源、方法和工具；确定一个机会或创意是否需要进一步探索的指导方针；基于不确定程度，考虑选择正确的路径。所有形成的机会和创意都应被保存在数据库、在线系统或其他档案中，并作为未来机会和创意的灵感或分析来源。

识别机会和创意可以使用多种工具和方法。例如，头脑风暴和横向思维方法可以通过利用不同的观点来帮助产生创意；众包方法可以从市场或学术界产生创意并带来机会；故事板、素描和模仿可以帮助设想和模拟体验；仿生学和战略设想可以帮助产生更多的战略机会或机会领域；人类学、设计还原、录像、白板、建议箱、观察和游戏、实地考察等工具都是捕捉机会和创意的方式。

（二）创建概念

一旦机会识别和创意产生的活动阶段完成，就会有大量潜在的机会和创意需要考虑。创新概念是对机会的理解，对创意的提炼，或将相关的机会和创意整合起来，作为创新的解决方案进行开发和部署的结果。创建概念的目标是通过一个不断发展和迭代的过程，将机会、创意或一组创意转化为可行的创新概念，并表达出创新概念价值主张中的新颖和/或独特之处。

组织应制定一个初步的创新概念描述，根据需要包括以下内容：创新概念所针对的问题和痛点/需求/愿望的根本原因；创新概念的潜在目标群体，他们可能以人物角色的形式呈现；创新概念可能发生的背景，如环境和/或情况；目标群体在特定情境下如何应用创新概念的情景；对创新概念的具体创新属性/特征的功能性描述；创新概念如何满足目标群体、环境、场景或创新概念的功能（如可用性或安全性需求）设定的特定需求；如何创造和获取价值；已识别的不确定性；减少不确定性的潜在预计成本/时间；确定适当的知识产权保护水平。

（三）测试和选择概念

创新概念或其组成部分需要通过验证来减少其关键的不确定性。验证是一个由测试和选择组成的迭代过程。验证目标是"快速成功或快速失败"，以最大限度地减少时间和资源使用。验证是使用工具和方法来测试假设、回答问题并减少由机会、创意或创新概念引起的不确定性；并基于创新概念筛选原则，选择合适的概念，以确定创新概念是否适合开发、返工或存档。验证结果在整个迭代过程中迭代使用。

（四）转换到开发阶段

在某些情况下，一旦某个创新概念被选中开展进一步开发工作，如果其是由目前从事创新概念工作的所有者以外的人进行开发，就有必要正式转换到开发方案阶段。此时，组织应考虑以下方面：转换的原因/目的是什么；识别接收方是谁（例如内部或外部）以及组织类型（例如大型组织、中小企业、初创企业、非政府组织、个人）；接收方在多大程度上拥有必要的技能、动机、时间、影响力和网络来处理开发方案，如果接收方是外部的，则可能需要保密协议（NDA）；发送方需要保留哪些知识；发送方应向接收方提供哪些知识、文档、原型、规格、资料；通过澄清转换活动的性质和范围，需要多少转换支持或保留所有权，确保双方之间进行彻底的知识转移；剩余的创新概念不确定性水平和发展路径以及所需的相应资源；管理发送方和接收方之间当前和未来的互动和责任的规则，如协作协议。

八、创新活动测量的工具和方法

创新的特点是新颖性和价值创造。创新活动涉及以一种与既定的企业经营活动根本不同的方式应对未知和不确定的风险。尝试创新而不承认创新活动本质上的非线性、迭代性和高度不确定性，会导致代价高昂的错误、高概率的失败，以及不必要的时间、物力和财力浪费。因此，组织需要对创新活动进行测量，衡量其创新活动所创造的价值，为自己和相关方带来的结果，以及其对经济、社会和环境的影响。

ISO 56008：2024《创新管理　创新活动测量的工具和方法：指南》国际标准旨在指导组织对创新活动进行设计和实施测量，帮助组织根据测量结果进行思考、设计、实施、测量和采取行动。每个组织都应考虑其自身的动态背景、不断变化的需求和利益相关方的期望、创新目标和创新举措，以设计其自己适当的测量集或创新活动测量框架。

（1）创新活动测量的基础。指导组织如何通过创新活动的测量来降低创新活动的不确定性和风险，解决所涉及的管理过程以及有效创新测量的领导、战略和计划，以及如何确定测量什么和如何测量、创新度量的设计以及所需的支持，同时提供测量相关的数据收集、分析、学习和纠正措施的基础知识。

（2）建立创新活动的测量。指导组织如何通过创新活动的测量来理解组织的外部和内部环境（包括相关方的需求和期望），帮助组织确保创新活动与业务目标的一致性、创新领导的充分性、所需的文化，以及创新计划和支持的有效性。这有助于收集相关的内部和外部问题的证据，以及潜在价值再分配和价值实现的机会领域，并进一步触发或影响创新活动的过程。

（3）创新活动测量。指导组织如何测量具体的创新活动，并基于证据收集和假设验证来实现更好的决策，通过发现问题、决定适当的纠正/改进措施来支持机会的识别，概念的创建和验证以及解决方案的开发和部署，帮助组织顺利推进各项具体的创新活动。

（4）创新动机测量。指导组织如何测量具体的创新动机，以减少不确定性，发现问题，管理风险，以及采取纠正/主动行动（包括放弃主动性），确保创新活动能够实现其预期目标。

（5）创新组合测量。指导组织如何测量具体的创新组合的评估、管理和决策活动。

（6）评估和改进创新运行测量。指导组织如何对创新活动的测量进行改进，以提高测量的有效性和效率，同时反映组织及其外部环境的变化，以及其创新目标和活动的变化。

目前，ISO/TC279 正在组织制定 ISO 56009《创新管理 创新活动测量的示例》国际标准，预计将对 ISO 56008 标准中创新活动、创新动机和创新组合的测量提供相关描述、背景和示例，帮助相关方理解和应用 ISO 56008 标准中创新活动测量的工具和方法。

第三节　ISO 56005 国际标准与我国相关国家标准对比分析

一、GB/T 29490—2023 标准简介

企业是国家知识产权战略实施的重要主体和基础力量。在知识经济日益发展和经济全球化不断加速的国际环境下，我国企业自主创新能力和知识产权运用水平不断提高，并逐步将知识产权融入企业经营的各个环节。大力提高企业知识产权创造、运用和保护能力是实施国家知识产权战略的一项重要任务。在此背景下，结合我国知识产权工作实践，通过标准化手段，指导企业建立科学、系统、规范的知识产权管理体系，积极应对当前全球范围的知识产权竞争态势，有效提高知识产权对企业经营发展的贡献水平，提升企业的知识产权管理、保护和运用能力，具有重要的现实意义。

2013 年 1 月，GB/T 24940—2013《企业知识产权管理规范》国家标准发布，并于 2013 年 3 月 1 日起实施，这是我国在知识产权管理领域的第一

项国家标准。该标准由国家知识产权局牵头，在前期调研江苏、广东等地方实施企业知识产权管理地方标准的基础上，结合我国企业知识产权工作的实际需要，编制而成。该标准规定了企业知识产权管理体系的管理框架、指导原则、影响因素以及总体要求、文件要求、管理职责、资源管理、基础管理、实施与运行、审核与改进等内容，侧重将知识产权获取、维护、运用和保护融入企业立项、研发、采购、生产、销售和售后等全业务流程。实践证明，GB/T 24940—2013 国家标准在助推企业创新发展，提升企业核心竞争力方面发挥了重要作用，成为全面提高企业管理水平、获取外部竞争优势的重要抓手。

近年来，随着我国经济社会快速发展，知识产权工作和企业发展的环境、形势、特点都发生了较大变化。为使企业知识产权管理体系满足新形势下国家、社会高质量发展的现实需求，SAC/TC554 启动了 GB/T 29490—2013《企业知识产权管理规范》国家标准修订工作。2023 年 8 月，GB/T 24940—2013《企业知识产权管理规范》经修订为 GB/T 24940—2023《企业知识产权合规管理体系　要求》并正式发布，并于 2024 年 1 月 1 日起实施。此次修订突出了标准的合规属性，增加知识产权合规管理相关条款，将知识产权合规要求贯穿各类型知识产权管理全链条、企业经营管理全周期和各环节，为企业建立和完善知识产权管理体系、履行知识产权合规义务、防范知识产权风险提供了指导。

二、GB/T 33250—2016 标准简介

科研组织是科技研究、技术开发和知识产权创造、保护、运用、管理的重要力量。知识产权管理是科研组织创新管理的基础性工作，也是科研组织开展科技成果转化的关键环节。近年来，我国科研组织不断加大知识产权工作力度，科研人员在积极进行科技创新的同时，利用知识产权保护创新成果的意识也在不断提升。但是，与发达国家科研组织相比，我国科研组织的知识产权管理大都缺少系统部署和战略性安排，科研组织在知识产权管理机构设置、技术转移运行模式、知识产权权属和收益分配等方面，

特别是知识产权保护效果和技术转移成效方面仍然存在较大差距。在此背景下，我国科研组织的知识产权管理、保护和运用能力尚需加强。

GB/T 33250—2016《科研组织知识产权管理规范》于 2016 年 12 月发布，并于 2017 年 1 月 1 日起实施。该标准规定了科研组织知识产权管理的总体要求、组织管理、基础管理、资源保障、科研项目管理、知识产权运用和保护以及检查和改进等内容，侧重将知识产权获取、维护、运用和保护融入科研项目分类、立项、执行、结题和验收等科研项目管理全过程。该标准旨在指导科研组织依据法律法规，基于科研组织的职责定位和发展目标，制定并实施知识产权战略，实现贯穿科研项目全过程的知识产权管理，激发科研人员的创新活力，增强科研组织的创新能力，提升知识产权创造质量和运用效益，促进创新成果转化为现实生产力。

三、GB/T 33251—2016 标准简介

高校是我国科技研究的重要阵地，是生产和传播知识的重要场所，是知识产权创造、保护、运用和管理的重要主体。高校的知识产权管理是关系核心科技成果保护、科技创新能力提升的重要环节。近年来，我国各高校不断加大知识产权工作力度，教师及科研人员在更加积极进行科技创新的同时，利用知识产权保护创新成果的意识也在不断提升。但是，与发达国家相比，我国高校在知识产权管理机构设置、技术转移运行模式、知识产权权属和收益分配等方面，特别是知识产权保护效果和技术转移成效等方面仍然存在较大差距。在此背景下，我国高校的知识产权管理、保护和运用能力尚需加强。

GB/T 33251—2016《高等学校知识产权管理规范》于 2016 年 12 月发布，并于 2017 年 1 月 1 日起实施。该标准规定了高校知识产权管理的总体要求、文件管理、组织管理、资源管理，知识产权获取、运用和保护，检查和改进等内容，侧重将知识产权获取、维护、运用和保护融入科研项目选题、立项、执行、结题等科研项目管理全过程。该标准旨在指导高校依据法律法规，基于自身状况和发展战略，制定并实施知识产权战略，将知

识产权有效融合到高校的科学研究、社会服务、人才培养、文化传承创新工作中，实现贯穿科研项目全过程的知识产权管理，激发科研人员的创新活力，提高高校的科技创新能力，提升知识产权创造质量和运用效益，促进创新成果转化为现实生产力。

四、ISO 56005 国际标准与我国相关国家标准差异分析

综上所述，ISO 56005 国际标准与我国知识产权管理三项国家标准在适用范围、管理目的和管理内容等方面存在显著差异（见表 2-3）。

表 2-3　ISO 56005 国际标准与我国现行知识产权管理标准比较

标准号	标准名称	适用创新组织类型	适用创新活动类型	主要管理目的	主要管理内容
ISO 56005：2020	创新管理 知识产权管理指南	所有类型创新组织	所有类型创新活动	提供创新路径，降低创新风险，保护创新成果，增强竞争优势，促进价值实现	创新过程五阶段应用适宜的工具和方法来有效管理知识产权
GB/T 24940—2013	企业知识产权管理规范	企业	应用研究、试验发展	促进技术创新，保障投资安全，提升竞争优势，增加经济效益，支撑持续发展	在研发、采购、生产、销售和售后等全业务流程中有效管理知识产权
GB/T 24940—2023	企业知识产权合规管理体系要求	企业	应用研究、试验发展	履行合规义务，促进技术创新，保障经营安全，提升竞争优势，增加经济效益，支撑持续发展	在研发、采购、生产、销售和售后等全业务流程中有效管理知识产权
GB/T 33251—2016	高等学校知识产权管理规范	高等学校	基础研究、应用研究	激发创新活力，增强创新能力，提升创新效益，促进成果转化	在科研项目全过程中有效管理知识产权
GB/T 33250—2016	科研组织知识产权管理规范	科研机构	基础研究、应用研究	激发创新活力，增强创新能力，提升创新效益，促进成果转化	在科研项目全过程中有效管理知识产权

虽然目前我国企业、高校、科研组织知识产权管理相关国家标准均涉及创新过程知识产权管理的内容，但各自适用范围、管理目的和管理内容均有所不同，未能体现不同类型创新主体在实施创新和知识产权管理方面的共性要求，不利于不同类型的创新主体开展协同创新，不能满足开放式创新背景下我国各类型创新主体开展协同创新的需要。而 ISO 56005 国际标准基于系统的创新管理体系，侧重通过知识产权管理促进创新价值的实现，强调知识产权战略对业务战略和创新战略的支撑作用，体现不同类型创新主体在实施创新和知识产权管理方面的共性要求，适用于各类创新组织和各类创新活动。ISO 56005 国际标准还在附录部分提供了知识产权管理的具体工具和方法，使知识产权人员和创新人员都能够应用 ISO 56005 国际标准开展创新，更加有利于促进不同类型的创新主体开展协同创新，更具有普适性。

基于此，我国企业、高校、科研组织实施 ISO 56005 国际标准，可以提升不同创新主体协同开展各类型创新活动的知识产权管理能力，满足新时代背景下开放式创新的需要，进一步促进创新价值的实现。

实践中，很多组织同时贯彻实施 ISO 56005 国际标准和相应知识产权国家标准，但是在具体实施过程中各自有所侧重。例如，广东某企业在贯彻实施 GB/T 24940—2023 国家标准的过程中，主要侧重将知识产权管理融入企业经营过程，通过知识产权管理来履行知识产权合规义务，防范知识产权风险，提升企业合规管理水平，保障经营安全；而在贯彻实施 ISO 56005 国际标准的过程中，该企业则主要侧重将知识产权战略融入业务战略，将知识产权管理融入新产品研发过程，通过知识产权管理来寻找创新路径，加强产学研协同创新，明晰知识产权归属，保护创新成果，提高创新质量，增强新产品的市场竞争优势。目前，部分科研机构在探索同时贯彻实施 GB/T 33250—2016 国家标准和 ISO 56005 国际标准。

随着越来越多的企业、高校、科研组织贯彻实施 ISO 56005 国际标准，我国创新体系三大主体将基于 ISO 56005 国际标准在创新和知识产权管理方面形成统一的管理要求，有利于促进企业、高校、科研组织开展协同创新,提升创新能力,提高创新质量,推动创新型国家建设,进一步促进创新驱动发展战略的实施。

第四节 案 例

【案例一】摩托罗拉"铱星"计划失败的启示[*]

铱星移动通信系统是美国于1987年提出的第一代卫星移动通信星座系统,是美国摩托罗拉公司设计的一种全球性卫星移动通信系统,它通过使用卫星手持电话机,透过卫星可在地球上的任何地方拨出和接收电话讯号。为了保证通信讯号的覆盖范围,获得清晰的通话讯号,初期设计认为全球性卫星移动通信系统必须在天空设置7条卫星运行轨道,每条轨道上均匀分布11颗卫星,组成一个完整的卫星移动通信的星座系统。经过计算证实,设置6条卫星运行轨道就能够满足技术性能要求,因此,全球性卫星移动通信系统的卫星总数被减少到66颗,但仍习惯性地被称为铱星移动通信系统。铱星计划的市场定位是需要在全球任何一个区域范围内都能够进行电话通信的移动客户。

1998年11月,铱星公司全球通信业务正式开通。然而,命运和摩托罗拉开了一个很大的玩笑,传统的手机已经完全占领市场。由于无法形成稳定的客户群,铱星公司亏损巨大,连借款利息都偿还不起,摩托罗拉不得不将一度辉煌的铱星公司申请破产保护,宣布即将终止铱星服务。1999年3月,铱星公司正式宣布破产。经过多回合的谈判,耗资50亿美元建成的铱星系统被以2500万美元的象征性价格卖给了一家公司,所有债务全部剥离。新铱星公司将目标用户定位在身处偏远地方、地面无线通信网无法覆盖的地方,如海上石油钻井平台或油轮上的工作人员,以及那些希望随时随地保持稳定通信的大企业,而不是像原铱星公司一样瞄准普通的商务

---

[*] 张辉.是什么让铱星陨落:"铱星计划"失败案例[N].中国经营报,2003-08-20(5).

旅行者和一般消费者。

铱星计划的失败不仅是技术的失败，而且是一个建立在跨国家、跨组织、跨技术学科和跨产业的多个管理层面的、巨型的、复杂的技术创新管理体系的失败，是创新过程中诸多不利的风险因素集合产生的结果。从技术创新的角度来看，铱星计划无疑是移动通信系统的一次重大的技术创新。但是，即使像摩托罗拉这种跨国巨人，面对高技术带来的高风险也显得无能为力。因为任何创新产品最终都要接受市场的检验，这是市场法则，也是市场规律。实际上，铱星计划实施过程中，存在很多可能导致失败的因素。

（1）管理决策构架问题。铱星公司的管理决策架构是其失败的根本原因之一。铱星公司的董事会由28个成员组成，召开公司董事会时，会上使用的是多国语言，每次开会就像是出席一次小型联合国会议，人人必须戴着耳塞，收听5种语言的同步翻译。这样一个公司的决策组织根本不可能进行有效管理。没有一个有效的决策和管理团队，要保证一个系统的成功是不可能的。由于成本和时间的超支，铱星计划不能给投资人树立信心，也就不能吸引新的投资来不断调整其目标市场和提高系统的运营。

（2）市场运营构架问题。铱星公司的基本市场运行组织结构是一个复杂的联合体（合伙人结构），由世界上15个辖管地区性"闸口"国家或企业组成。由于各"闸口"仅负责在本地区范围内销售铱星系统手持电话和提供相应服务，各自的利益关系和产权关系不清晰，铱星卫星移动通信系统在推向市场时，根本无法建立一个面向全球的市场运营构架；无法建立一支目标一致、步调一致、策略一致和责权利匹配的销售队伍；无法形成一整套完整的市场营销计划；无法建立一个全球性的各地区的分销渠道，以形成统一、有效的销售攻势，这使得市场运营更为困难。

（3）市场机会问题。在20世纪最初10年里，地面移动通信发展迅猛，夺走了铱星计划初期设定的主要目标市场。例如，1990年我国购买一台手机的成本是4万元，而在1998年已经降到2000元。相对地面移动通信系统领域，尤其是移动电话领域，铱星计划在时间上已失去了市场机会。在这种情况下，铱星公司应该在推向市场之前对移动通信领域的新市场方向作出调整，其目标对象应该是需要在地面移动通信系统的盲点区域工作的客户，并且可以在互联网环境下的无线通信和数据传输领域同地面移动通信系统进行竞争。

（4）商业运营起步不好。铱星移动通信系统的科技过于先进，以致相关周边产业因技术尚未成熟而无法支援。铱星系统匹配的手机生产能力有限，市场供给不足；销售数量不足又使得产品成本昂贵，这样销售价格很高。开业后前两个季度，铱星系统在全球只销售了1万台，到申请破产为止也只有5.5万用户。据投资分析家估计，铱星公司要实现财务盈亏平衡至少需要65万用户。要建立65万用户基础，所费时间远远超过铱星公司的投资估算。技术创新产品投入市场的成本估算和效益预期至关重要，也是高市场风险陷阱所在。

（5）铱星系统本身不足。当时，全球地面移动通信的手机价格、款式和区域覆盖程度已经非常成熟，铱星移动手机的优势不是十分明显。相对地面移动电话系统，铱星本身也还存在许多不足：手机个头笨重、运行不稳定、价格昂贵、不能在室内和车内使用等。而当时移动通信系统趋势是手机越做越小，商家为了赚取通话费，甚至无偿赠送手机。在这样的市场背景下，铱星公司必然要和地面移动电话系统产生竞争。任何技术创新产品进入市场，都将面对同传统同类产品的竞争，而新技术在使用过程中需经过一个逐步完善的周期，恰恰正是这个周期和完善过程中的局部技术缺陷，会使创新产品丧失市场竞争力。

（6）工程师精神的企业文化。摩托罗拉的企业文化是永不言败的工程师精神。在实验室内，这种精神确实令人敬佩，但是在向市场推进，或当一系列问题发生的时候，又是另一回事。其实，有意向的投资者们早就发现了工程师创意和市场现实之间的脱节。一位高级管理人员回忆说，20世纪90年代初他们观看铱星演示系统时，惊讶于用户必须首先将自己置于电话天线与卫星之间没有任何障碍物的地点，才能顺利地使用电话，甚至不能在室内和车内使用。"我怎么能出售这种玩意儿？"他的公司最后拒绝投资铱星计划。

【案例二】乐高创新转型之路*

乐高（LEGO）公司 1932 年创立于丹麦，是一家全球知名的玩具制造厂商。1949 年，第一块乐高塑料积木问世，两年后，基于穴柱连接原理的乐高塑料积木投放市场。乐高积木最初只作为是启发婴幼儿智力的简单玩具，后来经过长期发展，拥有了多种积木产品系列，并对不同年龄的消费者都产生了巨大吸引力，受到消费者的热烈欢迎。

20 世纪 90 年代，视频游戏和智能电子设备越来越受欢迎。当时，乐高曾开展了一项针对儿童玩具市场的调查。结果显示，2/3 的儿童宁愿玩游戏机之类的玩具，也不愿玩积木建筑玩具。同时，随着 20 世纪 80 年代乐高积木最后一件专利到期，传统积木市场陷入了残酷的竞争，乐高内外部的专家和顾问根据市场观察和调研得出结论：乐高积木终将死亡，21 世纪不再是小小塑料方块的天下，数码世界将取而代之。

乐高开始了激进地驶向蓝海的战略。1993—2002 年，乐高开拓了种类繁杂的新业务，包括软件（电脑游戏和电影工作室）、生活产品（乐高儿童服饰）、媒体（书、杂志、电视）、女孩玩具（乐高娃娃）等。然而很多尝试都以失败告终。这些创新非但没有让乐高实现爆发式增长，反而让它陷入史上最大规模亏损，一度几乎无法独立生存。同时，由于乐高在追求潮流的同时放弃了安身立命之本——乐高积木，包括零售商和乐高粉丝在内的人，都对此举表达了困惑和不满。

2004 年，乐高进行了大刀阔斧的改革，最重要的改革之一是重新制定乐高的创新战略。乐高管理层发现，公司真正赚钱的核心产品还是经典积木产品，包括得宝系列、乐高城市系列等。于是乐高决定回归积木，削减与积木不相关的产品种类，缩减零售店项目、放弃电脑游戏和主题公园业务，并把创新聚焦于围绕核心产品打造更好的客户体验。为保证创新效果，

---

* 戴维·罗伯逊，比尔·布林. 乐高：创新者的世界 [M]. 田琴华，译. 北京：中信出版社，2014：121-125.

乐高建立了有效的创新管理和监控系统，打破了之前生产、设计、市场部门之间互相隔绝的状况，加强各部门领导层的沟通，建立了跨部门协同的创新体系。

要实现有效的创新管理，在创新之初各部门就要达成共识，避免出现无法追踪盈利或者创新成本失控等问题。例如，开发"生化战士"系列产品之前，乐高的产品团队互相隔绝，按照程序逐步进行：设计师构思出模型，将模型扔给工程师，工程师准备好用于生产的原型，再踢给市场人员，然后沿着程序进行下去。很少会有哪个团队跑到另外一个团队的地盘提供建议或要求反馈。结果是设计完全不符合市场需求，或者成本过高不可能盈利。为此，乐高重新为新产品设计设定了财务回报目标。如果设计达不到目标，产品就永远进入不了市场。

乐高强调公司在运营和管理上的创新，各职能部门也有意识地在部门内推行创新。乐高每一个项目产品都有三个经理：设计经理、市场营销经理和生产经理。在产品开发的每个阶段，不同部门都会从各自角度提供反馈，然后进行设计和模型改进、迭代。最终三个部门一起决定产品的元素、颜色、包装等。由于设计、市场营销和生产部门已经达成共识，就不会再出现设计师设计完后市场经理说卖不了、生产经理说技术实现不了的情况，更不会出现到产品开发的最后阶段才发现成本过高根本不可能盈利的"惊喜"。例如，曾有一个市场团队提出是否可以减小产品包装盒的尺寸，不仅减少碳排放，还可以增加货架陈列的产品数量。为此，设计师需要思考如何将所有产品信息都放在包装盒上；制造部门要考虑怎样改组机器制造更小尺寸的盒子，让小盒子也易于打开。所有部门都基于同一个绩效标准，最终成功合作实现了这个目标。

乐高认为，开放式创新最核心的价值还是保持公司与粉丝之间的持续性对话。乐高明确规定，某关键产品，如乐高城市系列，虽然设计部门会吸取外部反馈，但是大部分创新还是来自公司内部。如果在测试中发现孩子们特别喜欢一个人物，设计师就会想办法让这个人物进入乐高套装。只要孩子们喜欢，销量和盈利就不会成为问题。

这些创新战略决定很快取得了成效，不但让乐高走出了困境，还让乐高的业绩实现飞跃式增长。2007—2012 年，在智能电子设备流行的大背景下，玩具巨头孩之宝和美泰年均收入增长率分别只有 1.3% 和 1.5%，乐高却逆势实现年均 22% 的增长，税前利润年均 38% 的增长。基于核心产品的创新并不意味着乐高放弃向周边产业拓展。2014 年，动画电影《乐高大电影》被称为"史上最长广告植入"电影，它完全由乐高产品作为内容输出，却得到了几乎零差评的赞誉，位列北美票房上半年冠军，在全球也取得了 4.66 亿美元的票房收入。

中篇
企业创新与知识产权管理指南

第三章 企业创新与知识产权管理基础知识

第一节 企业创新与知识产权管理基本概念

一、企业创新管理基本概念

(一) 创新的内涵

1912年,约瑟夫·熊彼特在其德文版的《经济发展理论》一书中,首先从经济学角度系统地提出了创新理论。他认为,所谓创新,是指把一种从来没有过的关于"生产要素的新组合"引入生产体系。创新的目的在于获取潜在利润。他将创新概括为以下五种形式:引入新的产品或提高产品的质量;采用新的生产方法、新的工艺过程;开辟新的市场;开拓并利用新的原材料或半制成品的新供给来源;采用新的组织形式。

熊彼特创立创新理论的主要目的在于对经济增长和经济周期的内在机理提供一种全新的解释。熊彼特从创新内在机理出发,解释了资本主义经济运行呈现"繁荣—衰退—萧条—复苏"四阶段循环的原因,说明了不同程度的创新,会导引长短不等的三种经济周期。创新的最初含义主要以技术创新为主,是指创造新技术并把它引入产品、工艺或商业系统之中,或者创造全新的产品和工艺以及对现有产品和工艺的重大技术改进,并且产品被引入市场或生产工艺得到应用。

20世纪50年代,科学技术在经济发展中日益显现独立和突出的价值,技术创新的理论研究才开始成为一个十分活跃的领域。从80年代开始,技术创新的理论研究开始走向深入，被用于解释经济发展中的许多现实问题，其重要地位逐渐得到确认。

随着创新理论的发展，创新的内涵也随之不断变化。人们认识到，创新不仅广泛存在，而且形式多样。创新不一定是技术上的变化，也不一定是一件实实在在的物品，它可以是一种无形的东西。技术领先不一定等于创新的成功。很多技术领先产品或项目失败的主要原因是技术与市场、营销、制造能力及企业的组织、文化等非技术因素间的不协同。例如，引起互联网广泛应用的主要因素，并不是技术创新，而是雅虎、谷歌、阿里巴巴等公司的网络商业模式程序。

经济合作与发展组织（OECD）在20世纪80年代开展了实验性创新研究。OECD在1992年发布的《奥斯陆手册》中首次定义了基于统计目的的"创新"。此后，"创新"定义不断得到扩展。2018年，OECD发布的第四版《奥斯陆手册》中对创新的定义是，"创新是一种新的或改进的产品或过程，或其组合，与本企业以前的产品或过程有显著不同，并已提供给潜在用户或由本企业投入使用"。同时，OECD将创新分为产品创新、流程创新、营销创新和企业创新四类。

ISO 56000：2020《创新管理 基础和术语》标准制定过程中，ISO/TC279与OECD紧密合作，共享创新术语和创新结构，并就创新术语的技术要点广泛征求了世界银行、世界知识产权组织（WIPO）和世界贸易组织（WTO）等国际组织和企业的意见，旨在提高ISO 5600标准的通用性，建立对创新概念的国际共识。

根据ISO 56000：2020《创新管理 基础和术语》之3.1.1定义，创新是"新的或改变的客体，实现或重新分配价值"。广义上，一切能创造新的商业价值或社会价值的活动都可以被视为创新。任何客体，在任何领域，都可能创新。创新可以是产品、服务、过程、模式、方法或任何其他客体或客体的组合。例如，业务模式、运营模式或任何其他价值实现模式的创新。

由于受到内、外部因素的影响，企业创新活动通常具有以下特点：

（1）根据企业整体战略，创新活动可以服务于不同的目的。例如，在一个领域或市场中成为预见者或塑造者（先行者）的野心，而不是一个跟随者（快速追随者）。

（2）创新活动本质上是探索性的，以不确定性、实验、学习和提供反馈为特征，因此通常不同于其他企业活动。

（3）创新活动可以由洞察力触发和引导。例如，陈述或未陈述的需求和期望、机会、挑战，或与产品/服务，或相关方、竞争对手、趋势和其他背景变化相关的问题。

（4）创新活动通常具有挑战性，并受到企业现有组织结构和文化的挑战，可能面临来自既定假设、范例和当前主导逻辑的阻力和惰性。

（二）创新的特征

基于创新概念和内涵，创新最重要的两个特征是价值性和新颖性。

1. 创新的价值性

实现价值是企业创新活动的最终目标。这意味着未实现价值的那些见解、想法和发明不被认为是创新。

价值可以是财务的，例如通过创新来增加收入等；价值也可以是非财务的，例如通过创新来提高生产力、增强可持续性、提高顾客满意度和信任度等。价值的实现或再分配可以发生在个人层面、企业层面或社会层面，例如创新可以在价值链或网络中，或跨部门、领域和学科中实现、重新分配或破坏价值。

价值与利益相关方明示或未明示的需求和期望的实现相关。利益相关方通常会考虑与实现、采用该创新相关的成本和收益，以及替代产品、服务、流程、模式、方法等来确定创新的价值。例如，不同类别的用户、特定价值链或网络中的生产者、经销商和消费者，对创新的价值可能有各自不同的看法。创新的价值通常会随着时间的推移而演变。创新对利益相关方的影响可能是重大和变革性的。随着利益相关方需求和期望的确定和实现，创新的价值从不确定变得确定。

2. 创新的新颖性

创新的新颖性程度是相对的，并由利益相关方感知所决定。创新不一定是原创或独一无二的。创新可以是以前从未在任何地方出现过的，也可以是对于特定的行业领域或学科（如行业或市场）是全新的，也可以是对于社区、企业或用户群体或特定的相关方是全新的。

创新的新颖性程度与时间有关。创新的生命周期可能有很大差异。随着时间推移，创新可能会在社会上被广泛采用和传播，从新的走向主流，最终变得过时。创新的新颖性程度可以通过创新的属性来表达。

（三）创新的类型

创新类型多种多样。创新可以有多种分类方法。例如，由于创新可以用一个或多个属性（包括内容、方式和原因等）来描述其新颖性，因此可以根据这些属性将创新划分为各种类型，每种分类方法又能进一步细分出许多类别。必要时，也可以使用多个属性来组合描述特定的创新类型。不同的分类方法体现了创新的多层次特征。不同层次的创新通常具有不同的管理需求，进一步影响到企业创新项目组合管理。

1. 按照创新客体划分

按照创新客体的类型，可将创新划分为产品创新、工艺创新、服务创新、商业模式创新和管理创新等。

（1）产品创新。产品创新是指创造或改进产品。产品创新目的是满足顾客需求。狭义的产品不包括服务。广义的产品包括服务、软件、硬件、流程性材料这四种通用的产品类别。产品创新可进一步划分为元器件创新、架构创新和系统创新三类。产品创新是最常见的创新。

（2）工艺创新。工艺创新是指生产和传输某种产品或服务的新方式。例如，对产品的加工过程、工艺路线、生产设备进行创新使其进一步满足产品生产的需求。工艺创新可以提高产品质量、降低生产成本、提高生产效率、降低消耗与改善工作环境等。产品创新和工艺创新经常是交替出现。工艺创新包括新工艺创新、新设备创新等形式。一个企业的产品创新可能意味着产业链内其他企业的工艺创新。

（3）服务创新。服务创新是指对服务系统进行的有目的、有组织的改变。服务具有独特性。例如，服务往往是无形的，服务的提供和消费往往同时进行并且需要人的高度参与，不同顾客对服务的感知具有差异性，服务很难通过知识产权法规抵制模仿行为等。服务创新可以提高服务质量，降低服务成本，提高顾客满意度，创造新的市场价值。服务创新包括服务产品创新、服务流程创新、服务管理创新、服务模式创新等形式。

（4）商业模式创新。商业模式创新是指改变企业价值创造的基本逻辑，以提升顾客价值的活动。商业模式是指企业价值创造的商业逻辑。商业模式展现企业赖以创造和出售价值的关系和要素，包括价值主张、目标顾客、分销渠道、客户关系、价值配置、核心能力、成本结构和合作伙伴网络等要素。商业模式创新目的是力求满足顾客不断变化的需求，为顾客提供更多价值，并吸引新的顾客群。

（5）管理创新。管理创新是指企业将新的管理要素或其组合引入管理系统的活动。管理要素通常包括目标、计划、实行、反馈、控制、调整、领导、组织、人力九项要素。管理创新目的是提高企业管理有效性、优化企业资源配置、帮助企业更有效地实现目标。管理创新包括观念创新、模式创新、流程创新、结构创新和制度创新等形式。

2. 按照参与创新活动利益相关方划分

按照参与创新活动的内部或外部利益相关方，可将创新划分为用户创新、员工创新、集体创新或跨组织创新。

（1）用户创新。用户创新是指由消费者和最终用户发展出的创新，包括用户为自己使用目的而提出的新创意、新设想和实施首创的设备、工具、材料、工艺等以及对制造商提供的产品或工艺的改进等。用户创新强调领先用户在创新中的作用。领先用户区别于非创新用户的显著特征是领先用户从使用创新中获益，并拥有丰富的使用产品方面的专业知识。通过与领先用户密切合作，企业能获取突破性的新产品概念，并产生突破性创新产品；从领先用户中选择最有市场前景的突破性产品原型，企业能减少新产品开发时间和开发成本，提高创新效率；通过与创新用户的联系，企业能获取新的技术能力，了解技术发展趋势，扩展技术联系网络，并尽早与领先技术研究机构建立密切的联系。随着知识经济时代到来和先进技术大量涌现，用户创新得到了快速发展。

（2）员工创新。随着现代组织越来越复杂，企业需要每一个员工都发挥创造性和参与创新，所有员工都参与到创新过程中。创新不再只是企业研发人员的专利，而应是全体员工的共同行为。尽管员工的个体创造力存在差异，但是每个人可能都具有其独特的创造力。从销售人员、生产制造人员、研发人员到售后服务人员、管理人员、财务人员等，都可以成为出色的创新者。员工广泛参与创新，不仅可以充分发挥每个员工的智慧，而且可以减少企业创新的内部阻力，降低创新风险，提高创新水平，进而确保创新成功。

（3）集体创新。集体创新是指为使个人、团队、组织甚至整个社会受益，有意识地在团队内引入和应用一些新的想法、过程或程序。狭义的集体创新仅指组织内部的集体创新。广义的集体创新既包括组织内部的集体创新，也包括跨组织的集体创新。组织内部的集体创新不但强调企业中每一个员工创造性发挥和创新参与的重要性，更关注不同部门员工之间相互合作、优势互补、信息共享，实现协同创新效益。

（4）跨组织创新。跨组织创新是指跨越不同组织进行的创新。最典型的就是创新网络。创新网络由许多节点组成，这些节点由企业、大学、政府、客户及其他组织构成。节点之间相互连接、相互作用，节点之间连接或相互作用的数量、强度和形式决定了创新网络是紧密的或是松散的。网络的依赖关系可以是技术上的、知识的或社会的。网络对其成员的作用各不相同。随着时间推移，网络节点之间知识和社会联系逐步增强，从而增加网络成员的互相信任，使企业倾向于在网络成员内购买或出售技术，降低交易风险和交易成本。例如，瑞士钟表业建立了小企业间长期网络，从而在机械精密加工方面具有优势，但是这种联系反过来也使它们对日本电子表业的反应变得迟钝。

3. 按照创新活动所处的环境划分

按照创新活动所处的环境，可将创新划分为内部创新（封闭式创新）、开放式创新、合作创新和生态系统创新。

（1）内部创新，又称"封闭式创新"。内部创新是指使用企业内的资源进行创新。传统观念认为，创新是企业的灵魂，只能由企业自己单独进行，从而保证技术保密和独享，进而在技术上保持领先地位。这种模式中，创新处于企业强有力的控制之下，内部研发被认为是企业有价值的战略资产，是企业提升核心竞争力和维持竞争优势的关键，甚至是竞争对手进入市场的巨大阻碍，造成很高的行业进入壁垒。但随着知识创造和扩散的速度加快、人才的广泛流动及风险资本的盛行，封闭式创新模式受到越来越多的挑战，企业越来越难以控制其专有创意和专业技能，迫使企业加快新产品开发及商业化的速度。

（2）开放式创新。开放式创新是指使用企业内部和外部的资源互相补充进行创新。2003 年，亨利·切斯布洛（Henry Chesbrough）教授提出了开放式创新的概念。相比于封闭式创新，在开放式创新中，创新边界是可以相互渗透的，外部创意和外部市场化渠道的作用被上升到与内部创意以及内部市场化渠道同样重要的地位。创意可能来源于企业内部，也可能来源于企业外部。通过知识流动、人员流动或知识产权转让，企业内部的创意可以扩散到企业外部。那些不适合企业当前经营业务的创意也可能通过外部途径使之商业化，从而在新的市场实现更大的商业价值。开放式创新能够使企业在创新过程中，同步观察市场与技术的变化，使创新活动成为全局性、并行性并能及时响应外部变化的一种活动。

（3）合作创新。合作创新是指一个或多个组织合作进行创新。狭义的合作创新一般指产学研合作创新。广义的合作创新是指只要在创新过程任一阶段有其他创新主体的参与，就可以认为是合作创新。合作创新最主要的动机是获取互补的技术资源。创新常常需要跨越多个科学技术领域才能完成，合作创新能够使企业获得互补性的知识和技术，发挥创新资源的协同效应和组合优势，共同承担创新成本和创新风险，确保创新成功。合作创新可以有多种形式，既包括具有战略意图的长期合作，例如战略联盟、合资等；也包括针对特定项目的短期合作，例如产学研合作研发协议、技术许可协议等。

（4）生态系统创新。生态系统创新是指产业相关的支持体系和合作组织之间形成一个相互依赖和共生演进的生态系统，并基于该生态系统进行创新。该生态系统通常以企业为主体，由大学、科研机构、政府、投资者、商业协会等利益相关方共同组成。创新的实现基于多个利益相关者的协同努力，各个创新主体进行协同创新，实现价值。例如，Linux 和 Java 软件平台开发就是应用了软件领域的开放源代码软件或自由软件（Open Source Software，OSS）的创新网络开发模式。

生态系统创新最典型的是供应商创新。供应商创新是指在产品开发的概念阶段或者设计阶段就让供应商参与进去，从制造商产品开发过程开始一直持续到新产品的商业化。供应商创新起源于 20 世纪 40 年代的日本汽车制造业，丰田公司的精益生产方式就包括大量的供应商早期参与创新的做法，随后逐渐被其他日本汽车厂商效仿，这也被认为是日本公司竞争优势的主要源泉之一。在经济全球化和技术进步日新月异的今天，通过利用供应商的专业知识、技术与技能，企业能缩短产品开发周期，减少在新产品开发后期阶段（如试制阶段）因设计失误而导致创新失败的风险，更快推出满足顾客需求的高质量产品。❶

4. 按照创新的连续性划分

按照创新的连续性，可将创新划分为连续性创新（维持性创新）、非连续性创新（间断性创新）。

（1）连续性创新，又称"维持性创新"。连续性创新致力于在消费者所重视的维度上对现有产品的改进，向现有市场提供更好的产品。如果创新是建立在原有的技术轨迹、知识基础上，不断地改进并推出新产品，就是一种连续性创新。例如，苹果公司于 2007 年开发出 iPhone 手机后，在原有基础上经过多年来的技术升级。

（2）非连续性创新，又称"间断性创新"。非连续性创新是指脱离原

---

❶ 陈劲，郑刚. 创新管理：赢得持续竞争优势 [M]. 3 版. 北京：北京大学出版社，2016：384-387.

有的连续性技术轨迹的创新。非连续性创新有两种典型方式：一种是突破性创新（激进式创新），另一种是颠覆式创新（破坏式创新）。企业不但需要渐进性创新来满足当前客户不断变化的需求以实现企业的持续成长，也需要周期性辅以不连续性创新以获得"领先者优势"。诸如IBM、GE、惠普、西门子、飞利浦、3M、通用汽车和杜邦等公司都会有意识根据市场变化，用间断性创新打断正在进行的渐进性创新。

5. 按照创新的变化或影响的程度划分

按照创新的变化程度，从增量变化到根本变化，可将创新划分为渐进式创新、突破性创新（激进式创新）、颠覆性创新（破坏性创新）。

（1）渐进式创新。渐进性创新是指在原有的技术轨迹下，对产品或工艺流程等进行的程度较小的改进和提升。许多公司经营者往往倾向于采取渐进性创新模式。渐进性创新对现有产品的改变相对较小，能充分发挥已有技术的潜能，强化现有的成熟型公司的优势，特别是强化已有企业的组织能力，因此对企业的技术能力、规模等要求较低，给企业带来的风险也较小。随着时间流逝，渐进性创新会产生巨大的积累性经济效益。

（2）突破性创新，又称"激进式创新"。相对于渐进式创新而言，突破性创新是导致产品性能主要指标发生巨大跃迁，对市场规则、竞争态势、产业版图具有决定性影响，甚至产业重新洗牌的一类创新。这些创新常伴有一系列的产品创新与工艺创新，以及企业组织创新，甚至导致产业结构的变革，如汽车、电灯、青霉素、互联网等。这往往需要全新概念与重大技术突破，需要优秀的科学家或工程师花费大量的资金，历时很长的时间来实现。突破性创新与渐进性创新在创新目标、组织、过程以及不确定性等方面都存在显著的不同。

基于生命周期观点，突破性创新的一般特性包括以下几种：

①长期性——往往是8~10年甚至更长的时间；

②高度的不确定性和不可预测性；

③偶发性——停止和开始，中断和再生相互交替更迭；

④非线性——需要通过对中断作出反应的一些活动和反馈周而复始，

需要不断地应用全部关键的突破性创新项目管理能力；

⑤随机性——主要参与人员不固定，重点不断变化，容易受外界环境的影响等；

⑥背景依赖性——历史、经验、企业文化、个性和非正式关系等各种因素相互影响，产生各种积极和消极的因素。

（3）颠覆性创新，又称"破坏性创新"。1997年，克莱顿·克里斯坦森（Clayton M. Christensen）教授在其《创新者的窘境》一书中系统提出并分析了破坏性创新的概念与作用。破坏性创新要么创造新市场，要么提出一种新的价值主张来重塑现有市场。破坏性创新可分为两类：第一类是破坏性商业模式创新，如戴尔电脑直销模式、亚马逊网上书店、沃尔玛的天天平价、春秋航空的廉价航空模式等；第二类是破坏性技术创新，如特斯拉电动汽车、朗科优盘、格兰仕微波炉、九阳豆浆机等。克里斯坦森提出了两种基本的破坏方式——低端破坏和新市场破坏；后来有学者提出了第三种破坏方式，即基于对市场的高端切入的破坏。破坏性创新要取得成功必须满足两个条件：一是主流市场必须存在产品与服务功能过剩，导致顾客被过度服务，出现价值冗余；二是本土企业必须被高端或高利润市场吸引，因此当受到来自"低端"的破坏性技术的攻击时，它们会愿意逃离低端市场。例如，美国联邦快递（UPS）开始是定位高端市场的，其逐渐在高端市场站稳脚跟后，又开始向中端和低端市场进行渗透和破坏。需要注意的是，所谓"破坏"是相对于现有的主流技术、主流客户和关联企业而言的，一旦破坏性创新形成明确的性能改进轨道，也就演变为维持性创新，其后又会出现下一轮新的破坏性创新。在破坏性立足点稳固后，企业可以利用维持性创新，向本地高端市场以及发达国家市场进行转移。很多亚洲知名企业，正是由于适时采用破坏性创新，才逐渐成长为大企业。

6. 按照创新的驱动因素划分

按照创新的驱动因素，可将创新划分为技术驱动型创新、市场驱动型创新、设计驱动型创新。

（1）技术驱动型创新。技术驱动型创新是指由技术需求推动进行的创新。例如，在移动通信行业，从最早出现的摩托罗拉"大哥大"、诺基亚1100到后来的苹果 iPhone，每当软硬件技术出现重大突破时，制造商通过应用新技术进一步开发新产品进行创新。2007 年，iPhone 的问世，彻底打破过去固有的手机设计思路，以"用户+网络+应用"交互平台方式，整合行业全产业链，牢牢占据了行业制高点。

（2）市场驱动型创新。市场驱动型创新是指由市场需求推动进行的创新，包括产品的外观设计、营销渠道、促销手段以及创新性的定价策略等创新。例如，以 VIVO、OPPO、小米等为代表的国产手机，研发基本以用户需求为导向，尽最大努力满足并提供用户相关的需求，无论在市场占有率方面还是在用户使用口碑方面，都占据了明显的优势。

（3）设计驱动型创新。2003 年，罗伯托·维甘提（Roberto Verganti）教授提出设计驱动型创新的概念。他认为，设计驱动型创新是指产品传递的信息及其设计语言的新颖程度远远超过产品功能和技术的新颖程度的创新。设计驱动型创新是设计推动的创新活动，通过设计满足用户难以言明的隐性需求和超前需求，为用户绘制未来的产品蓝图，从而引导用户的需求与购买行为。例如，1983 年推出的 Swatch 手表，将手表从计时工具转变成时尚配件，引领了全新的时尚潮流。

需要注意的是，设计驱动通常离不开技术作为设计的支撑。通过技术革新与技术组合，企业实现社会文化趋势的跟踪，进而依靠设计改进、产品推广，最终完成对用户价值的引导。设计驱动型创新本身的功能还可能带来企业创新绩效的改进，实现突破性创新或技术绩效的渐进性改良。例如，特斯拉公司对电动汽车的设计理念是"希望人们用一种全新的方式去思考一辆车"，并凭借先进的电动汽车技术和环保理念，引领了电动汽车产业向可持续发展的方向转变。

在不同发展阶段，企业在创新内容、创新程度以及市场定位的选择时有所侧重。例如，传统制造业往往关注于产品创新与工艺创新，通过渐进式改良降低创新的风险，并面向低端市场，追求低端市场普通大众的规模效应；苹果公司强化商业模式创新，针对不同的产品族实施渐进式改良与突破性创新相结合的发展战略,获取高创新绩效。企业应根据自身的资源禀赋、产业环境、市场定位,平衡各种创新要素,并选择合适的创新类型,以获取持续的竞争优势。

(四)创新与其他相关概念的关系

1. 发明与创新的关系

熊彼特最早对发明和创新进行了区别。他认为,企业家职能之一就是把新的发明引入生产系统,创新就是发明的第一次商业化应用。发明与创新实现之间有一段时间延迟,例如传真机从发明到市场化就用了145年。另外,将发明转换为创新的成功率并不高。例如,即使在美国,也只有12%~20%的研发项目有可能转化成商业成功的产品。❶

创新与发明有本质区别:创新必须实现价值,而发明无须如此。创新与新想法的商业化有关,而"发明"可能并非直接与商业化相关。

发明旨在解决特定的技术问题,通常由商业秘密、实用新型/小专利或专利等知识产权进行保护。发明可以演变成创新,但创新不一定必须包括发明。发明仅限于以前没有的产品、服务、过程、模式、方法或其组合等客体,创新可以是任何新的或改变的客体。

2. 研究与创新的关系

传统观念认为,创新活动包括研发活动和非研发活动两种类型。OECD的《奥斯陆手册》认为创新的类型取决于创新活动的目的;而OECD的《弗拉斯卡蒂手册》提供了区别研发活动与非研发活动的基本原则——如果某种解决方案对那些具备相关领域基础知识或技术储备的专家来说是新颖的,也就是说专家能够感知这些科学或技术的新颖性和不确定性时,这种创新活动就是研发活动;否则就是非研发活动。除研发活动外,还有很多其他非研发创新活动。非研发创新活动主要包括:直接采购外部技术和知识,基于反向工程的模仿创新,集成创新(现有技术知识的创新组合应

---

❶ 陈劲,郑刚. 创新管理:赢得持续竞争优势 [M]. 3版. 北京:北京大学出版社,2016:55-57.

用）和市场创新等。非研发创新活动中，创新主要来源于企业的现有知识储备或者企业外部，并不通过企业内部系统化研发活动来实现；企业几乎没有投入研发费用或投入比较低的研发费用却能够实现较好的创新绩效。

研究与发展（research and development，R&D）是一种系统的创造性工作，目的在于丰富有关人类、文化和社会的知识宝库，并利用知识进行新发明、开拓新应用。研究与发展是一个创意产生—研究—开发—试制完成的过程。研究与发展可划分为基础研究、应用研究和试验发展三个阶段。其中，基础研究是指以现象和事实为基础的实验或理论工作，其主要目的是产生新知识和发现真理来获取新知识，没有任何具体的应用目的。应用研究是指对原始数据进行调查研究，其主要目的是针对某个特定应用领域或具体实用目标来获取新知识。

研究可以为创新过程的不同部分提供输入，例如关于趋势、用户行为和新技术的知识。因此，创新离不开研究，包括基础研究的突破。基础研究和应用研究都能获取新知识，但是不一定能产生创新。其中，基础研究由于没有具体的应用目的，因此其成果向应用研究转化的过程有可能以失败告终。应用研究一般用于解决某个特定领域遇到的实际应用问题，因此其成果更有可能在后续开发完成后被成功商业化。

3. 开发与创新的关系

研究与发展的试验发展阶段又称"开发"。开发是指系统利用从研究和实践中获得的知识，将需求转化为新的解决方案或改进现有的解决方案等。这意味着基于确定的客户需求，使用可操作性的过程，开发新的产品、工艺、服务、商业模式、方法等，或改进现有的产品、工艺、服务、商业模式、方法等。

开发活动可能会带来创新，但仅限于渐进式创新和持续性创新，例如逐步扩展现有的产品以满足用户的需求。因此，为了向具有明确或不明确的需求和期望的新用户推广新产品和完全不同的产品，企业需要创新来补充现有的开发过程。例如，世界领先的制药企业默克公司，一直以来很重视内部研发投资，但公司2000年度报告中指出："在全世界的生物医学研究中,默克只占了1%。为了利用另外的99%,我们必须积极地与大学、研究机构和世界各地的企业联系,以便把最好的技术和最有发展前途的新产品引入默克。"❶

另外,根据"魔川-死谷-达尔文海"创新模型,研究和开发活动可以通过技术转让的方式来促进创新过程。其中,如何搭建研究—开发—商业化—产业化的桥梁成为创新成败的关键。20 世纪 70 年代,美国航空航天局(NASA)提出了"技术成熟度"的概念。技术成熟度是指技术相对于某个具体系统或项目而言所处的发展状态,反映了技术对于项目预期目标的满足程度。其中涉及科学与技术知识成果、实验、模拟与工程化、产品化等问题。目前,技术成熟度被划分为 9 个等级:

TRL1:基本原理被发现和阐述;

TRL2:形成技术概念或应用方案阶段;

TRL3:应用分析与实验室研究,关键功能实验室验证阶段;

TRL4:实验室原理样机组件或实验板在实验环境中验证;

TRL5:完整的实验室样机、组件或实验板在相关环境中验证;

TRL6:模拟环境下的系统演示;

TRL7:真实环境下的系统演示;

TRL8:定型试验;

TRL9:运行与评估。

一般认为 TRL5 以上的成果具备一定的实用性,适合进一步开发、应用与转化,以实现技术的产品化,但不涉及市场化与产业化问题。

4. 改进与创新的关系

创新和改进都实现价值,都涉及变化,这些概念是部分重叠的。

改进通常发生在较低不确定性的条件下。改进仅限于对现有客体的改变,可以提高产品或过程的性能。如果改进使用的是现有方法和解决方案,通常并不会带来创新。例如,企业使用现有的工艺流程和工艺设备,通过

---

❶ 陈劲,郑刚. 创新管理:赢得持续竞争优势 [M]. 3 版. 北京:北京大学出版社,2016:195.

加强生产车间的环境控制来提高良品率,就不是创新。

创新通常发生在更高不确定的条件下。除改进外,创新还可以引入一个以前不存在的新客体。最典型的是突破性创新、颠覆式创新。例如,企业通过对现有工艺流程和工艺设备进行改进,提高生产过程的自动化程度,降低生产成本,减少废品率,就可以认为是创新。

5. 创造力与创新的关系

创造力(creativity)是构思一个原始客体的能力,例如一个想法、一个概念或一个问题的解决方案。个人创造力由智力因素和非智力因素两方面构成,智力因素包括观察力、想象力、记忆力、思维能力等;非智力因素包括创造欲、求知欲、自信心、意志力等。创造力是企业在生产经营的每一个方面、每一个环节、每一个部门和每一项工作中创造性地发现问题、明确问题、阐述问题、组织问题和输出问题解决方案,从而实现改进与创新的能力的总称。❶

创造力通常是创新活动、计划和过程的一部分,并为其提供支持。企业可以通过促进、挖掘员工的创造潜能,使之发挥作用,并形成新的创意和解决方案来利用创造力。创造力也是支持创新活动的文化的一个重要特征。企业创造力的影响因素既有一般个体创造氛围的因素,又取决于群体和团队在工作中的互动。

然而,要实现创新,仅有创造力是不够的,还必须辅以其他能力和流程,如验证、开发和实施的能力和流程。例如,新产品开发是集中发挥员工创造力的活动,大多数企业的新产品开发都是采取团队工作方式。为了开发创造力,企业可采取人本管理、文化管理、激励管理等柔性管理方法。为了确保新产品开发活动的顺利开展,企业可采取计划管理、目标管理及过程控制等刚性管理方法,两者缺一不可。

---

❶ 陈劲,郑刚. 创新管理:赢得持续竞争优势[M]. 3 版. 北京:北京大学出版社,2016:91-97.

二、企业知识产权管理基础知识

（一）知识产权的内涵

ISO 56000：2025《创新管理 基础和术语》（第 2 版）国际标准关于知识产权的定义与《与贸易有关的知识产权协议》（TRIPS 协议）和《世界知识产权组织公约》（WIPO 公约）中定义保持一致，并反映了在商业环境中的公认用法，包括知识产权可能同时包括的法律权利和底层主题。

根据 ISO 56000：2019《创新管理 基础和术语》，知识产权（intellectual property）是指受法律保护的智力活动的结果，本质上是一种商业资产，包括发明、科学发现、文学、科学或艺术作品、商业中使用的符号、设计、名称和图像、工业设计、表演、录音、广播和其他创作以及工业作品。知识产权权利（intellectual property rights）是指与知识产权有关的法律权利，本质上是知识产权资产所附带的合法权利，包括对版权及其邻接权、商标、地理标志、工业设计权、专利、集成电路的布图设计（拓扑图）和对未公开信息的保护。

（二）知识产权权利特征

知识产权权利是由一系列法律规则所定义和保护，具有无形性、专有性、地域性、时间性、法定性和双重性等特点。

（1）无形性：知识产权是一种无形财产权。

（2）专有性：知识产权为权利主体所专有，权利人以外的任何人未经权利人同意或法律的特别规定，都不能享有或使用这种权利。

（3）地域性：知识产权只能在法律所确认和保护的地域内有效。即在一个国家获得的知识产权，在其他国家可能不会受到法律保护，除非两国之间有关于知识产权的双边协议或共同参与了某个国际公约。

（4）时间性：知识产权的法律保护有一定的期限性。超过这个期限，知识产权将进入公有领域，任何人都可以免费使用。

（5）法定性：知识产权是通过国家的专门立法确认和赋予的，它是智力成果中经过法律确认的权利。

（6）双重性：知识产权兼具人身权和财产权的双重属性。例如，权利人可以享有发表权、署名权、修改权等人身权；权利人还可以通过许可使用、转让知识产权，或制造、使用、销售知识产权相关产品，或作为发明人或作者获得奖励和报酬等方式，获得一定的经济利益。

（三）知识产权权利类型

狭义的知识产权包括工业产权和版权。广义的知识产权包括专利权、商标权、商号权、域名、商业秘密、著作权、计算机软件专有权、集成电路布图设计专有权、遗传资源知识产权、制止不正当竞争权等。

工业产权一般是指权利人对发明创造和显著标记等依法在一定地区和期限内享有的专有专利。《保护工业产权巴黎公约》规定："工业产权的保护对象有专利、实用新型、外观设计、商标、服务标记、厂商名称、货源标记或原产地名称和制止不正当竞争。"《保护工业产权巴黎公约》还规定："对工业产权应作最广义的理解，不仅应适用于工业和商业本身，而且应同样适用于农业和采掘业，适用于一切制成品或天然产品，例如：酒类、谷物、烟叶、水果、牲畜、矿产品、矿泉水、啤酒、花卉和谷类的粉。"

1. 专利权

专利是政府对具有新颖性、创造性且能付诸工业应用的发明授予的专有权。专利赋予专利权人排除或制止他人制造、使用、许诺销售、销售或进口基于专利发明的产品或方法的法律权利。专利由国家专利局或代表一组国家的地区专利局授予，限于在相关国家或地区的地理界限内有效。专利在一段有限的时间内有效，通常为自提交专利申请之日起最多20年，但需要专利所有人按时缴纳规费以维持专利有效。专利申请人必须提供发明的详细、精确和完整书面说明。

我国专利法的保护对象包括发明专利、实用新型专利、外观设计专利。发明专利是对特定技术问题的新的解决方案，包括产品发明（新物质发明）、方法发明、改进发明（对已有产品、方法的改进方案）。实用新型专利是对产品的形状、构造或者其结合所提出的适于应用的新技术方案。外观设计专利是对产品的形状、图案、色彩或者其结合所做出的富有美感并适于工业应用的新设计。

2. 商标权

任何能够区别商品或服务的标志（包括文字、名称、字母、数字、图形、图片、形状、颜色、标签或以上要素的任意组合）均可作为商标使用。商标的法律保护通过注册获得，但在某些国家也通过使用获得。虽然保护期可能不同，但多数国家注册商标在 10 年内受到保护。只要在注册到期前指定时间缴纳续展费，注册可无限续展（每次续展通常 10 年有效）。商标注册人依法享有对所使用商标的商标专用权。

经核准注册的商标为注册商标，包括商品商标、服务商标、集体商标和证明商标。有关商品商标的规定也同时适用于服务商标。集体商标是指以团体、协会或其他组织名义注册，供该组织成员在商事活动中使用，以表明使用者在该组织中成员资格的标志。证明商标是指由对某种商品或者服务具有监督能力的组织所控制，而由该组织以外的单位或个人使用于其商品或者服务，用以证明该商品或服务的原产地、原料、制造方法、质量或其他特定品质的标志。

3. 版　权

版权又称"著作权"，是指作者在法律规定的期限内，对文学、艺术、科学、软件等作品依法享有的署名、发表、出版、转让并获得报酬等专用权。版权保护原创性作品，但是它只保护思想的表达，而不保护思想本身。如果思想以不同方式表达，则不会侵犯作者的版权。版权法还规定了"精神权利"，例如保护作者的名誉和作品完整性等。一般而言，作者不得转让此类"精神权利"。多数国家的版权有效期为作者有生之年加死后 50 年，在某些国家有效期更长（如美国和欧洲一些国家）。

我国著作权法的保护对象是作品。作品是指文学、艺术和科学领域内具有独创性并能以一定形式表现的智力成果，包括文字作品；口述作品；音乐、戏剧、曲艺、舞蹈、杂技艺术作品；美术、建筑作品；摄影作品；视听作品；工程设计图、产品设计图、地图、示意图等图形作品和模型作品；计算机软件；以及符合作品特征的其他智力成果。

4. 商业秘密

商业秘密是指不为公众所知悉、具有商业价值并经权利人采取了相应保密措施的商业信息，包括技术信息、经营信息。技术信息一般指与技术有关的结构、原料、配方、材料、样品、样式、植物新品种繁殖材料、工艺、方法或其步骤、算法、数据、计算机程序及其有关文档等信息。经营信息一般指与经营活动有关的创意、管理、销售、财务、计划、样本、招投标材料、客户信息、数据等信息。客户信息包括客户名称、地址、联系方式、交易习惯、意向、内容等。如果商业秘密中相关信息以任何方式已经公开（如将商业秘密提交专利申请在专利申请文件公开后），这些信息就不再成为商业秘密。

5. 集成电路布图设计专有权

集成电路布图设计是指集成电路中至少有一个是有源元件的两个以上元件和部分或者全部互连线路的三维配置，或者为制造集成电路而准备的上述三维配置。集成电路布图设计专有权是指权利人依法享有对所创作的布图设计享有的专有权利，包括全部或部分复制权，以及将受保护的布图设计、含有该布图设计的集成电路或者含有该集成电路的物品投入商业利用的权利。

6. 域　名

域名是为满足互联网的需求而创造的一种商业标识符。域名没有边界或地域限制。用户可以通过域名在互联网查找和浏览企业和产品。与商标相比，目前还没有统一的法律制度规范域名的使用。互联网名称与数字地址分配机构（ICANN）负责对域名进行技术管理。世界知识产权组织（WIPO）是 ICANN 认证的全球范围内域名争议解决服务主要提供方。WIPO 设计了统一域名争议解决政策（UDRP）以处理域名恶意注册和使用。如果查出域名为恶意注册，WIPO 可下令将其撤销或转让。

7. 遗传资源知识产权

遗传资源，是指取自人体、动物、植物或者微生物等含有遗传功能单位并具有实际或者潜在价值的材料。遗传资源具有稀缺性、地域性、价值性、经济性和可利用性等特点。一般包括动物品种专有权、植物品种专有权、依赖遗传资源完成的发明创造的专利权等。

8. 制止不正当竞争权

不正当竞争行为是指经营者在生产经营活动中，违反法律规定，扰乱市场竞争秩序，损害其他经营者或者消费者的合法权益的行为。例如，我国《反不正当竞争法》第6条规定："经营者不得实施下列混淆行为，引人误认为是他人商品或者与他人存在特定联系：（一）擅自使用与他人有一定影响的商品名称、包装、装潢等相同或者近似的标识；（二）擅自使用他人有一定影响的企业名称（包括简称、字号等）、社会组织名称（包括简称等）、姓名（包括笔名、艺名、译名等）；（三）擅自使用他人有一定影响的域名主体部分、网站名称、网页等；（四）其他足以引人误认为是他人商品或者与他人存在特定联系的混淆行为。"如果权利人合法权益受到不正当竞争行为损害的，有权寻求司法救济，以制止这些与知识产权有关的不正当竞争行为。

常见的知识产权类型及其特点概况如表3-1所示。

表3-1 常见的知识产权类型

知识产权的权利类型	保护主题	是否需要申请/注册	期限	备注
专利	发明	需要	最长20年，需支付维持费	给予排他权；仅在获得授权/生效的司法管辖区可执行
实用新型（部分国家适用）	发明	需要	最长10年，需支付维持费	给予排他权；仅在注册/获得授权的司法管辖区可执行
商标	用于区分商品/服务的标志	需要	无限制（若使用得当），需支付续展费	给予排他权；仅在注册/获得授权的司法管辖区可执行
外观设计	美学设计	需要	最长25年，需支付维持费	给予排他权；仅在注册/获得授权的司法管辖区可执行

续表

知识产权的权利类型	保护主题	是否需要申请/注册	期限	备注
著作权	创意性艺术作品/软件源代码	不需要	期限因国家而异（通常是最后一位在世作者死后50年或70年）	需要创作日期、作者身份及原创性的证明
商业秘密	价值依赖于保密性商业信息/技术诀窍	不需要	可能无限期（维持保密性）	商业秘密的证据和日期；受国家法律保护

第二节 企业创新与知识产权管理基本原则

一、创新管理的基本原则

ISO 56000：2025 国际标准提出了创新管理的八项基本原则，包括：价值实现；面向未来的领导者；战略方向；文化；开发洞察力；管理不确定性；适应性；系统方法。

（一）价值实现原则

创新管理的目的是实现价值，其中价值可以是财务价值也可以非财务价值。实现价值对企业实现可持续发展至关重要，同时也是明确企业创新管理体系的范围、目标和绩效评估标准的重点。

创新的价值是通过识别、理解和满足相关方需求的过程来实现的，即通过新的解决方案或变更的解决方案在相关方的实施、采用和影响来实现的。具体而言，企业可通过基于创新环境的理解投资于创新活动以发现创新机遇和挑战，建立实现价值的创新目标、过程、系统和绩效指标，调整企业结构和创新过程，基于对价值的广泛理解对创新计划进行评估，授权人员采取创新行动并认可其创新价值，评估相关方如何从当前创新活动中感知价值等措施实现创新的价值。

价值实现的原则能够促进企业创新活动产出更高价值、确保企业创新活动合规、推动建立支持创新的企业文化、提升企业竞争优势和声誉、促进企业长期和可持续发展（见表3-2）。

表3-2 创新管理原则之"实现价值"

实现价值	ISO 56000 国际标准相关内容
概述	价值，无论是财务上的还是非财务上的，都是通过新的或变更的解决方案对相关方的实施、采用和影响来实现的
基本原理	创新管理的目的是实现价值。价值是通过识别、理解和满足相关方需求的过程来实现的。实现财务和非财务价值对企业的可持续性至关重要
关键收益	对企业的竞争优势、可持续发展和长期相关性的贡献； 在创新管理体系中明确设定范围、目标和绩效评估标准的重点； 创新活动的更高价值产出； 提高企业的声誉； 价值的实现使创新活动合法化； 使文化支持创新活动
可采取的措施	投资于理解背景的活动，以发现机遇和挑战； 为价值获取和实现建立目标、过程、系统和绩效指标； 基于对价值的广泛理解评估创新计划，包括但不限于学习、社会、经济、环境价值和能力建设； 授权人员采取创新行动，为价值实现创造新的机会； 认可并庆祝价值的实现，以建立支持创新活动的文化； 调整企业结构和创新过程，最大限度地实现价值； 评估相关方如何从当前创新活动中感知价值，并确定改进机会

（二）面向未来的领导者

企业管理者有意识地努力挑战现状使企业能够平衡当前的重点和短期绩效，建立创新愿景和目标，关注创新机会，以预测和创造未来。

具体而言，企业可通过鼓励和支持管理层在企业内协调并传达长期愿景和目标，培养支持创新活动的企业文化，鼓励管理层分享创新成功和失败的故事，鼓励并认可对创新愿景和目标作出贡献的人，向员工提供必要的支持（包括资源）等措施培养面向未来的领导者。

面向未来的领导者原则能够确保企业管理者对变化持开放态度，在企业内明确并共享长期愿景和目标，关注当前和未来的创新机会，激励并吸引员工和其他相关方进行创新，鼓励员工将创造力和执行力集中到企业创新愿景上，从而促进企业实现其创新目标，如表3-3所示。

表 3-3 创新管理原则之"面向未来的领导者"

面向未来的领导者	ISO 56000 国际标准相关内容
概述	各级领导在好奇心和勇气的驱使下,通过建立一个鼓舞人心的愿景和目标,并通过不断让人们参与实现这些目标来挑战现状
基本原理	有意识地努力挑战现状使企业能够平衡当前的重点和短期绩效,同时关注创新机会,以预测和创造未来。整个企业的领导者激励并吸引员工和其他相关方进行创新
关键收益	对变化的开放态度、替代的做事方式和对新机会的追求; 在整个企业中明确并共享长期愿景和目标; 同时关注当前和未来的创新机会; 鼓舞人心、积极参与的人,他们可以将自己的创造力和执行力集中到共同的愿景上
可采取的措施	鼓励和支持领导者带着好奇心去探索,带着勇气去执行,并考虑道德、法律和可持续性问题; 认可并奖励挑战现状的领导者; 鼓励领导者分享成功和失败的故事来激励他人; 在整个企业内协调并传达长期愿景和目标; 鼓励并认可对愿景和目标作出贡献的人; 培养支持创新活动的文化; 向人们提供必要的支持,包括资源

(三) 战略方向

企业通常基于总体目标和战略方向,建立与其相一致的创新目标和战略。创新目标和战略可以用来确定创新活动的优先顺序,确定监控和评估创新绩效和影响的范围,并为配置人员和资源提供基础。

具体而言,企业可通过规划、开发和实施创新计划、过程和投资组合,提供机会领域和创新类型示例,分配人员以及资源,建立指标来监控、评估和识别创新绩效,适时审查和更新战略方向,适时向外部利益相关方传达战略方向以形成期望等措施实现战略导向原则。

战略方向的原则能够向相关方明确表达企业创新抱负水平和共同期望,明确监控、评估创新计划和组合的标准,增加创新计划的投资回报,通过调整企业结构、分配角色、职责和权限、指导投资、协作努力等框架以支持创新,为创新计划分配人员和资源,从而确保提高创新与企业总体战略的一致性,如表 3-4 所示。

表3-4 创新管理原则之"战略方向"

战略方向	ISO 56000 国际标准相关内容
概述	创新活动的方向基于一致和共享的目标以及相关的抱负水平,并由必要的人员和其他资源支持
基本原理	与企业的总体目标和战略方向一致的共同共享和理解的创新目标和战略,为配置人员和资源提供基础。战略方向用于确定创新活动的优先顺序,以及设定监控和评估创新绩效和影响的范围
关键收益	提高与企业总体目标和战略方向的兼容性; 创新计划投资回报增加; 企业抱负水平的明确表达,以及在创新活动方面的共同期望; 调整企业结构、分配角色、职责和权限、指导投资、协作努力等框架; 为执行创新计划分配人员和资源; 监控和评估创新计划和组合的明确标准
可采取的措施	确保并证明创新目标有助于企业的总体目标和战略方向; 通过提供机会领域和创新类型的例子来传达战略方向; 规划、开发和实施创新计划、过程和投资组合; 演示如何分配人员以及分配哪些资源来实施创新战略; 建立创新指标来监控、评估和识别绩效; 审查和更新战略方向,以确保有效性和影响; 适当时,向外部传达战略方向,以形成期望,并吸引利益相关方

(四) 文 化

传统的企业管理实践注重高效执行,但是对于创新管理而言,有必要支持对变化的开放、冒险和协作,建立支持新想法的创造和执行的企业价值观、信念和行为,即支持企业的创造力和执行力共存。

具体而言,企业可通过鼓励不同观点,利用创新中心、分支机构或创新团队来提升创造力,识别创新过程不同阶段所需的不同行为和个性,既鼓励建立高度信任和协作的封闭网络,也鼓励从开放网络中寻找机会和解决方案,最大限度利用集体知识,允许创新失败并从中吸取教训等措施建立支持创新的企业文化。

文化的原则能够帮助企业建立创造性的工作环境,鼓励和支持实验、冒险和允许失败作为学习机会,鼓励员工走出舒适区以探索新的机遇和挑战,通过想象力和非传统方法促进新见解和想法,通过探索、合作和实验获得集体知识,具有适宜的创新过程并能够快速交付(见表3-5)。

表 3-5 创新管理原则之"文化"

文化	ISO 56000 国际标准相关内容
概述	共享的价值观、信念和行为,支持对变化的开放、冒险和协作,使创造力和有效执行共存
基本原理	传统管理实践注重高效执行。对于创新管理来说,也有必要发展支持新思想的创造和执行的价值观、信念和行为。为了实现创新,文化必须使创造力和执行力共存
关键收益	创造性的工作环境,通过想象力和非传统方法促进新见解和想法; 通过探索、合作和实验获得的集体知识; 执行工作环境,能增加关注度,具有可适应的过程,并快速交付; 鼓励和支持实验、冒险和允许失败作为学习机会的工作环境; 人们被激励走出舒适区,探索新的机遇和挑战; 人们能够在不同的行为和方法之间改变
可采取的措施	促进多样性,鼓励不同观点,发展创新行为,最大限度利用集体知识; 减少企业结构中层级、利用创新中心、分支机构、校园结构或自我管理的团队来提升创造力; 鼓励开放的网络寻找机会和解决方案; 鼓励建立高度信任和协作的封闭网络; 实施创新管理体系,补充现有的正式或非正式管理体系; 支持领导者,使他们能够培养和持续发展支持创新活动的文化; 定义、认识和展示创新过程不同阶段所需的不同行为和个性; 允许失败并从中吸取教训; 用讲故事来促进期望的行为

(五)开发洞察力

创新解决方案的开发依赖于明确以及未明确的需求。有效的见解涵盖了对未来需求和条件的战略远见,通常不是显而易见的。因此,企业需要利用多种多样来自内部和外部的资源,才能识别这些见解。

具体而言,企业可通过开发、实施、维护和改进识别见解的过程,平衡见解和可利用的资源,确定创新相关的跨学科内外部知识来源,与用户、顾客和其他相关方互动,使员工和相关方能随时获得知识和见解,确保知识和见解相关、可靠且安全,培养信息分析能力,确保见解用于前端创新活动等措施开发洞察力。

开发洞察力的原则能够帮助企业理解创新的内外部环境(包括相关驱动力和趋势),确定投资哪些见解、想法和创新,理解创新活动带来的变化和新的需求,提高创新效率,减少不确定性的影响,提高用户需求的满意度、实现速度、投资回报，延长解决方案的生命周期，如表 3-6 所示。

表 3-6　创新管理原则之"开发洞察力"

开发洞察力	ISO 56000 国际标准相关内容
概述	多种多样的内部和外部资源被用来系统地建立有见解的知识，利用已概述和未概述的需求
基本原理	创新解决方案的开发依赖于明确的和未明确的需求。识别可以用来实现价值的见解需要一个系统的方法，利用不同的知识来源。有效的见解超越了显而易见的东西，包含了对未来需求和条件的战略远见
关键收益	更好地了解企业运作的内部和外部环境，包括相关的驱动力和趋势； 更好地理解创新活动可以带来变化和创造新需求； 创意由已确定的需求、问题和挑战引导，从而提高创新效率； 提高用户需求的满意度、实现速度、投资回报和解决方案的生命周期； 不确定性的影响； 更好地确定投资哪些见解、想法和最终创新
可采取的措施	确定相关的跨学科内部和外部知识来源，以发展广泛的见解； 识别用户、顾客和其他相关方并与之互动，以发现独特而有见解的知识； 让所有相关的人和感兴趣的团体都能随时获得积累的知识和见解； 确保信息、知识与书面见解相关、可靠且安全； 开发、实施、维护和改进的过程，以识别可利用的见解； 培养分析信息和在知识类型之间建立有意义联系的能力； 平衡见解的发展和可利用的资源； 确保见解用于构思、创意和其他创新活动

（六）管理不确定性

通过从系统实验和迭代过程中学习，在机会组合中评估、利用和管理不确定性和风险；平衡机会的利用和风险的管理，增加价值实现的潜力。将实验和开发相结合的投资组合方法，确保投资者对创新活动产生信心，并建立了管理不确定性的弹性。

具体而言，企业可通过开发管理不确定性的框架和过程（包括管理投资与潜在价值的比率），发展和支持一种文化，使实验和冒险拥抱变化和不确定性，系统管理不确定性和风险。建立创新计划的组合方法，平衡风险和价值潜力。管理见解和知识，以获取和传播经验教训。使用指标来监控、评估和减少不确定性和风险。确保人们知道如何识别和处理不确定性和风险等措施管理不确定性。

管理不确定性的原则能够帮助企业增强应对不利环境能力的信心，通过系统地实验和学习来提高减少不确定性的能力,通过优化机会和价值实现组合来减轻不确定性的影响,基于战略考量来调整企业承担创新风险的空间,促进企业加强知识管理,如表3-7所示。

表3-7 创新管理原则之"管理不确定性"

管理不确定性	ISO 56000 国际标准相关内容
概述	通过从系统实验和迭代过程中学习,在机会组合中评估、利用和管理不确定性和风险
基本原理	平衡机会的利用和风险的管理,增加价值实现的潜力。将实验和开发相结合的投资组合方法的应用产生了信心,并建立了管理不确定性的弹性
关键收益	增强对企业应对不利环境能力的信心; 通过系统地实验和学习,提高减少不确定性的能力; 机会和价值实现的优化组合,同时减轻相关不确定性的影响; 根据战略考虑调整风险承担的空间; 根据吸取的教训和失败,增加和改进企业知识和相关管理
可采取的措施	开发管理不确定性的框架和过程,包括管理投资与潜在价值的比率; 发展和支持一种文化,使实验和冒险拥抱变化和不确定性; 系统管理创新管理体系中的不确定性和风险; 建立创新计划的组合方法,平衡风险和价值潜力; 管理见解和知识,以获取和传播经验教训; 使用指标来监控、评估和减少不确定性和风险; 确保人们知道如何识别和处理不确定性和风险

(七)适应性

系统预测变化、理解变化的需要并及时调整来响应变化,可以帮助企业有效应对内外部环境的变化。新想法和解决方案往往需要改变企业的结构、过程、能力和价值实现模式以及相应的应对能力。

具体而言,企业可通过创建和分析未来环境并确定其隐含的变化,设定适当的目标,确定所需的资源,确定企业识别、分析和应对中断的能力,根据环境、目标或重点的变化来采取行动,跨多个时间范围实施、管理和监控变更并及时做出决策等措施适应变化。

适应性的原则能够帮助企业提高响应变化做出及时反应的能力,通过对变化做出早期反应来增加创新实现价值的潜力,对识别、理解、管理和利用不确定性和风险进行改进,及时对创新进行变更并实施,如表3-8所示。

表 3-8　创新管理原则之"适应性"

试适应性	ISO 56000 国际标准相关内容
概述	通过及时调整结构、过程、能力和价值实现模式来最大化创新能力，可以应对企业环境的变化
基本原理	新想法和解决方案往往需要改变结构、过程、能力和模式以及相应的应对能力。系统预测、理解变化的需要和响应变化的能力是一种基本的创新能力
关键收益	见解和对变化做出及时反应的能力； 缩短学习周期； 通过对变化的早期反应，增加实现价值的潜力； 改进对不确定性和风险的识别、理解、管理和利用； 收回投资收到的现金； 以适当的速度及时调整和实施变更
可采取的措施	确定企业追求新机会或发现、分析和应对中断的能力； 创建和分析未来的情景，并确定它们所隐含的转变，设定适当的目标； 确定所需的资源，根据环境、目标或重点的变化采取行动； 使人们能够预测和适应变化； 在平行活动中跨多个时间范围实施和管理变更； 监控变更的实施并及时做出决策，以确保其有效性和适用性

（八）系统方法

创新管理是基于一种系统方法，其中包含相互关联和相互作用的要素，以及定期的绩效评估和系统改进。企业创新绩效取决于朝着共同目标运行的过程。测量要素之间的相互作用发展了对它们相互关系的理解。将这些要素作为一个系统来管理，可以提高企业的学习、效率和有效性。

具体而言，企业可以通过理解创新管理系统的范围、目的和目标（包括与相关方的关系），确保所有相关职能得到体现，选择关键的创新系统指标，绘制系统要素及其关系图并监控系统链接的有效性，实施系统创新过程，提供必要的支持，有效运行创新管理系统，监控、测量、分析和评估等措施，建立创新管理的系统方法。

系统方法的原则能够帮助企业建立策划、完成、监视和改进创新管理活动绩效的框架，理解不同的系统要素如何对创新绩效作出贡献，提高解决复杂问题、利用机遇和应对挑战的能力，提高企业变革和学习的能力，确保创新战略和目标与企业战略和目标的一致性，如表 3-9 所示。

表 3-9　创新管理原则之"系统方法"

系统方法	ISO 56000 国际标准相关内容
概述	创新管理是基于一种系统方法，其中包含相互关联和相互作用的要素，以及定期的绩效评估和系统改进
基本原理	企业的创新绩效取决于朝着共同目标运行的过程。测量要素之间的相互作用发展了对它们相互关系的理解。将这些要素作为一个系统来管理，可以提高企业的学习、效率和有效性
关键收益	增强将企业的外部环境与内部环境联系起来的能力； 规范的管理体系为策划、完成、监视和改进创新管理活动的绩效提供了框架； 提高解决复杂问题、利用机遇和应对挑战的能力； 提高联系系统要素的能力，确保战略和目标的一致性； 更好地理解不同的要素如何对绩效做出贡献，以及如何解决能力差距； 通过系统中的协作和相互依赖，提高企业变革和学习的能力
可采取的措施	促进对创新管理作为一个系统的理解； 解释系统的范围、目的和目标，包括与相关方的关系； 确保所有相关职能得到体现，以使企业能够运行有效的管理体系； 选择捕捉系统关键方面的创新指标； 绘制系统要素及其关系图，并监控系统链接的有效性； 实施系统创新过程和必要的支持； 监控、测量、分析和评估改进和学习的要素和关系

二、创新过程中知识产权管理的基本原则

知识产权管理能够帮助企业明确创新战略定位，寻找创新路径，保护创新成果，吸引和保障投资，增加竞争优势，明晰知识产权及其权利归属，实现经营自由，促进创新协作，最大化创新相关利益，管理创新不确定性，同时最小化相关风险和成本，帮助企业通过实施创新来实现其业务目标。

企业知识产权管理同样需要遵循创新管理体系的基本原则。创新管理体系的基本原则落实到知识产权管理主要体现在以下方面：

（1）"价值实现"原则，是指企业创新过程中知识产权管理应坚持为所有相关方创造价值，包括长期和短期价值、显性和隐性价值、财务和非财务价值。

（2）"面向未来的领导者"原则，是指企业领导者在创新行动之初激发及调动员工和其他相关方的积极性，以产生、保护和利用知识产权，为企业创造长期价值。

（3）"战略方向"原则，是指企业在创新过程中确保知识产权管理的总体战略方向与其业务和创新战略保持一致。

（4）"文化"原则，是指企业在整个企业内培育和保持产生、保护和利用知识产权的共同价值观、信念和行为，为企业创造长期价值。

（5）"开发洞察力"原则，是指企业获取各种内外部知识产权知识来源，系统开发企业的知识产权专业知识并支持其创新计划和战略。

（6）"管理不确定性"原则，是指企业可以从知识产权的角度，评估和管理创新的不确定性与风险，包括内部和外部知识产权管理的认知。

（7）"适应性"原则，是指企业采用系统化的知识产权管理过程，以应对环境的变化，并确保与企业目标及核心能力持续保持一致。

（8）"系统方法"原则，是指企业基于系统方法（而不是特定基础）管理知识产权，减少企业创新风险，并增强企业的价值创造潜力，如表3-10所示。

表3-10 创新管理原则在知识产权管理中应用

创新管理原则	ISO 56005 国际标准中应用
价值实现	知识产权管理应为所有相关方创造价值。包括长期和短期价值、显性和隐性价值、财务和非财务价值
面向未来的领导者	在创新行动之初，企业的领导者宜激发及调动员工和其他相关方的积极性，以产生、保护和利用知识产权，为企业创造长期价值
战略方向	企业宜确保知识产权管理的总体战略方向与其业务和创新战略保持一致
文化	企业宜在整个企业内培育和保持产生、保护和利用知识产权的共同价值观、信念和行为，从而为企业创造长期价值
开发洞察力	企业宜获取各种内、外部知识产权知识来源，以系统地开发企业的知识产权专业知识并支持其创新计划和战略
管理不确定性	企业宜从知识产权的角度，评估和管理创新的不确定性与风险，包括内部知识产权管理和外部知识产权的认知
适应性	企业宜及时采用相关系统化的知识产权管理过程以宜对企业环境的变化，并确保与其期望目标及核心能力持续地保持一致
系统方法	企业宜基于系统化方法（而不是特定基础）管理知识产权，以减少企业风险并增强企业的价值创造潜力

第三节　企业创新与知识产权管理关键问题

一、企业创新与知识产权管理的主要目的

当前国际竞争环境下，创新能力成为企业成功的关键因素，也是大多数企业的必然选择。创新活动是企业面向未来并有效实现可持续发展的一种方式。企业通过创新活动可以实现以下目的：提高收入、成长速度和盈利能力，降低成本，解决未满足的需求并提高用户、客户和公众的满意度，获得竞争优势，更新产品和/或服务组合，维护和创造新市场，遵守法规，激励员工，吸引合作伙伴、合作者和资金，更有效地利用资源、减少浪费、提高声誉、创造社会效益等。

创新管理被视为企业整体管理活动的一个组成部分。通过有效的管理来实现创新，能够快速抓住机遇，应对挑战和管理风险，并及时采取全面有效的创新行动，有助于企业在市场竞争中取得持续成功。企业通过创新管理可以实现以下目的：

（1）确保创新活动和行动与组织的战略方向保持一致，包括资源分配、指标和后续行动。

（2）确保创新战略和目标的灵活性与适应性，以适应具有前景的机会领域和创新的演变。

（3）平衡组织内的绩效优化和新机会探索。

（4）培养促进创新活动的文化，并为有效创新创造适当的条件，包括获得资源。

（5）消除创新行动和创新者的障碍，例如实施创新过程并为促进组织创新活动提供支持。

（6）确保创新活动基于明确或未明确的需求和期望。

知识产权与创新密不可分。知识产权有效管理是支持创新过程的关键，是组织成长和保护的重要因素，也是组织竞争力的引擎。每个参与创新活

动的组织都会涉及不同形式的知识产权。知识产权不再仅对大型组织重要，对规模较小的组织同样重要。企业通过知识产权管理可以实现以下目的：

（1）确定战略定位。知识产权管理有助于企业通过制定和实施知识产权战略，促进创新战略的实施，并进一步确保企业业务战略的实施。

（2）寻找创新路径。知识产权管理有助于企业通过知识产权全景分析等手段，提供更有效的创新路径的指引，减少创新成本，提高创新效率，减轻创新责任和/或不确定性，从而提高创新的成功率。

（3）保护创新成果。知识产权管理有助于企业创新成果有关的知识产权得到合法保护，同时保留能证明创新日期、贡献者及其相对贡献等的证据，在受到挑战时能提供在法律上可接受的创新证据。

（4）吸引和保障投资。知识产权管理有助于企业以优质的知识产权资产组合，吸引内外部对创新进行投资。同时企业可以通过创新过程中知识产权资产组合的有效管理，进一步保障创新投资的回报率。

（5）提升竞争优势。知识产权管理有助于企业在创新过程中，优化知识产权资产组合，提高核心竞争力，进一步提升企业的竞争优势。

（6）明晰知识产权及其权利归属。知识产权管理有助于企业在创新过程中，与企业员工和外部协作方及时明确各自的知识产权及其权利归属、许可使用范围和收益方式等，避免出现权利归属纠纷。

（7）获取经营自由。知识产权管理有助于企业通过创新过程中开展与创意、概念和方案有关的知识产权侵权风险分析，降低创新成果的知识产权侵权风险，确保在创新成果商业化阶段能实现自由经营。

（8）创造创新价值。这表现在，企业一方面可以通过创新成果保护获得创新价值，另一方面可以通过知识产权商业化开发利用（如许可、转让、分拆和投资等）获得知识产权自身的商业价值。

（9）促进协作。知识产权管理能够使企业通过协作方式（如开放创新、联合开发、生态系统和网络效应等）创造集体价值，促进企业与合作伙伴、竞争对手和顾客的协作，从而促进创意共同开发、交换和交易，产出更多的创新成果，并通过许可等方式产生额外收入。

二、企业创新与知识产权管理的影响因素

创新和知识产权管理的复杂性取决于创新的复杂性，主要包括以下四个方面：

(1) 宏观环境的不确定性。以政策、政治、经济、法律和文化等为代表的宏观环境也对企业创新与知识产权管理产生着重大影响。特别是对跨国企业来说，不同国家的宏观环境可能存在很大差距，这成为企业创新与知识产权管理必须考虑的一个重要因素。

(2) 竞争环境的复杂性。随着市场需求的个性化特征越来越强烈，市场需求的变化趋势越来越难以预测，这也对企业确定创新战略提出了巨大挑战。而竞争环境直接影响企业创新与知识产权管理的战略以及内部组织形式等，是影响企业创新与知识产权管理的重要因素。

(3) 技术发展的难以预测性。一般说来，技术发展有其自身规律，需要遵循一定的发展轨迹。但是随着大数据和人工智能等技术的发展，技术发展趋势变得越来越难以预测。不同领域的技术在同一时间可能处在各自不同的发展阶段，而这将直接影响企业的技术路径选择，并进一步影响企业的创新与知识产权战略的制定和实施。

(4) 企业组织管理的复杂性。对于创新和知识产权管理而言，技术、市场与组织管理之间互相影响。创新和知识产权管理是各组织要素合力作用的结果。企业组织战略、组织架构、管理模式、制度流程、薪酬和激励等内部组织要素是创新与知识产权管理的重要影响因素。

企业应分析与创新管理、知识产权管理有关的外部因素，主要包括：经济、市场、社会、文化、科学、技术、法律、政治和环境等领域；地理范围，如国际范围、国家范围、区域范围；以往经验、现在形势和潜在未来场景；变化速度和面临阻力；可能的趋势和潜在影响；潜在机会和挑战，以及可能由创新所造成的机会和挑战等。

企业还应分析与创新管理、知识产权管理有关的内部因素，主要包括：企业愿景、抱负、战略方向及核心竞争力；现有管理实践、组织架构及实

施的其他管理体系；整体绩效和创新绩效，以及与其他相关企业的比较；运行过程（如流程、预算、控制和协作等）；当前产品和价值实现模式的潜能和成熟度（在生命周期中所处的阶段）；员工、知识、技能、技术、知识产权、生态系统、品牌、合作伙伴、基础设施等的独特性；战略、流程、资源配置等适应能力；企业文化（如价值观、态度和认同感等）；员工较长时期的创新能力等。

企业应分析与创新管理、知识产权管理有关的相关方及其需求、期望。主要包括：相关方当前或未来的需求和期望；明示的或隐含的需求和期望；财务的和非财务的价值实现模式；不同程度的新颖性和改变，从渐进创新到激进创新；现有市场或者开拓新市场；产品、服务、流程、模式、方法等；在所提供的范围内、毗邻的或较远的产品或服务；当前经营范围的改进或替代品；自身或其价值的链条、网络或生态系统；法律法规要求及合规性承诺等。其中，外部相关方可能包括用户、客户、公众、社区、社会团体、合作伙伴、供应商、顾问、工会、竞争对手、所有者、股东、基金组织、监管机构、政府机关、标准机构、行业和商业协会等。内部相关方可能包括员工和代表企业的其他工作人员等。

三、企业创新与知识产权管理的适用范围

企业创新与知识产权管理是企业整体管理活动的一部分。创新与知识产权管理不是孤立存在的，而是通常与其他管理活动相互交叉的。

企业创新与知识产权管理活动可能覆盖以下企业管理活动：

（1）在企业所有部门和流程内部以及部门和流程之间协作中。创新与知识产权管理通常需要企业内部不同部门员工和外部合作伙伴的有效参与，包括企业战略、销售、营销、培训、研发、采购、服务、支持和其他运营活动。因此，企业创新与知识产权管理必然涵盖研发技术专家以及市场营销、管理、财务、法律人员等内部参与者。

（2）在企业价值链、网络或生态系统中。开放式创新中，创新过程有许多外部的参与者。在这种情况下，有效管理知识产权，对于减少参与者

的风险、确保可靠的创新回报等起着重要作用。因此，企业创新与知识产权管理必然涵盖供应商、承包商、分销商、合作伙伴、用户和公共机构等外部参与者。

（3）在企业产品或服务所有生命周期阶段。如果企业从新产品开发过程的初期，就考虑到产品全生命周期的知识产权问题，将有利于其从创新中获益。无论创新决策是作为企业整体商业战略的一部分、一个新想法的一次性发展，还是作为企业对市场变化的反应，都是如此。产品全生命周期知识产权管理涵盖产品研究、设计、制造、分销、营销、支持、维护、回收和再循环等阶段。

（4）在企业价值实现模式的所有组成部分中。成功的创新将为大多数企业带来新产品或更高效的工作方式，如价值主张、用户体验、合作伙伴关系、收入模式和成本结构。创新也会提高企业的盈利能力，支撑企业实现更大收入流或更高利润率。

四、企业创新管理、知识产权管理与其他管理活动的关系

企业创新与知识产权管理不是孤立存在的，而是企业管理活动的一个重要组成部分。企业不仅要考虑创新与知识产权管理所需的活动、过程和支持及其相互作用以及持续改进，还要把握创新管理、知识产权管理与其他管理活动之间关系。

（一）企业创新管理、知识产权管理与决策管理的关系

企业应通过识别和跟踪知识产权来启动知识产权管理过程，然后就如何处理这些已识别的知识产权作出管理决策。

知识产权管理应就已识别的知识产权作出明确的决策并采取行动：

（1）确定已识别或披露的知识产权的性质和类别；

（2）确定知识产权如何与推进企业战略保持一致；

（3）识别与知识产权相关的潜在价值和风险；

（4）识别相关的现有技术和常识；

（5）确定是否侵犯第三方知识产权或被第三方侵害知识产权；

（6）进行尽职调查并确定最佳行动方案；

（7）通过正式备案和注册进行保护；

（8）通过商业秘密保护；

（9）公开以防止第三方获得相应的知识产权；

（10）识别对企业没有价值或不相关的知识产权；

（11）识别可能对第三方有价值并可能被出售或许可的知识产权。

例如，企业应决定是否不受限公开创新成果，或对其进行保护。若决定保护创新，则应考虑不同形式的知识产权保护（如专利、著作权、商业秘密、商标）。知识产权管理还应考虑知识产权权利可以向权利人提供"正向"权利（使用受保护的权利）和"反向"权利（排除第三方使用受保护的权利）。这可能取决于所涉及的知识产权的类型。还应采取措施以管理知识产权及知识产权权利中潜在的正向和反向方面。

（二）企业创新管理、知识产权管理与协作管理的关系

随着开放式创新越来越普遍，企业创新日益需要内部团队和外部团队进行协作创新。创新协作可以包括来自企业内部相同或不同的团队、部门、单位和职能的人员，也可以包括企业外部的用户、客户、合作伙伴、供应商、学术界、行业和商业协会以及组织之外的其他相关方和关系网络，包括自身价值网络之外的各方。创新协作旨在促进企业获取或共享外部知识、能力、其他知识资产和资源。创新协作可以帮助企业识别用户需求、期望和挑战，共享创意、知识、技能和专有技术，共享基础设施，促进投资组合，加强与市场和用户的沟通，获得新技能和资源，以及联合部署创新业务等。

企业应有效管理内部和外部协作。在创新开始之前，企业应尽早与其他外部协作方建立沟通，协商各自知识产权权属和收益分配机制，确定协作创新相关成果的知识产权保护和利用方案。与此同时，企业应尽早采取保密和其他措施，对自身潜在创新成果进行知识产权保护。企业应对所有涉及知识产权的协作合同或协议进行审查，包括与员工、合作方、分包商、供应商、经销商和用户等合同或协议。在协作创新过程中，企业应积极利

用专利池、标准必要专利等方式，提升企业的知识产权优势，实现创新价值，增加知识产权收益，提升市场竞争力。

（三）企业创新管理、知识产权管理与资产管理的关系

企业应将知识产权管理视为一项能产生财务回报及业务机会的长期投资，而不仅只是业务运营的一项成本。主要包括以下四个方面：

（1）建立与知识产权有关的创新投资原则，从内部或外部获得融资，对创新进行投资等。例如，构建高价值的知识产权资产组合，由知识产权驱动的投资、合并和收购，引入风险投资基金，股权转让等。

（2）构建知识产权组合时，应对潜在的知识产权进行投资收益分析。例如，创新成本核算，评估知识产权对企业业务规划的影响（如市场份额、利润、风险、机会、对投资者的吸引力等）。

（3）定期开展知识产权资产审计，重新对知识产权价值进行评估，以开发与维护知识产权资产组合。通过审查知识产权资产，识别应被优先对待的知识产权资产，不再具有价值的知识产权资产，以及是否需要额外收购的知识产权资产。

（4）考虑将知识产权资产作为确保投资获得充分回报的积极工具。例如，考虑因预算限制、技术策略或区域差异、从市场或国家撤出等因素，对于不再具有价值的知识产权资产进行选择剥离、放弃或转让给第三方，以优化知识产权资产组合。

（四）企业创新管理、知识产权管理与财务管理的关系

企业应根据创新投资原则和知识产权资产管理的要求，开展创新过程中与知识产权有关的财务管理活动。主要包括以下五个方面：

（1）考虑与知识产权管理相关的财务机会和限制，包括未获得知识产权和管理知识产权的财务影响。

（2）为知识产权管理活动分配专用财务资金。例如，从年营业额或总预算中提取一定比例，或由最高管理者为知识产权管理分配资金等。

（3）企业应定期监控与知识产权管理活动直接和间接相关的支出。预见为应对第三方知识产权纠纷或自由实施限制等导致的额外成本，评估因

诉讼、许可或其他措施而可能支付的任何支出和预期赔偿。

（4）考虑外部知识产权财务激励措施、相关公共政策和/或规章。例如，政府政策、知识产权相关公共部门政策、税收激励和补贴等。

（5）必要时，企业可赋予知识产权以财务价值。应了解不同的估值法，应认识将财务价值赋予知识产权可能会产生消极或积极的影响。

（五）企业创新管理、知识产权管理与风险管理的关系

创新是探索性的，具有探索、实验和学习的特征。创新过程中的各项决策是基于假设，而不是经验证的知识和事实。这些特点决定了创新需要承担风险，并不是所有创新活动都能带来创新。创新与知识产权风险可能来源于企业内部，也可能来源于外部。创新的外部风险包括政策风险、市场风险、社会风险、自然风险等；内部风险包括管理风险、技术风险、生产风险、财务风险等。企业对于创新风险可接受的程度通常取决于企业的创新愿景、创新能力以及所开展创新的类型，如突破式和颠覆式的创新通常意味着更高的风险。同时，企业应意识到，未成功的创新活动也是企业创新过程的一个组成部分，是一种可以学习的资源，因此可以将其作为未来创新活动的输入。

创新活动需要解决高度的变化和不确定性，尤其是在创新的初期阶段。随着企业获取的知识不断增加，创新的不确定性也随之降低。创新管理的一项重要工作就是管理风险。因此，在创新的不同阶段有不同的风险管理重点。创新的初期阶段，风险管理的重点是识别风险并进行评估，根据风险评估结果，确定是否值得进行创新。随着创新的推进，风险管理的重点转为考虑如何采取具体措施来降低风险。企业可以通过多种方式管理与创新相关的风险，如建立独立的创新机构、寻求外部合作或将不同风险级别的创新行动进行组合管理等。

知识产权风险是创新风险的一部分。企业内部知识产权风险来源包括：缺乏对知识产权和风险评估的理解；缺乏安全分享相关信息的完备过程和系统；缺乏对自身知识产权的洞察和理解；未能预防员工的疏忽或不忠诚；缺乏相关能力和技能；缺乏与知识产权管理相关的适当资源、技能和/或管

理层的参与。企业外部知识产权风险来源包括：未开展自由实施分析或忽视他人的知识产权权利；拥有知识产权被侵权或被模仿的产品或服务；不了解或忽视当地法律法规的差异及缺少对潜在变化的应对；未能找到合格的且具备专业技能的资源；存在知识产权盗用、网络攻击、知识产权主张实体等风险。

一般来说，企业知识产权风险应对策略主要包括：获得知识产权；获得知识产权许可（包括获得许可、交叉许可等）；获得赔偿；规避设计；公开披露；无效或撤销知识产权；参与专利池或防御性专利计划；与外部权利人开展技术或业务合作；购买知识产权保险等。

企业应将已识别可能的知识产权风险作为企业风险管理的一部分，对创新过程中知识产权风险进行识别、分析、评估和控制，根据风险的可能性和潜在影响，制定相应的预防和控制措施。具体包括以下四个方面：

（1）尽早发现可能与企业创新活动重叠的知识产权，并在法律允许的情况下采取任何适当的纠正措施（许可、技术指导等）。

（2）根据企业风险管理准则，进一步分析关键威胁，制定针对任何第三方侵权索赔要求的审查和适当的应对措施。

（3）建立流程并实施对第三方对企业知识产权侵权行为的调查。

（4）根据组织建立的基于风险的方法处理第三方知识产权（例如，许可、对第三方知识产权的规避设计、选择忽视等）以对潜在机会、风险及采取的行动后果进行平衡。

（六）企业创新管理、知识产权管理与法务管理的关系

创新既可能会导致积极的结果，使企业可以获得高度的经营自由；也可能导致消极的结果，如创新成果侵犯第三方的知识产权。这就涉及如何在适当的情况下实施法律保护。企业应对与知识产权管理相关的法律事项有整体理解。主要包括以下六个方面：

（1）为创新过程涉及的法律活动提供支持，并确保及时获得合格和称职的法律资源，包括专利代理机构、律师、资产评估机构等资源。

（2）解决知识产权相关法律问题（例如，作者身份、发明人身份、所

有权、知识产权侵权及合同问题等)。可通过多种方式解决第三方知识产权的侵权，包括许可、合作或诉讼等。

（3）建立相关知识产权和创新成文信息的保存和维护过程。例如，监控知识产权组合的有效期并定期审查，确保知识产权的保护类型和范围与创新成果保护的目的相符，或根据需要进行适当调整。

（4）考虑知识产权对创新保护的可用期限对企业知识产权及更广泛的创新战略的影响。包括从创新过程起始，到知识产权可用保护期满为止（如专利保护期大致为20年，经过续展的商标寿命可得到适当延长，适当保护下商业秘密的潜在永久性等）。

（5）了解每种形式的知识产权提供不同的权利，而不同形式的知识产权有特定的保护要求（例如，专利需要在期望受保护的各国申请，商业秘密保护需采取合理的保密措施等）。

（6）了解与不同国家知识产权相关风险和机会。这些国家可能具有不同法律框架实践和标准，因此会导致不同的法律影响。例如，在不同司法管辖区，监控和评估第三方知识产权有不同的法律影响。

（七）企业创新管理、知识产权管理与情报管理的关系

创新过程中，收集和分析、利用情报以获取数据、信息和知识是一项重要工作。情报可以是不同种类的，包括但不限于市场、技术、竞争、知识产权或商业情报。知识产权是创新情报收集的对象，情报分析的结果也有助于企业在创新过程的各阶段作好知识产权相关决策。

知识产权管理应用于创新情报管理，主要通过以下方式实现：

（1）定期监控在预先确定的领域新公开的知识产权或知识产权申请。

（2）利用专利数据库、学术出版物或其他数据库，对特定领域的竞争格局进行分析，以识别竞争对手或创新机会领域。

（3）在交易、合作、外包或与其他战略决策的背景下，将企业自身的投资组合与第三方的投资组合进行比较。

第四节 案 例

海康威视的创新与知识产权管理*

海康威视坚持自主创新之路,每一次成功的背后都离不开其对行业前景的准确把握。经过多年发展,海康威视已逐渐发展成为全球领先的视频产品和内容服务提供商,也是全球视频监控数字化、网络化、高清智能化的见证者、践行者和重要推动者。

2001年,杭州海康威视数字技术有限公司成立。它的母公司——浙江海康信息技术股份有限公司是由中国电子科技集团公司第五十二研究所控股的股份制公司。海康威视创新之路经历了5个发展阶段:

(一)视频压缩板卡(2001—2004年)

20世纪90年代末,我国的监控领域正孕育着从模拟技术向数字技术发展的范式革命,海康威视的高层注意到这种变化趋势。

2000年年初,海康威视通过对我国监控行业特点和自身能力的分析,决定进入数字监控领域,并把自身的产品定位在数字监控系统的关键产品——视音频捕捉卡(简称压缩板卡)上,选择的技术正是该产品的关键技术,即视频压缩算法的实现技术。

2001年,视频监控行业正处于由模拟到数字的范式转变之中。基于MPEG-1压缩标准的压缩板卡已商品化两年左右。海康威视总工程师胡扬忠等人通过对压缩算法发展趋势的分析,认为压缩算法应该遵循"MPEG-1到MPEG-4到H.264标准"的发展轨迹。公司高层就此确定了技术跨越道路的战略。

为快速实现技术追赶,海康威视从国外购买了MPEG-1硬压缩方案,

---

* 郑刚,陈劲,蒋石梅. 创新者的逆袭:商学院的十六堂案例课 [M]. 北京:北京大学出版社,2017:56-63.

并充分利用公司多年来积累的嵌入式板卡的开发经验,于 2001 年 3 月成功开发了基于 MPEG-1 的压缩板卡。海康威视的压缩板卡质优价廉,在市场上大获成功。

2002 年 5 月,海康威视率先成功研制出基于 MPEG-4 的压缩板卡,其性能高于 MPEG-1,市场反响很好。同年年底,海康威视实现全年销售收入 3500 万元,压缩板卡的市场占有率已然位居全国第一。

2003 年 5 月,海康威视的技术团队在全球率先把数字视频压缩算法从 MPEG-4 升级到了 H.264,开发了基于 H.264 的压缩板卡和嵌入式压缩设备,并于 2003 年下半年开始批量销售。到 2003 年年底,公司实现销售收入 1.6 亿元,利税 4500 万元,国内市场占有率超过 50%。至此,海康威视真正实现了路径创造性的技术跨越。

海康威视作为后发者,已在技术、市场销售等方面取得了领先地位。此后,海康威视的战略逐渐向前端延伸,同时进一步巩固后端市场。

(二) 嵌入式 DVR (2005—2007 年)

海康威视准确把握了 VCR 向 DVR 的转变时机,较早进入 DVR 领域,解决了最核心的硬盘录像的问题,技术上攻克了硬盘检索丢失的问题。DVR 在视频监控从模拟向数字化发展的进程中扮演了极其重要的角色。DVR 在图像处理、图像储存、检索、备份及网络传递、远程控制等方面远远优于模拟监控设备,代表了电视监控系统的发展方向。

早在 2002 年,海康威视推出了第一款嵌入式 DVR。2007 年,推出了 DS-8016HF-S,这是全球第一台 16 路 D1 实时 DVR。2009 年,发布了视频综合平台 DS-8100HS-S 系列 DVR。基于此,2011 年 6 月,推出全新一代网络 DVR 产品 DS-9116HF-ST/DS-8116HF-ST。目前海康威视已经成为全球最大的硬盘录像机厂,无论是在技术上还是市场上都保持着绝对领先的地位。

随着视频监控行业网络化的趋势,NVR 逐渐普及。它与 DVR 的不同在于,其前端可以接入网络摄像机、视频服务器等更加丰富的设备。2012 年之后,配合高清录像机的发布,海康威视发布了多款 NVR 产品。新款 DVR/NVR 产品采用了 TI 的 NETRA 平台,这是海康威视极其重视的一个产品平台。它既是 DVR 的产品平台，也是 NVR 的产品平台。该产品平台能保证海康威视未来几年在 DVR/NVR 中高端市场上的竞争力，也是海康威视解码器、大屏控制器、视频综合平台的基础产品平台。

（三）数字监控综合产品服务商（2008—2010 年）

随着安防技术的整合与发展，监控产品的前端产品和后端产品的界限变得越来越模糊。同时前端监控摄像机正在经历从标清到高清、从模拟到数字的转换。海康威视敏锐地察觉到行业转型期是弯道超越的最好机会。在此阶段，海康威视全面进军前端产品领域，并致力于成为数字监控的综合型 CCTV（闭路电视监控系统）产品提供商。

2008 年，海康威视推出了多款前端高清摄像机和网络快球，包括：最高支持 200 万像素 CCD 的 876/976 系列，可以实现全天候实时视频监控，适合道路卡口、电子警察等监控场景；最高支持 500 万像素 COMS 的 886/986 系列的网络摄像机，特别适用于那些需要超高清晰度的监控场景，如远程样品展示、食品生产线等。

至此，海康威视完成从单一产品制造商到综合产品制造商的转变。从监控各产品线增长情况来看，摄像机等前端产品增速明显高于硬盘录像机、网络存储等后端产品。后端市场经过行业洗牌，已经形成高度集中的竞争格局，而前端市场格局相当分散，海康威视公司的市场占有率仍然有很大的上升空间。

（四）安防产品及行业解决方案提供商（2011—2013 年）

2008 年开始，随着编码功能的前移，云计算、网络存储的发展，使后端硬件的功能逐渐削弱；设备厂商技术门槛降低，面临行业地位被削弱的风险。海康威视深刻认识到竞争环境的巨大变化，提出了由产品供应商向产品和行业解决方案提供商转变的战略。

2010 年，海康威视敏锐察觉到"高清和智能"悄然成了视频监控行业的新趋势。由于海康威视早年对 ISP 技术的投入，造就其在高清解决方案上的成功。海康威视从 2004 年开始对 ISP 技术进行研发，这使海康威视在高清摄像机方面获得了技术优势，可以更好地匹配后端压缩及功能的开发，增强了自主性和灵活性。2010 年，海康威视仅摄像机的收入就超过 11 亿元，遥遥领先国内同业厂商。

2010 年，海康威视适时地推出了高清监控整体解决方案，开发了 200 万像素实时 CCD 高清网络摄像机、高清解码器、高清智能交通产品、单兵执法系统、车界取证系统、ISP（图像信号处理）等技术，并提供了金融、公安、司法、交通、电力等行业解决方案、智慧城市整体解决方案、智慧楼宇行业解决方案等。

（五）视频产品及内容服务商（2014 年至今）

面对视频监控技术数字化、网络化、智能化的趋势，海康威视凭借自己的研发积累，推出了多样化的智能产品。在视频图像行为分析过程中，必不可少的就是智能视频分析技术。海康威视推出多种具有自主知识产权的智能算法和产品，应用在多种智能监控解决方案上，功能涵盖行为分析、ATM 防护、车牌识别、人流量检测、跟踪分析、单球跟踪等，针对司法行业、金融行业、商场、博物馆、石油化工行业等推出了适合用户个性化需求的解决方案。

2014 年，海康威视推出了全球首款"高性能、大容量、大集成、高可靠"的视频综合平台，成为视频指挥中心、视频运营中心的核心设备。它可以进行模拟和数字信号的切换，视频图像行为的分析，视频信号编解码，视频压缩数据集中管理存储和网络实时预览等。此外，视频综合平台同时还兼备各种网络功能和日志功能。

2016 年，海康威视发布工业面阵相机，标志着海康威视进入机器视觉领域。该产品结合海康威视自主机器视觉算法平台，实现机器人定位引导、产品缺陷检测、分类筛选、尺寸测量、条码识别等功能，可广泛应用于工厂自动化、3C 制造、电子产品加工、物流运输等场合，极大降低了人工成本，提高了生产效率，推进信息化与工业化深度融合。

海康威视在短短十几年时间实现"超越追赶"，其创新理念和多项关键技术已经与国际行业巨头不相上下，甚至部分领域已经走在行业前沿。近年来，海康威视进行了战略调整，以适应从"追赶"到"超越追赶"的转变。海康威视提出了安防大数据即 SDT 的概念。SDT 专注于安防领域，核心是视频监控，关注目标包括视频中的人、车属性和行为以及各类传感信息，通过采用视频结构化、云计算等先进技术，提取出人、车、物的信息，并以这些数据为基础展开深度应用。

海康威视目前掌握了九大核心技术，包括流媒体网络传输和控制、大数据分析、视频图像处理、嵌入式系统开发、云计算、视音频编解码、视频分析与模式识别、视音频数据存储及专用集成电路应用等技术，并且全部拥有自主知识产权。截至 2022 年年底，海康威视累计有效发明专利 3787 件，实用新型专利 1410 件，外观设计专利 2400 件，软件著作权 1709 件，商标 5085 件；同时参与了多项国家、行业、团体标准的制定，持续为智能物联领域创新生态体系贡献"海康智慧"。

第四章 企业创新与知识产权战略构建与实施

第一节 企业创新与知识产权战略概述

一、企业创新战略概述

(一) 企业创新战略的内涵

美国管理学家迈克尔·波特将战略思维置于企业制胜因素的首位,认为企业以运营效益替代战略定力的结果必然是零和博弈。在企业管理领域,战略在广义上是指具有统领性、全局性、整体性,影响成败的谋略、方案与计策。企业战略定义了企业为实现其目标而制订的一系列长期行动计划。企业战略通常包括:企业内外部环境;企业愿景和方针;角色、职责和权限;企业目标及实现目标的计划;组织结构;支持和流程,包括资源分配。良好的战略可以促进企业内不同群体之间的协调一致,明确目标和优先事项,有助于企业内不同群体能围绕这些目标和重点开展工作。企业战略可进一步细分为生产战略、营销战略、财务战略、人力资源战略和创新战略。

创新战略是企业战略的关键组成部分,创新战略应与企业战略总体保持一致并服务于企业战略。企业创新活动并不是随机选择的,而是在总体业务战略的指导下确定发展方向,并进行详细的计划分解之后,按创新项目或其组合的方式进行运作的。即使企业已有业务战略,但如果缺乏清晰的创新战略,创新很容易以组织的不同部门追求相互冲突的优先事项而告终。例如，销售部门每天面对的是来自大客户的急迫需求；营销部门考虑的是通过开发互补产品来提升品牌，或建立新销售渠道以提高市场占有率；业务部门专注于各自的细分市场和盈利目标；研发人员则更多地从新技术中看到机遇。如果没有一个围绕业务战略来整合和调整这些观点的创新战略，创新就很难取得成功。❶

(二) 企业创新战略的类型

企业业务战略和创新战略与产品生命周期密切相关。以技术创新为例，某一类产品的生命周期通常开始于一个突破性创新，这会促使产业中的其他企业发布新产品，从而使大量多样化的产品进入市场。为了占领市场主导地位，不同产品之间互相展开竞争，直至某个主导设计产生并被市场采纳。成长期竞争的重点就从技术创新变成了过程创新，并通过产品差异化、产品价格降低、产品品质提升等方式实现。在成熟期，几乎所有产品领域都出现了大量模仿者，导致产品进一步差异化，直至进入衰退期。为了改变市场过度竞争的局面，部分企业转而启动新一轮产品创新，从而推动进入另一个全新的产品生命周期（见图4-1）。

企业创新战略的选择需要企业针对当前具体的市场进入问题权衡不同战略的优劣。通常需要考虑两个方面因素：一是新产品市场领先地位的可持续性，二是企业制定行业游戏规则的能力。

根据创新的范围和领先度，企业创新战略可分为以下几种类型❷：创新领先战略、市场细分战略、创新跟随战略和创新合理化战略（见图4-2）。

1. 领先者的创新战略

创新领先是指企业以最快进入市场为目标，形成技术领先优势。这要求企业具有强大的创造力与风险容忍，并将创新型企业的核心资源与相关知识联结，满足客户的需求反应。依据创新范围的不同，领先战略可以划

---

❶ Gary P. Pisano（加里·皮萨诺）. 你需要一个创新战略 [J]. 陈赫婷, 译. 哈佛商业评论, 2015 (6): 23-29.

❷ 陈劲, 郑刚. 创新管理: 赢得持续竞争优势 [M]. 3版. 北京: 北京大学出版社, 2016: 160-174.

分为创新领先战略与市场细分战略。

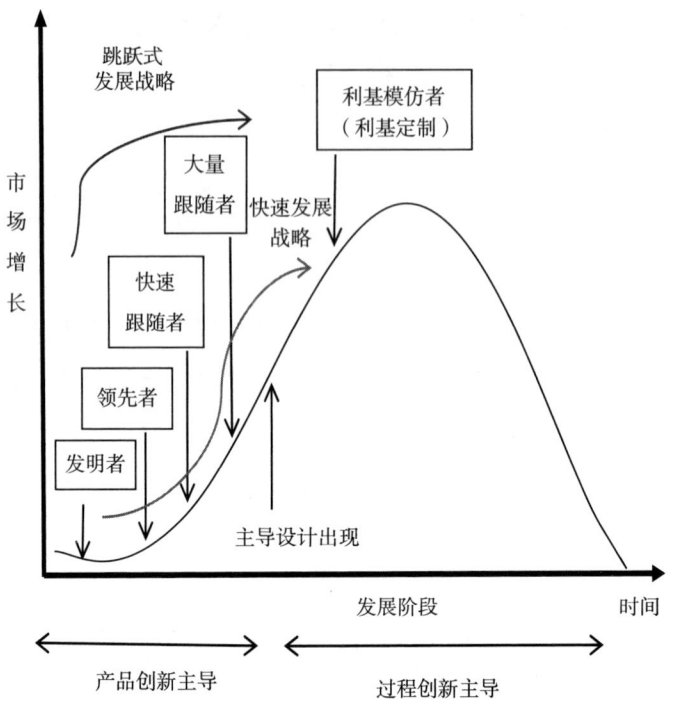

图 4-1 企业创新战略与产品生命周期的关系

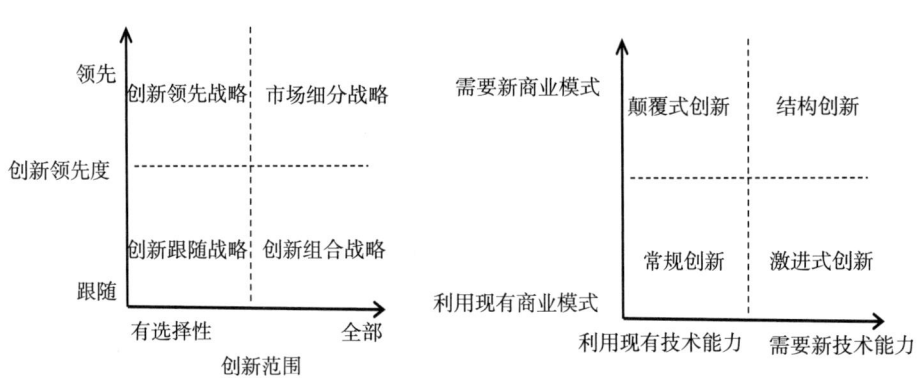

图 4-2 创新战略的划分

（1）创新领先战略。

创新领先战略是面向业务领域的创新领先战略。企业通过开发和利用关键核心技术，建立和保持在技术竞争领域的市场领导地位，技术是企业获取持续竞争优势的方法。其目的是赶在所有竞争者之前，率先采用新技术并使新产品最早进入市场，获取较大的市场占有率和利润。这一战略要求企业实力雄厚，有较强的创新力量，能先发制人，保证技术处于领先地位，但风险也较大。

这种战略有三种盈利方式：一是锁定消费者，通过加强品牌、营销、服务等方式，吸引高端客户。二是封锁竞争者，通过"薄利多销"来赢得较大的市场占有率，同时通过专利、标准等方式来为跟随者设置较高的行业进入门槛，保持长期盈利。三是通过整合产业链上下游等方式，建立产业生态网络，保持长期盈利。企业实施"领先者"战略中的一个重要决策问题就是要确定采用何种盈利方式更为有利。

（2）市场细分战略。

市场细分战略是根据企业自身技术实力来开发针对特定细分市场的相对优势技术，以创造竞争优势。投入市场的时机可以选在早期或成长期，也可选在后期，即市场进一步细分时期。

企业在竞争领域所处的创新演化阶段和企业战略地位不同，创新战略的适用性也不尽相同。创新初期，技术和市场的变化很快，具有更多的获得竞争优势的机会，因此领先战略适用性更广。在创新渐进演化阶段，创新领先战略适用于有强大技术和市场地位的企业，市场细分战略更适用于技术能力强但市场地位并不强大的企业。

2. 跟随者的创新战略

创新跟随是指企业通过模仿学习领先者的经验较晚进入市场。这要求企业拥有强大的竞争分析能力与情报支持，利用反求工程（包括测试、评估，以及竞争对手产品原型分析以理解产品性能，制造工艺与客户价值）快速学习以实施战略跟随，并获取竞争优势。根据创新范围的不同，跟随战略可以分为创新跟随战略与创新合理化战略。

（1）创新跟随战略。

创新跟随战略是在较大范围内保持创新的通用性。企业创新的重点在于应用，避免基础研究所带来的风险。对于这些企业而言，技术并非其获取持续竞争优势的主要来源。这一战略通过迅速模仿领先者的产品技术，在产品成长期的初期将新产品投入市场。这种战略需要企业有较强的开发能力与工程技术力量。在营销方面，与"领先者"战略将重点放在激发用户的初始需求有所不同，创新跟随战略通常将重点放在如何将现有用户吸引过来，如总结"领先者"所犯的错误和经验，开发出性能更好、可靠性更高、更先进的产品。

这种战略有四种盈利方式：一是通过维持特有能力、保护专有知识产权（如专利、商业秘密等）等方式，向"领先者"表达竞争意图。二是通过持续创新，不断扩大生产规模，降低成本，保持经营优势。三是通过专利、标准等方式，赢得主导设计之争。四是通过开展合作，获取必要资源，降低供应链风险，同时激发市场需求，快速进入市场。

对于不同的企业而言，创新跟随战略的适用性也不尽相同。创新初期，技术和市场的变化很快，创新跟随者倾向于先关注创新趋势，然后在适当时机开始跟随创新。在创新渐进演化阶段，采用创新跟随战略的企业，虽然缺乏技术领先地位，但拥有强大的市场竞争地位。

（2）创新合理化战略。

创新合理化战略是保持创新的适用性。对这些企业而言，技术缺陷应当通过其他竞争优势来弥补。这种战略通过仿制，以较低的成本开拓市场。它要求设计与工艺部门在降低成本与费用方面有较强的能力，进入市场的时机一般选择在产品的成长期或稍后阶段，这时销售量较大，可以接近经济上最合理的规模，并使设备的大量投资可以在产品定型或标准化之后进行。如果企业既缺乏市场竞争地位，又没有强大的技术能力，那么创新合理化战略是符合企业发展的选择。例如，台积电成立之初，荷兰飞利浦公司出资5800万美元，换取台积电27.5%股份，向台积电转让半导体生产技术，授予知识产权，这种技术引进策略帮助台积电迅速发展成为世界一流的芯片制造公司。

3. 创新的组合战略

随着当前技术复杂性、环境动荡性、市场不确定性等程度提升，创新组合战略比单一创新战略更具有适应性。企业通过实施组合创新战略，实现协同效应，适当平衡风险与回报、新颖性、创新类型以及时间和范围，包括潜在资源、技术、平台和过程的重用和优化，可以提升创新活动的成功率，有利于企业在激烈的市场竞争与快速的组织演进背景下获得竞争优势。常见创新组合战略有产品创新与工艺创新组合、开放创新与封闭创新组合、技术创新与市场创新组合等。

以技术创新战略与市场创新战略组合为例，技术创新及其相关的研发能力是企业产品开发、产品功能完善、产品质量保证、工艺流程优化、生产与制造流水线管理、运营系统与信息化平台优化等的核心。此外，企业商业运作的成功与竞争优势的提升离不开市场创新的战略定位与战略实施。创新活动对于客户需求的挖掘与高效满足、领先用户创新活动的参与、市场战略定位与实施的选择、客户关系的维护等，都为创新产品与服务推向市场并获得价值回报提供了条件。

需要注意的是，采取多元化经营的企业，由于企业在多个领域同时参与竞争，创新战略更为复杂。每种业务所执行的创新战略，都是根据该种业务所处的竞争领域和战略地位而制定的。不同业务的创新战略根据企业多元化类型而不同，应能够互相促进。

4. 创新愿景、创新方针和创新目标

创新愿景、创新方针和创新目标是企业创新战略的重要组成部分。

创新愿景是战略抉择的指南，为制定创新战略、方针及目标提供架构。创新愿景是描述企业在创新活动方面所追求的未来状态，包括企业未来的作用及其创新的预期影响；自觉的雄心，挑战现状，不局限于组织当前能力。创新愿景可用于内部交流并易于理解，激励员工的付出和努力；也可用于对外交流，可提升企业声誉，并吸引相关方。

创新方针支持企业战略，并与创新愿景保持一致。考虑创新管理原则，创新方针应与企业内外部环境相适应，包括创新活动的描述和对创新管理体系持续改进的承诺，并为制定创新战略和目标提供框架。

创新目标着眼于创新愿景并与创新方针保持一致。企业应在相关职能和层次上制定创新目标,易于沟通、理解和考核,并适时更新。

实践中,企业可以将创新愿景、创新方针和创新目标形成文件,这样既可在企业内部沟通、理解和应用,也可在必要时提供给相关方。

二、企业知识产权战略概述

(一)企业知识产权战略的内涵

知识产权战略是指组织为获取与保持市场竞争优势,运用知识产权制度进行确权、保护与运用从而谋取最佳经济效益的策略和手段。知识产权战略应作为企业创新战略和业务战略的一部分,应符合企业业务战略和创新战略中公认的价值创造目标,支持企业实现更宽泛的创新和业务战略,将知识产权管理融入企业业务和创新战略,确保实现有效管理创新,并提升创新质量、创新效率、创新产出和/或绩效(见图4-3)。

调查显示,只有50%的企业领导人"了解知识产权的价值和重要性,并积极参与与知识产权相关的战略规划"。因为企业内知识产权管理人员往往很少参与战略规划和决策制定,而企业管理层内职能壁垒又经常阻碍企业以更具战略性的眼光看待知识产权。知识产权管理和战略制定的分离也反映了一种普遍观点——知识产权组合管理虽然在技术上具有挑战性,但是在现实中几乎不会产生任何战略成果。❶

企业没有充分认识到知识产权管理在创新过程中的重要作用,导致企业在制定知识产权战略过程中经常出现各种问题。主要包括以下十个方面:

1. 公开披露创新想法

在申请适当的知识产权保护之前披露创新想法,特别是发明,可能会妨碍专利/外观设计保护,并使创新进入公有领域。这将使企业无法受益于通过知识产权本可以获得的竞争优势,并且免费将知识有效且没有任何控制手段地转让给实际或潜在的竞争对手。

---

❶ 威廉,W. 费雪,菲力克斯·奥伯霍尔泽-吉. 知识产权的战略管理:一体化方法[J]. 加利福尼亚管理评论,2013(4):15-20.

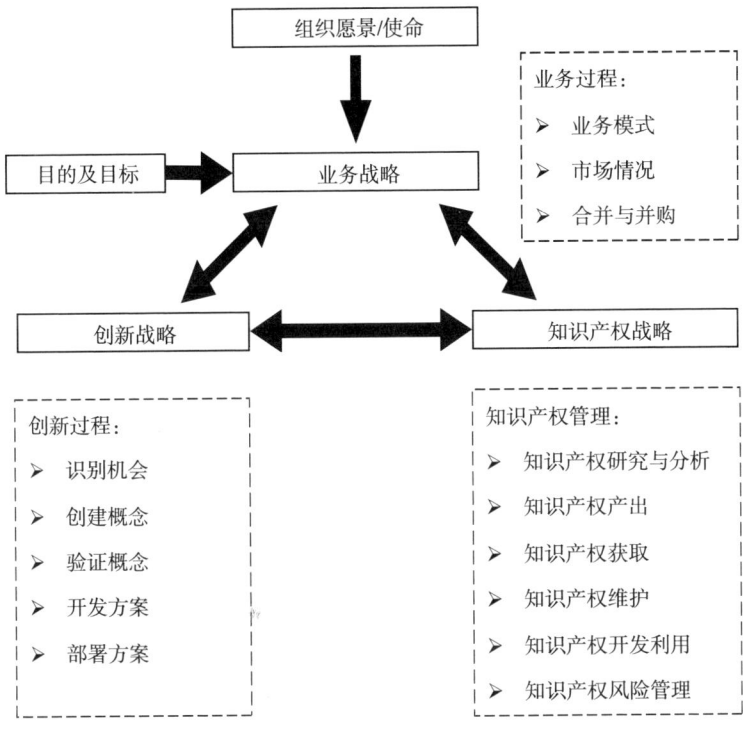

图 4-3 企业业务战略、创新战略与知识产权战略的关系

2. 未对专利/商标/外观设计进行检索

企业往往依赖于对市场的了解，认为仅仅因为他们不知道有竞争产品，就能获得知识产权保护。实际上，无论是发明（专利）、产品或服务名称（商标）还是外观设计，在企业准备围绕一项创新活动建立商业模式之前，最好先进行详细检索，以确定是否有任何现有的第三方权利阻碍企业获得知识产权保护。检索数据库往往会发现现有技术或在先使用，这可能需要企业改变其知识产权保护的方法。

3. 研发立项时未使用知识产权摸底调查

由于市场不能准确显示现有和/或受第三方保护的技术，因此在对一个研究项目投入大量时间和资金之前，进行专利摸底调查（技术态势）分析可能会提供有价值的技术信息，尤其是该技术或其关键部分已经受到第三方专利保护的情况。技术态势分析不仅可以防止重复发明以减少资源浪费，还可以提供对技术状况的宝贵见解以确定其他改进领域或围绕第三方技术进行创新的机会，减少自由实施的风险。

4. 未在合同中明确知识产权所有权

企业员工或合作方的工作成果可能不属于企业。企业可能会发现自己无法使用所资助的创新成果，因为知识产权所有权可能不明确或完全属于第三方。企业应在人事合同中引入知识产权所有权条款，甚至在联合创始人之间确定知识产权所有权，并对是否将创新关键工作外包给外部合作伙伴等，保持谨慎态度。

5. 未监测竞争对手的知识产权

通过专利态势分析、商标或外观设计检索，企业可以监测竞争对手的知识产权申请，往往能提供关键的市场竞争情报。由此获得的信息，不仅可以作为竞争对手即将向市场推出新技术或产品的早期预警工具，而且可以使初创公司通过积极的研发或营销活动作出战略应对。

6. 未查明企业现有知识产权

大多数初创企业以及中小企业往往未能认识到企业内现有的宝贵知识产权资产，这将阻碍初创企业吸引投资。技术性很强的初创企业往往忽略将可用的商业秘密保护作为专利申请的替代方案，或简单将技术诀窍视为通用技术。但是这些往往是初创企业的核心竞争优势，也是初创企业对投资者来说最有吸引力和投资价值的核心资产。

7. 没有权利的创新

在技术创新方面，研究人员可能会因为自己是发明人而认为自己对创新拥有权利。但是，大多数情况下并非如此。某些处于早期阶段的初创企业可能需要在大学或科研机构现有的知识产权平台上构建自己的产品，此时创新成果的知识产权可能属于大学或科研机构。企业应与大学谈判达成许可协议，确保初创企业有权使用这些创新成果。

8. 缺少知识产权记录

在获得可申请知识产权保护之前，企业保持对构思和研究的记录是一个好习惯。这些文件不仅可以在创新的所有权或产生日期受到质疑时发挥作用,而且可以作为企业未来制定创新决策的重要依据。

9. 未在正确地域进行保护

知识产权是地域性的。企业必须在必要的司法管辖区保护创新。因为申请过程中增加的司法管辖区越多,成本就越高,因此企业需要权衡其成本/收益。通常情况下,基于市场信息,企业在寻求初创企业有市场的地方和/或有竞争的地方保护其创新。为此,企业要了解不同司法管辖区的知识产权保护程序的差异,并进行预算管理。必要时,可以聘请经验丰富的知识产权专家协助初创企业进行决策。

10. 缺少足够的知识产权预算

初创企业通常缺乏足够的资金用于知识产权申请、维护成本以及支付聘请外部知识产权专家的费用。此时,企业通常会试图通过推迟知识产权申请、尝试自行编写知识产权申请文件或选择便宜的外部服务机构来降低知识产权保护成本。一旦发生错误,纠正错误的成本可能会更高。初创企业应认真对其知识产权保护所需的费用进行预算。

保护企业收入流,尤其是企业利润率,是知识产权战略真正意义所在。知识产权战略通常侧重维护和增强企业知识产权组合,尽量减少产品的市场竞争,使企业能够提高其产品或服务的价格,以增加企业利润。此外,企业还应考虑以下方式:将知识产权出售给另一家企业,使其更有价值;授予另一家企业许可,甚至是向竞争对手授予许可;将知识产权作为企业与竞争对手、供应商、客户或独立开发者进行合作的工具;基于特定目的,可以向社会公众无偿赠予知识产权。

(二) 企业知识产权战略的类型

按照不同的分类标准,知识产权战略可划分为不同类型。

(1) 按照知识产权战略实施主体,可划分为:国家知识产权战略、行业知识产权战略和企业知识产权战略。

(2) 按照知识产权战略保护的知识产权类型,可划分为:专利战略、商标战略、商业秘密战略等。

（3）按照知识产权战略覆盖范围，可划分为：全局知识产权战略、局部知识产权战略、阶段知识产权战略、特定产品知识产权战略、特定地域知识产权战略和特定市场知识产权战略等。

（4）按照知识产权全生命周期，可划分为：知识产权创造战略、知识产权维护战略、知识产权保护战略和知识产权运用战略。

（5）按照知识产权战略的保护目的，可划分为：防御型知识产权战略和进攻型知识产权战略。

无论选择哪种知识产权战略，企业都要权衡其成本和收益，包括短期和长期成本和收益。企业内外部环境不同，因此不存在普遍适用的知识产权战略。不同企业的知识产权战略主要取决于企业创新战略和业务战略，以及保护新产品、服务、过程、模型、方法的实际需要。

由于知识产权战略主要目的是服务于企业的创新战略和业务战略，因此下面重点介绍进攻型和防御型知识产权战略。

1. 进攻型知识产权战略

进攻型知识产权战略侧重利用知识产权来实现企业自身产品的制造和销售，同时考虑知识产权如何能够不被其他企业所使用，防止竞争对手模仿，从而持续在市场竞争中保持优势地位，如表4-1所示。

表4-1 进攻型知识产权战略

战略类型	主要内容
基本诉讼战略	通过积极主张知识产权权利，制止侵权人侵权行为，并获得赔偿
投资并购战略	通过投资、并购等活动，获得相应知识产权权利，从而充实自有知识产权储备
合作战略	通过产业链中与产品或服务的补充开发者（包括用户、供应商、经销商等）合作，从而维持行业技术主导地位
捐献战略	通过对不希望申请专利的自身技术进行公开披露，将之"捐献"给公众，从而避免竞争对手申请专利
许可战略	通过授权第三人使用知识产权而获得许可收益，或通过彼此交叉使用对方的知识产权而减少需要支付的许可费用

企业可以选择适当时机，通过主张知识产权（或发起权利主张威

胁)的方式,积极运用知识产权对第三人发起进攻,最常见的方式是发起知识产权侵权诉讼。企业要站在积极的诉讼立场上,仔细选择向对方主张权利的具体专利,包括具体的权利要求,此时企业通常使用"侵权对比表"的方式。在某些情况下,诉讼可能并不是最佳选择,因为胜利往往伴随着巨大的诉讼成本,包括资金和时间等成本。此外,如果企业希望尽量与其他企业签订知识产权许可协议而获得许可费,可以考虑通过诉讼策略来支持许可,使对方尽快接受许可协议。

企业可以通过知识产权积累来防止在相关领域甚至非相关领域的直接竞争。企业围绕主要创新建立起牢固的知识产权组合,像盾牌一样保护企业的收入流。如果企业拥有强大的知识产权组合,就可以阻止竞争对手通过复制产品或其他方式,与企业开展市场竞争。例如,企业通过建立专利防火墙、将专利融入通用技术标准等方式,使竞争对手在那些与企业重要的产品特征或组件相近的领域也难以获得专利,确保企业获得有利的市场竞争地位。

企业要首先了解自身产品或服务中,哪些部分是特殊的或独一无二的、哪些是真正的有价值部分。企业还要考虑知识产权组合应与企业在该国家/地区的运营规模一致,并根据不同国家/地区的成本和执法环境的差异,适当调整其知识产权组合。对于某些行业而言,市场瞬息万变,知识产权组合可能很快就会过时,保持领先状态非常重要。由于获得知识产权(尤其是专利)需要时间,因此企业需要不断升级、续展和更新专利组合的覆盖范围。对于专利而言,企业需要不断获得新的专利,并对当前专利进行完善,以尽可能扩大权利范围,以确保专利组合是最新的。企业还应监控是否出现了可替代的新技术,这些新技术可以通过其他技术途径实现相同的功能,但是这些新技术尚未被企业现有的专利组合所覆盖。当企业专利组合有重大缺口时,收购现有专利是快速填补缺口的最佳方法。但是如果这些专利可能被无效,收购就变得毫无意义,因此收购前开展尽职调查十分重要。❶

---

❶ 罗伯特·莫杰思,刘芳. 商业知识产权战略 [M]. 北京:中国法制出版社,2020:322-351.

在开放式创新环境下，企业鼓励独立开发者甚至客户进行创新，并对其加以利用。更常见的合作方式是与产业链中涉及产品或服务的补充开发者合作，例如供应商、经销商甚至是用户。这种情况在软件行业较为普遍。大多数软件公司会向有兴趣的独立开发者出售或赠送"工具包"，免费提供 API（应用程序编程接口），帮助他们修改产品；赞助"创意竞赛"；协同客户进行共同设计等。例如，首次推出 iPhone 时，苹果公司试图阻止第三方开发可以在 iPhone 上运行的应用程序，导致应用程序开发者长期以来一直对审查流程所强加的限制感到不满。后来，苹果公司做出让步，鼓励独立开发者开发与其产品兼容的应用程序，并向独立开发者提供了设备的技术规格，但是要求开发者将应用程序先提交审批，只有在获得苹果公司批准后，这些应用程序才能提供给消费者使用。这就很好缓解了与补充开发者之间经常出现的紧张关系。❶

企业应意识到，仅从防御角度考虑知识产权可能会掩盖知识产权能够实现的额外益处。在竞争对手更高效或者拥有企业所缺乏的资源和能力的情况下，企业对外许可知识产权可能更具吸引力。尤其是在专利"丛林"密集的行业，受益于知识产权许可，被许可方可以缩短将其产品推向市场所需的时间，并尽量避免意外侵犯知识产权的风险。由于研发产生了知识产权，因此许可收入被某些企业认为是利用外部收入来支持研发的一种方式，并将许可收入描述为降低大型研发支出净成本的方法。如果企业发现自己的当前产品（或新产品）正在变得落后而需要时间开发新产品时，常面临如何解决当前业务收入下降与需要新产品开发、测试和商业化的两难境地。此时，知识产权许可收入也能帮助企业带来开发新产品、测试和商业化所需的资金。如果专利保护的是激进式创新，企业则通常会拒绝对外授予许可。

如果市场领先者行使其专利权，借助强大专利组合的市场力量，可能会损害整个市场的价值。某些企业选择公开声明，承诺在专利被用于特定

---

❶ 威廉·W. 费雪，菲力克斯·奥伯霍尔泽-吉. 知识产权战略管理：一体化方法[J]. 加利福尼亚管理评论，2013（4）：15-20.

目的情况下，不会通过行使专利权来对抗任何人。这种情况常见于技术主导权之争，其目的是鼓励使用和开发某项技术。如果这项技术成为行业主导技术并被广泛使用，企业就可以通过销售相关产品获取巨大利润。例如，宝洁公司在2000年推出"佳洁士美白牙条"时，彻底改变了家庭口腔护理市场，为消费者提供了一种更经济的美白牙齿的方法，使宝洁公司在口腔护理产品领域获得了广泛的市场份额。宝洁公司为这种牙条的黏合材料申请了专利。高露洁公司为遏制不利趋势，最终推出一种价格较低但效果不佳的产品，然而导致了产品价格的急剧下降。如果宝洁公司将美白牙条专利授权给高露洁公司使用，稳定的价格很容易提高宝洁公司和高露洁公司的利润，使双方都受益。❶

2. 防御型知识产权战略

防御型知识产权战略通常适用于市场新进入者。由于市场领先者拥有强大的知识产权组合优势，因此市场新进入者要应对可能的知识产权威胁。这种战略侧重避开或降低外部知识产权威胁带来的影响，如表4-2所示。

表4-2 防御型知识产权战略

战略类型	主要内容
无效战略	通过对竞争对手的知识产权进行无效宣告，使得该"权利"丧失作用，从而避免自身侵权
规避战略	通过识别存在侵权可能的第三人知识产权，提前对自身产品或服务进行规避设计，从而避免自身侵权
许可战略	通过获得专利权人的专利使用许可，避免侵权风险
替代技术战略	通过开发替代技术，绕开竞争者专利，避免侵权风险

企业可以通过为其他企业制造知识产权风险，从而保护自身免受知识产权侵权诉讼。对于市场新进入者，企业既可以质疑市场领先者知识产权

---

❶ 威廉·W. 费雪，菲力克斯·奥伯霍尔泽-吉. 知识产权的战略管理：一体化方法[J]. 加利福尼亚管理评论，2013（4）：15-20.

的有效性,如发起专利无效请求;也可以承认市场领先者知识产权的有效性,但声称自身产品不会与这些权利发生冲突。为确保自由实施,企业需要首先对市场领先者的知识产权开展全面调查和评估。其中,自由实施(FTO)分析是一种常见的方法。FTO 分析通过评估企业产品是否侵犯第三方知识产权或者被第三方侵权的可能性,使企业可以采取适当的措施,降低企业知识产权侵权和/或被侵权的风险,从而实现风险对冲。

对于市场新进入者而言,避免专利侵权风险的第一选择是"绕过"领先者的专利,即通过开发替代技术来避免被专利权人索赔。此时,企业必须考虑很多因素:绕过现有专利的成本是多少、成功的可能性有多大、未来竞争的性质是什么。在市场新进入者没有技术优势的情况下,"绕过"专利有时是徒劳的,这就为许可提供了机会。例如,1993 年,微软公司利用行业霸主地位强制要求合伙伙伴和 OEM 制造商签署不主张专利(NAP)条款,这些企业不得因为专利侵权而起诉微软,也不能相互诉讼。当微软自身专利积累达到一定程度后,微软废除了 NAP 条款,转而与合伙伙伴和 OEM 制造商签订知识产权许可协议。

知识产权许可方式既可以是一般授权许可,也可以是交叉许可。在很多行业,大型专利组合通常相互依赖,并鼓励广泛的交叉许可。专利谈判中,拥有覆盖竞争对手产品线的专利是非常重要的谈判筹码。为避免专利侵权诉讼并获得交叉许可,企业需要构建自己的专利组合。如果企业拥有足够强大的专利,那么企业即使侵犯了所在行业的竞争对手(包括产品制造商、供应商和销售商)的部分专利,也不必担心与这些对手之间的专利诉讼,因为任何诉讼都会立即遭到来自企业专利组合的强烈反击,其结果是产生均衡势力。此时,专利组合起到了"威慑"作用,最终目的是阻止行业内大型企业主动发起诉讼。例如,佳能(Canon)公司遇到阻碍其自身研发工作的专利时,首先检查专利权人是否侵犯了佳能公司的任何权利。如果是,佳能公司会联系专利权人并提出交叉许可,从而获得关键技术。佳能公司管理层认为,与围绕现有技术进行发明或单方面许可的工作相比,

该方法更快速且更具成本效益。❶

不同行业的经营发展需求、竞争策略等不同，不同企业进入行业的时间有先后，不同企业所处的发展阶段、发展定位和产业链位置也不同，导致同一企业在不同行业的知识产权战略可能有显著差异，可能出现企业在一个行业需要采用防御型战略而在另一行业需要采用进攻型战略的情况。因此，企业要结合自身的实际情况，兼顾进攻型战略和防御型战略这两个维度，并在不同行业的市场竞争环境下，做好不同知识产权战略的适度平衡，以支持企业的业务战略和创新战略。

第二节 企业创新与知识产权战略构建

企业应定期制定创新战略并对各职能部门如何支持战略做出要求。企业创新与知识产权战略制定应确定首先与组织目标及影响既定知识产权战略目标实现的能力相关的内外部环境及相关方需求。

首先，需要分析企业创新与知识产权管理外部环境，具体包括以下四个方面：

（1）领域，如市场、文化、技术、法律、监管和政治等方面。

（2）地域，如国际、国家或地区。

（3）时间，如短期、中期或长期。

（4）潜在机会和威胁，如来自合作者的机会或来自竞争者的威胁等。

其次，需要分析创新与知识产权管理内部环境，具体包括以下五个方面：

（1）企业业务和创新愿景、战略方向、现有管理的实践。

（2）企业业务和创新目标及实现目标的计划。

（3）企业拥有或对外许可或从其他方获得的现有知识产权。

（4）企业影响实现既定知识产权目标的过程及资源的优势和劣势。

---

❶ 罗伯特·莫杰思，刘芳. 商业知识产权战略［M］. 北京：中国法制出版社，2020：322-351.

(5) 文化方面，如企业各级的价值观、道德信仰、历史、行为、态度和承诺等。

最后，识别企业创新与知识产权管理的内部和外部利益相关方，包括识别相关方，确定相关方当前和未来的需求、期望及适用要求。创新不断改变社会的价值分配，包括价值的实现方式以及价值在利益相关方的链条、网络或生态系统中的重构甚至破坏，因此企业创新活动对利益相关方可能会产生积极和消极的影响。随着时间推移和环境变化，利益相关方可能会出现一定的价值变化，形成新的产品、过程或服务。最典型的例子就是企业新产品的设计开发需要供应商作出相应改变，包括为新产品重新设计相应的零部件，并将这些零部件制造出来。

一、企业创新战略构建

创新战略围绕企业经营目标，依托于职能部门战略，是企业对于创新方式与创新程度的选择。企业需要制定与经营目标相匹配的创新战略，使其能自觉应用创新以提高经营业绩，帮助企业设计适合自身实际情况的创新管理体系，使企业最大限度从创新中获取价值。

一般说来，企业创新战略应包括创新发展的有关内容、资源规划以及对相关组织要素的设计和规划。创新战略则应至少能够回答以下几个问题：如何通过创新为潜在客户创造价值？如何捕捉创新活动创造的价值？哪类创新能帮助企业创造并捕捉价值，以及每类创新分别需要什么资源？

创新战略的制定过程可以使用多种分析方法与模型，从而将企业战略管理与创新管理进行整合。例如，4P 模型、波特五力模型、SWOT 分析、PEST 分析、创新扩散分析、标杆分析、能力地图、风险评估矩阵、核心竞争力分析、创新地图、技术路径图和技术趋势预测等，以下主要论述波特五力模型和创新地图两种方法。

（一）波特五力模型

创新战略侧重在不确定条件下的价值实现。这需要在基于假设和基于证据的决策、可能的新实践或修改的实践、领导力、结构和流程之间取得平衡。

20世纪80年代,迈克尔·波特将技术与产业竞争的五种驱动力量与企业基本战略选择联系到一起,还在竞争力量和企业内部选择的基础上开发了一个系统化的SWOT分析框架。其中企业的创新活动被置于一个广泛的产业竞争环境中,产业竞争的五种驱动力都会对企业产生机会和威胁,简称"波特五力模型"。这五种驱动力包括:现有竞争对手、与供应商的关系、与购买者的关系、潜在新进入者、替代产品(见图4-4)。

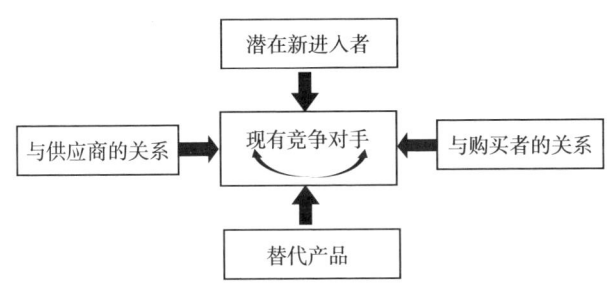

图4-4 波特五力模型

波特认为,制定创新战略的目的是击退来自产业中现有竞争对手和潜在新进入者的竞争威胁,包括来自以新技术机会为基础的新产品和替代产品的威胁。一般说来,企业有四种基本的竞争战略:总成本领先战略、产品差异化战略、产品集中战略、差异集中战略。

根据波特的理论,不同的创新战略适用不同的情况和条件。不同企业具有各自的优势和特点,面临不同市场,必须考虑自身的技术、设备、资金等条件,因地制宜选择最合适的创新战略。企业创新战略应具有灵活性和适应性,可因创新活动的反馈而改变。

波特理论为企业进行战略环境分析时提供了切实可行的分析框架,从20世纪80年代初期以来一直被广泛应用,但也有明显的缺点:低估了技术变革的力量,未看到它对改变整个产业结构的影响;高估了管理人员在拟定和实施战略上的作用;忽视战略实施问题,同时对顾客在战略规划中的重要作用认识不足。这些缺陷导致波特框架低估了企业在选择创新战略时所受到的约束。

(二)创新地图

技术创新通常是经济价值的主要来源,也是竞争优势的驱动力,但一些重要的创新可能与新技术关系不大。在过去的几十年里,很多公司(如网飞、亚马逊、领英、优步等)掌握了商业模式创新的艺术。因此,在考虑各种创新机会时,企业可以选择将其中多少精力放在技术创新上,以及将多少精力投入商业模式创新上。

"创新地图"(见图4-5)描述了一种方法,它涉及技术变革的程度和商业模式变革的程度。尽管每个维度都存在于一个连续统一体,但它们共同构成了四个象限的不同创新类别。该矩阵考虑了潜在的创新如何与公司现有的商业模式和技术能力相适应,有助于企业决策在技术创新上和商业模式创新上分别投入多少资源。❶

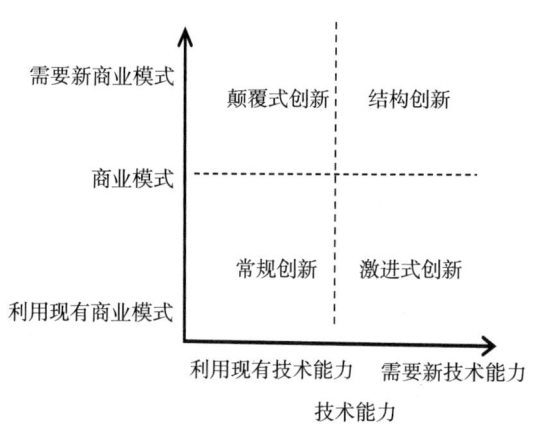

图4-5 创新地图

常规创新建立在企业现有技术能力的基础上,如渐进式创新、连续性创新。常规创新适合企业现有的商业模式,更适合其客户群。例如,微软定期对Windows进行升级,苹果每年发布新款iPhone,英特尔不断推出功能更强大的新型微处理器,使企业保持持续增长。

颠覆性创新不一定要有技术突破,但必须要有一种新的商业模式,这

---

❶ 加里·皮萨诺. 你需要一个创新战略 [J]. 哈佛商业评论, 2015 (6): 23-29.

也必然会挑战或破坏其他企业的商业模式。例如，谷歌用于移动设备的 Android 操作系统对苹果和微软的操作系统产生了颠覆性影响，但这并不是因为技术差异，而是因为商业模式不同：Android 操作系统是免费提供的，而苹果和微软的操作系统并不是免费提供的。

与颠覆性创新截然相反，激进式创新面临的挑战纯粹是技术性的。例如，20 世纪七八十年代，很多在化学合成药物领域拥有数十年经验的老牌制药公司开始转向将基因工程和生物技术应用到药物研发中，虽然这些公司面临构建分子生物学能力方面的重大障碍，但这种源自生物技术的药物开发模式由于需要企业对研发进行大量投资，并由一些高利润产品提供创新资金，因此非常适合这些公司的商业模式。

结构创新结合了技术突破和商业模式的颠覆，也是最具挑战性的创新模式。例如，对于柯达和宝丽来等公司而言，数码摄影不仅意味着需要掌握固态电子、相机设计、软件和显示技术方面的全新能力，也意味着需要重新找到一种从相机而不是"一次性用品"（如胶片、纸张、加工化学品和服务）中获利的商业模式。

现实中，大多数企业的创新往往涉及一种或多种创新类型。随着时间推移，不同类型的创新可以相互补充，而不是相互替代。如果企业虽然完成了颠覆性创新，但不能持续开展改进创新，就无法阻止新的市场进入者。例如，英特尔、微软和苹果等高科技公司首先通过各种技术突破奠定基础，才有机会从常规创新中获得巨额利润。此时，企业面临的首要问题是如何平衡和融合不同类型的创新。实际上，这取决于不同企业技术变革的速度、技术机遇的规模、竞争的激烈程度、核心市场的增长率、客户需求的程度以及企业实力等因素。例如，在核心技术快速发展的行业（如制药行业和通信行业）中，一家核心业务日趋成熟的企业可能需要通过商业模式创新和激进的技术突破来寻找机会，依靠平台迅速发展的企业则希望将创新资源集中在构建和扩展平台上。

二、企业知识产权战略构建

企业知识产权战略应根据业务战略和创新战略的需要而量身定制。企业可制定通用的创新战略或专注于不同目标的特定战略。例如，针对不同产品/服务制定的知识产权战略；针对企业不同层级/业务的需求制定的知识产权战略；针对不同的创新战略（如开放式创新战略或封闭式创新战略等）制定的知识产权战略。

在知识产权战略构建过程中，企业各职能部门的沟通十分重要。例如，如果市场营销、产品开发和财务部门预见到新产品对未来收入流有重大贡献，企业就必须迅速采取行动，为新产品争取有效的知识产权保护地位。市场部门可以监控企业当前的产品线和扩展计划，对市场的趋势和发展提出报告，使企业确保知识产权组合与时俱进。如果旧的产品线逐渐无法支撑新一代产品，可能意味着需要对公司的知识产权组合进行重新评估。如果市场部门预见某个产品线正在被逐步淘汰或已经过时，则该领域的新专利申请进度可能会放缓；现有专利是否需要续展也可能需要重新考量，有可能不需要续展，甚至可能在二级市场上被出售。另外，确保知识产权组合的区域平衡也是知识产权战略的重要内容，这也需要市场、财务部门对市场区域的预测。

企业知识产权战略制定包括以下步骤：理解知识产权在企业创新和业务战略中的作用；理解并记录企业当下的知识产权定位；建立与企业创新方针和发展路径相一致的知识产权目标；实施知识产权战略（见图4-6）。

（一）理解知识产权在企业创新和业务战略中的作用

企业构建知识产权战略，要做到"知己知彼"。既要从技术水平和市场运营能力等方面，对自身竞争优势作出合理分析评价，找出自身"长木板"和"短木板"，最可能实现短期突破的技术领域，真正做到"知己"；又要深入分析所处行业的特性，掌握竞争格局及发展趋势，分析主要竞争对手的知识产权保护状况，找准"软肋"，真正做到"知彼"，构建适合自身特点的知识产权战略。

企业理解知识产权在创新和业务战略中的作用需要考虑以下因素：一是考虑企业目标以及目标实现的需求；二是考虑企业知识产权战略愿景/使命与企业当前和未来知识产权方向的一致性；三是考虑如何在企业的业务

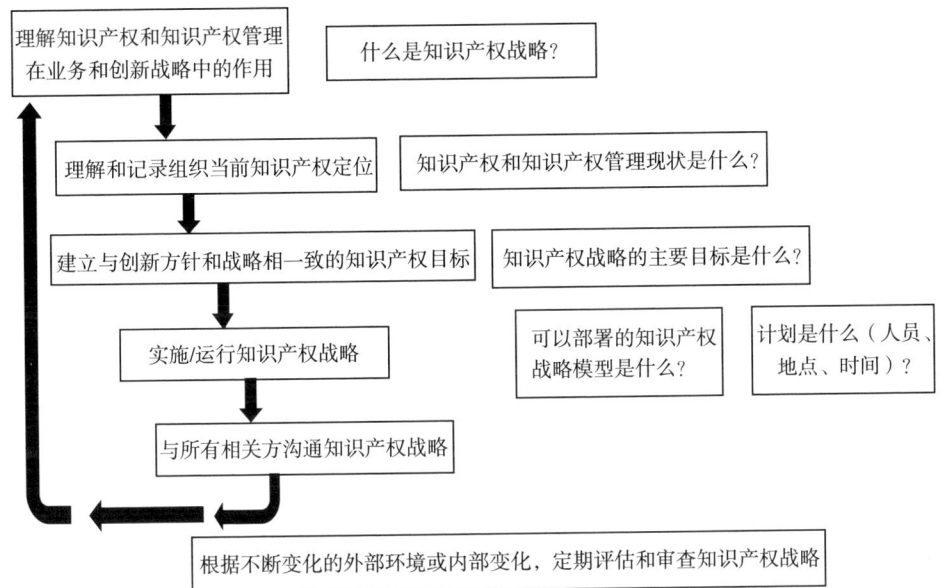

图 4-6 制定知识产权战略的步骤

和创新战略中体现知识产权战略；四是考虑如何利用知识产权帮助企业实现和支持其业务目标；五是考虑任何与阻碍企业实现其使命相关的知识产权；六是考虑企业知识产权战略实施存在的障碍。

具体而言，企业知识产权在创新与业务战略中的作用一般包括：一是确保在整个创新过程中合理配置资源；二是确保企业实现其业务目标和创新目标；三是降低与创新活动和行动相关的知识产权风险，并确保企业保持对创新成果的所有权或可获得性；四是通过知识产权货币化、商业化、技术转让、创新伙伴关系、供应链管理或知识产权全景分析等，优化企业的知识产权资产，提高创新效率和价值；五是利用知识产权，增强企业的竞争力，保持企业的市场优势。

例如，日本旭化成集团努力实现业务战略、知识产权战略和研发战略的一体化。旭化成集团知识产权工作重心是确保和灵活利用强大的知识产权来推动全球化事业的扩张，以知识产权为基础来提高业务的竞争力，使研发和知识产权活动能够为新业务和业务收益作贡献，将研发成果切实转变为权利，确保相对于其他公司的业务优势。通过将知识产权与业务相结合，推动知识产权与业务经营直接挂钩的、确保收益的知识产权活动。各业务领域的战略以各事业公司为主体，针对其业务形态制定。在注重专利数量的同时，也同样重视专利质量，并且大力强化相关业务，有效果时通过战略性技术转让，提高对集团业务的贡献程度。为实现强化业务的目标，在知识产权活动的过程中逐渐积累知识产权部门和研发部门的互信，进而构筑起两者之间的合作关系，力争开展融入开发活动的知识产权活动。

（二）理解并记录企业当下的知识产权定位

企业知识产权战略制定的关键是：厘清如何利用知识产权提供的有限保护、通过限制竞争的方式最大限度地实现商业目标。要做到这一点，企业首先要了解知识产权涵盖的内容，哪些业务或产品对提高企业收入至关重要，潜在竞争会发生在哪里，如何防止竞争或尽量减少竞争带来的负面影响，何种知识产权策略可以帮助抵御各种威胁。

这就需要从企业的业务或产品市场开始着手分析：一是知识产权是否需要作为企业独占其创新的保证（自由实施）；二是知识产权是否需要作为一种竞争优势，对市场或细分市场准入限制的回应；三是知识产权是否需要作为企业吸引投资者的资产组成部分；四是企业在考虑向行业转让技术（以及适当时转让知识产权资产）或与研究机构一起构建合作伙伴关系/研究计划时，是否需要知识产权作为决策支持工具；五是知识产权是否对市场价值有贡献。[1]

企业理解并记录知识产权定位时需要考虑以下因素：一是考虑企业知识产权资产与市场、竞争对手和/或第三方的相关性，包括对内部业务和创新战略目标的影响和实现；二是考虑任何与第三方知识产权组合和企业自身的知识产权组合有关的信息，以及企业是否能访问以支持其实现知识产权目标；三是考虑企业自身的知识产权组合和第三方知识产权组合，如何

---

[1] 罗伯特·莫杰思，刘芳. 商业知识产权战略［M］. 北京：中国法制出版社，2020：322-351.

影响企业知识产权目标的实现；四是评估企业知识产权管理的现状，包括知识产权管理的成熟度、企业文化/能力/经验、创新绩效以及与竞争对手对比体现的差距。

(三) 建立与企业创新方针和发展路径相一致的知识产权目标

企业建立知识产权目标时，需要考虑以下因素：一是考虑企业的知识产权需求有哪些（如通过创新产出或购买知识产权）；二是考虑何时、何地以及如何保护知识产权，包括预计第三方在相关知识产权方面可能采取的行动以及如何解决；三是识别企业需要管理的知识产权范围，包括来自企业创新成果和/或第三方的知识产权；四是考虑是否可以开发利用知识产权，例如剥离、对外许可或终止知识产权，获得许可或转让收益，实现知识产权的商业化价值，并节约维护成本。

企业知识产权目标应与企业的业务计划保持一致，并有助于企业实现其业务目标。企业知识产权目标制定时需要考虑以下因素：一是企业战略发展领域，包括企业核心业务技术、战略部署方面的时间表和里程碑等；二是企业研发业务模式和政策，包括企业内部开发、联合开发、收购、外包、销售、许可（含许可和被许可）等；三是企业管理与第三方知识产权相关的运营风险，包括企业侵犯已知第三方知识产权的风险，先前未知第三方知识产权的抗辩风险，经营自由受限制的风险等；四是根据知识产权的创造和分配原则，企业如何构建和管理协同创新项目，促进开放式创新的成功；五是如何参与标准化和监管机构相关工作，例如，通过标准必要专利等方式，将技术标准的广泛实施与知识产权的广泛许可进行绑定。

例如，初创企业需要建立清晰的知识产权目标，以向潜在投资者清楚展示企业如何利用知识产权获得竞争优势，帮助投资者建立信心。一是探索初创企业的商业模式和技术战略，并制定路线图和时间表；二是确定知识产权实际可支持的业务目标，例如产品发布后避免竞争或与外部第三方合作以共同开发产品或服务；三是确定能够实现业务目标的知识产权资产范围，并对其进行优先排序，以确定这些资产中最重要的部分；四是确定具体要采取的知识产权行动以及行动时间，包括短期、中期和长期行动，

据此建立企业的知识产权目标体系。❶

第三节　企业创新与知识产权战略实施

一、企业创新战略的实施

企业创新战略的实施依赖于创新管理体系的建设。创新管理体系是一系列互相依存的创新流程和架构的有机组合，包括所有必要的创新活动和其他相互关联或相互作用的要素。创新管理体系能够指导基于最高管理者的承诺，确定创新愿景、战略、方针和目标，建立支持创新活动的企业文化氛围，识别机遇和风险，不断发现新问题并寻找解决方案，做出创新投资决策，建立实现预期结果所需的支持和流程，并确保创新计划、创新组合和创新项目得到充分的支持、资源配置和管理，更新企业经营和产品设计理念，实现更有效且高效的创新。

在创新战略执行阶段，企业可以按照创新计划、创新组合、创新项目三个层级进行管理，配置必要的资源，并适时进行调整。

创新计划是一系列正式的或非正式的、需要进行协调的创新活动，可以是一个创新项目、一个大的创新工程，或其他任何类似的方法。创新计划制订就是按照创新战略，设定阶段性创新目标，形成阶段性的创新项目评价标准，并明确在一个时间周期内执行和部署创新计划。企业可以建立一个或多个过程来管理这些创新计划，并对创新计划、过程、组织结构以及所需的支持进行策划、实施和控制。

创新组合应与企业的创新战略和计划保持一致，并促进创新战略和计划的实现。创新组合是按照创新战略的部署确定中、长期创新项目，按照本阶段的创新计划确定阶段性创新项目，同时将短期、中期、长期项目合理组合，适当平衡风险与回报、新颖性、创新类型、创新时间和创新范围。

---

❶ 弗兰克·蒂策. 从创新理念到商业可行：知识产权战略如何提供帮助 [J]. 制造商杂志，2019（5）：8-12.

例如，考虑与企业当前产品优化或扩展相关的创新组合，针对新用户、客户和其他相关方（如新市场）的新解决方案等。创新组合在企业内部和外部创新计划之间应保持一致，实现协同效应，包括潜在的资源、技术、平台和过程的重用和优化等协同。

创新组合可以通过多种内部或外部途径实施。具体包括以下六个方面：

（1）内部，可以在企业内部一个单元或跨多个内部单元实施。

（2）众包，永久众包或临时众包，一般在组织内部开展。

（3）合作，如伙伴关系、联盟、合资企业、公共项目、生态系统和利用企业其他上下游集群的方式。

（4）外包，可以是全部外包或部分外包。

（5）收购，可以是完全合并或部分投资。

（6）剥离，可以是全部分拆或部分分拆。

在创新项目的具体运作阶段，企业可以按照创新过程五阶段模型进行管理。创新过程既可以独立实施，也可以嵌入企业其他过程中实施。创新过程可以与企业中其他过程相互关联并相互影响，例如研究、产品开发、市场营销、销售、合作、兼并收购、协作和知识产权等。创新过程是一个非线性的可迭代过程，每一个阶段的输出通常是下一个阶段的输入。根据实际情况，对于不合理的输入，后续过程可以提前作出放弃或修改项目的决策，并据此对创新项目进行重新调整。

二、企业知识产权战略的实施

为确保创新和知识产权战略与企业业务战略协调一致，知识产权战略实施的一项重要工作就是将知识产权管理工作融入企业经营各环节，对知识产权资产组合进行管理，确保企业在必要时能根据已识别的知识产权状况，及时作出正确的知识产权决策。❶

企业实施知识产权战略时通常需要考虑以下因素：企业创新活动相关

---

❶ 威廉，W. 费雪，菲力克斯·奥伯霍尔泽-吉. 知识产权的战略管理：一体化方法[J]. 加利福尼亚管理评论，2013（4）：15-20.

的各种类型的知识产权及相关权利；所需的知识产权管理过程；与创新活动和行动相关的适宜过程；资源、能力和时间范围；可能的知识产权商业化，如孵化、许可、特许经营或权利主张等。❶

企业应为知识产权战略实施配备必要的资源，确保企业获得实施知识产权战略所需的整体能力，使知识产权战略和知识产权管理过程得以适当实施。企业知识产权战略的实施，通常涉及四个具体问题：

一是技能，即需要哪些知识和技能，需要应用哪些工具和方法。

二是人员，即哪些人适合参与其中并将知识产权战略付诸实施。

三是组织结构，即选择在一个大型团队（如研发中心）中实施，还是将知识产权战略实施分解到更小的业务单元（如创新小组）。

四是时间，何时收集信息，何时采取行动，何时监控工作进展。

例如，深圳大疆创新科技有限公司（以下简称"大疆"）是全球领先的无人飞行器控制系统及无人机解决方案的研发和生产商。目前，大疆占据全球约70%的市场，产值突破100亿元，被称为首个在全球主要的科技消费产品领域成为先锋者的中国企业。大疆产品走向国际化，除过人的技术创新能力，更离不开知识产权为企业"走出去"保驾护航。大疆不仅重视知识产权的数量，更重视知识产权的质量和含金量，在飞控、云台、信号传输、外观设计等核心技术方面积极开展全球专利布局和商标注册。大疆还积极维权，打击仿冒大疆产品外观和技术的无人机产品，累计已查处涉案侵权产品销售金额超1亿美元。❷

三、企业创新与知识产权战略的沟通

企业应将创新与知识产权战略传达给企业所有相关方，包括内部相关方和外部相关方，以确保创新与知识产权战略有效实施。

---

❶ 罗伯特·莫杰思，刘芳. 商业知识产权战略［M］. 北京：中国法制出版社，2020：322-351.

❷ 郑刚，陈劲，蒋石梅. 创新者的逆袭2：商学院的十八堂案例课［M］. 北京：北京大学出版社，2020：45-47.

内部沟通主要目的是向不同员工清楚、简单地解释可行的方案，明确创新与知识产权保护工作是如何促进企业创新与知识产权战略的实现。内部沟通有助于员工将商业思维与创新思维、知识产权思维结合起来，理解创新与知识产权战略的含义、影响和后果，帮助员工在日常工作中通过参与创新与知识产权活动来确保战略的有效实施。

外部沟通主要目的是向外部利益相关方展示企业创新与知识产权保护政策以及保证企业自由实施、从创新中创造价值的决心和承诺，借助企业现有知识产权资产及其知识产权组合，吸引外部利益相关方（包括投资者、合作伙伴、社会公众、科研机构、用户、经销商、供应商等）参与企业的创新活动（如联合开发新产品或投资创新项目等）。

沟通可以采取多种方式。内部沟通可以通过员工会议、团队会议、公告板、内部网络、新闻通讯、企业内刊、交流和培训等方式。外部沟通可以通过企业网站、年度报告、新闻媒体、白皮书、简报、广告、贸易展览和专业会议等方式。

四、企业创新与知识产权战略的更新

为确保创新和知识产权战略与业务战略的一致性，企业应适时对知识产权战略进行审查。必要时，企业可以修订创新和知识产权战略。

企业对创新与知识产权战略进行审查时，需要考虑的因素包括：在企业内外部环境中，审查与创新及知识产权相关的优势、劣势、机会和威胁，包括外部环境变化、企业业务战略演变导致的内部变化等；审查企业创新与知识产权战略目标及其执行情况；理解企业创新与知识产权战略如何支持业务战略；明确衡量业务变化对企业创新与知识产权战略的影响；明确企业创新与知识产权战略修订涉及的时间范围；明确企业创新与知识产权战略修订的责任人和具体职责。

根据审查结果，企业可以进一步采取措施。例如，将某些商业化不理想的创新项目存档并将其作为未来创新活动的来源之一；将某些闲置的知识产权资产组合进行对外许可或转让；开展投资或并购等。

第四节 案 例

吉利汽车创新战略演变*

汽车行业发展环境变化莫测,这就要求企业随着环境的变化而快速变化。吉利在发展过程中,经历了两次战略转型,包括 2007 年从"低价战略"转向"质量战略",2014 年由"质量战略"转向"品牌战略"。而吉利主要是通过并购这一方式完成了转型,成为高、中、低端全面发展的汽车企业。在国内,吉利并购上海华普汽车便是吉利品牌升级的第一步。而举世瞩目的跨国并购沃尔沃则是吉利汽车跨入高端豪华轿车的关键一步。在新能源汽车时代,吉利又多次通过跨国并购,与世界知名的汽车企业建立起战略合作关系。

(一) 传统燃油车时代的试水并购

1997 年,吉利进入汽车行业,成为中国第一家民营轿车企业。吉利汽车的使命是"造老百姓买得起的好车,让吉利汽车走向全世界"。吉利进入汽车行业后,首先开始生产低端轿车,完成了第一个使命——造老百姓买得起的好车。相当长一段时间内,中国最便宜的汽车都是吉利制造的,但这也使吉利汽车落下了廉价低端的印象。

2002 年,吉利并购上海华普汽车。随后,吉利致力于将"华普"打造成一个中高端子品牌,以改变当时吉利品牌低端廉价的形象,并给予华普独立运营权。"华普"逐渐成为国内汽车市场的中端品牌。到 2006 年前后,吉利内部逐渐形成"远景""金刚""自由舰""熊猫"等新兴品牌,使吉利汽车的整体形象大为改观。与此同时,吉利也意识到了品牌整合的重要性,进而由多品牌战略回归到一个品牌战略。2007 年,吉利收回了上海华

---

* 郑刚,陈劲,蒋石梅. 创新者的逆袭:商学院的十六堂案例课 [M]. 北京:北京大学出版社,2017:56-63。

普的独立运营权,并将其改名为"吉利上海基地"。至此,"华普"品牌正式退出国内汽车市场。

2006年下半年开始,由于国内汽车市场的需求发生变化,从低端市场迈向以中产消费者为主的中高端市场,小排量、经济型汽车的销量明显下滑,很多吉利的老用户在更换新车时,毫不犹豫地选择了国外品牌。2007年,吉利汽车在吉利远景全球上市前夕,正式向外界宣布:吉利汽车已进入战略转型期:从"造老百姓买得起的好车",转向"造最安全、最环保、最节能的好车",确定了"总体跟随、局部超越、重点突破、招贤纳士、合纵连横、后来居上"的发展战略,开启了吉利"质量战略"驱动的转型与创新阶段。

根据战略转型的需要,吉利在人才的培养、培训,管理流程再造,技术路线、产品路线的设计,产品规划,配套体系、营销网络、售后服务的建设等方面进行了改造和革新。吉利主动停止了当时已有较大销量但受品质所限的"豪情""美日""优利欧"三款车型生产,及时切换到一个全新的产品研究、生产和销售阶段,开发了全新的"全球鹰""帝豪""英伦"三大品牌;构建汇集5大技术平台、15大产品平台、可衍生42款全新产品的技术研发体系;围绕安全、节能、环保、智能等方面的目标,在发动机、变速器、转向器、电子电器控制系统以及前后桥、车身设计等领域寻求重大技术突破。

很长一个时期,在合资企业主导的中国汽车市场,市场份额的瓶颈严重制约了中国自主品牌汽车企业的发展,同时也加速了中国自主品牌汽车企业进军海外的步伐。吉利以资本并购为手段,完成了"引进来"和"走出去",完成了第二个使命——让吉利汽车走向全世界。

2006年,吉利收购英国锰铜公司19.97%股权,并在上海成立合资公司,专门生产经典黑色出租车,产品主要出口至英国市场。当时,吉利看重的是英国锰铜作为老牌车企的影响力及其在造车上所积累的技术和经验。但英国锰铜的随后发展不尽如人意,连续多年出现亏损。2013年,吉利以1104万英镑的价格收购了英国锰铜公司的业务与核心资产(包括全部知识产权），并更名为英国伦敦出租车公司。随后，吉利制定了锰铜公司未来的发展计划，凭借在汽车行业的经验，开始进行新工厂的建设和新车型的研发，并累计投入超3亿英镑。2017年，吉利在英国的安斯蒂工厂开始正式投产。新工厂采用沃尔沃汽车成熟的电动化动力总成系统，打造全新的轻量化电动车平台。2017年年底，首批新能源出租车TX5在英国上市，并于2018年登陆国际市场。

2008年，吉利收购了澳大利亚知名自动变速箱制造商DSI公司，填补了当时中国没有自动变速器的空白。DSI公司也是为福特、玛莎拉蒂和克莱斯勒等汽车公司的自动变速箱供应商。吉利汽车成功收购DSI自动变速器公司后，给DSI提供了一套适合全球发展的新战略。首先，恢复对福特的供货。然后，吉利将DSI自动变速器研究开发团队、技术数据库、生产工艺和关键零部件供应商全部纳入吉利，陆续建成了多个生产基地，迅速在国内实现了DSI自动变速器的量产。吉利还成功地将DSI的产品和技术引入中国汽车行业。除了在吉利自己的产品上搭载DSI技术，也将DSI技术授权给长城等品牌使用，从而为中国汽车企业提供了世界先进的自动变速器产品。

（二）重大转折：吉利并购沃尔沃

一直以来，沃尔沃轿车具有"全球最安全品牌"的称号。1999年，沃尔沃集团将旗下的沃尔沃轿车业务出售给美国福特汽车公司。虽然福特在沃尔沃品牌上的投入并不少，但沃尔沃的销量并未因此增加，反而一直处于亏损状态，这对福特来说无疑是一个沉重的包袱。由于福特在与日系、欧系厂商的竞争中渐处下风，从2005年开始陷入连年巨亏，2008年金融危机更是雪上加霜，福特计划将沃尔沃对外出售。

2008年中期，吉利就收购沃尔沃汽车一案与福特汽车开始了谈判。2010年3月，吉利宣布以18亿美元购得福特所持有的沃尔沃汽车公司100%的股权及相关资产。2010年8月，吉利与沃尔沃完成交割事宜。

吉利并购沃尔沃的主要目的在于通过对沃尔沃的整体并购，突破以往合资企业的技术壁垒，借助沃尔沃的核心技术来提高吉利的整体技术能力，借助沃尔沃品牌的知名度提升吉利的品牌形象。吉利收购沃尔沃汽车公司100%股权，意味着吉利拥有了沃尔沃轿车商标使用权、10 963项专利和专有知识产权、10个系列产品及产品平台、2家整车厂年产约56万辆的生产能力、1家发动机公司及3家零部件公司、整车和关键零部件开发独立数据库、3800名高素质科研人才的研发体系和能力，以及分布于100多个国家和地区的2325个网点的销售服务网络等。

品牌是沃尔沃最核心的资产，也是吉利与沃尔沃差距较大的地方。收购沃尔沃时，吉利创始人李书福说："吉利是吉利，沃尔沃是沃尔沃。"为最大限度降低品牌互相干扰，吉利采取了双方品牌独立运作的方式。吉利在巩固和稳定沃尔沃现有欧美成熟市场的同时，积极开拓以中国为代表的新兴市场，从而在收购后第一年就让沃尔沃扭亏为盈。在沃尔沃实现盈利后，利用沃尔沃的技术、品牌以及国际市场的销售渠道，吉利加快了"走出去"步伐。

2012年3月，"沃尔沃—吉利技术转让协议签字仪式"在上海举行，双方就沃尔沃向吉利转让技术达成协议，沃尔沃向吉利转让技术，为其旗下各款车型提供技术支持。这是跨国汽车企业首次向中国本土企业转让先进技术。同年10月，吉利出资与沃尔沃共同建设CMA平台，吉利和沃尔沃的技术协同正式拉开了序幕。第二年，吉利宣布在瑞典哥德堡设立欧洲研发中心，整合双方的优势资源，努力打造新一代中级车模块化架构及相关部件，实现成果共享，降低成本，提高竞争力。吉利和沃尔沃各自掌握着独门技术，而基于吉利和沃尔沃共同的可扩展平台架构，也有了自己的技术。在此技术的基础上，形成了新的品牌LYNK&CO。李书福并不讳言新品牌、吉利和沃尔沃之间的关联，但也明确表示三者区别：它们的产品定位不一样，技术标准也不一样。

2013年，汽车市场进入全新的发展阶段，"80后"成为市场的主力军，他们比此前的消费群体更加追求科技、品质和个性。李书福意识到，吉利必须主动进行战略调整。2014年，吉利发布了全新的品牌使命——造每个人的精品车。同年，吉利推出旗舰车型"博瑞"，在设计、安全和车内空气质量管理方面借鉴了沃尔沃的理念，兼顾了国际设计潮流和中国古典审美，一经推出广受好评，获奖不断，成为中国自主品牌中高级车一大奇迹，也是吉利整合全球资源后打造出的一款标杆之作。2016 年，吉利又推出新车型"博越"，从而开启了吉利 SUV 元年。目前，吉利针对细分市场，规划出 FE、KC、CMA 三个平台。其中，FE 平台生产帝豪、远景等 A 级车，KC 平台生产博瑞等 B 级车，CMA 平台则是吉利和沃尔沃共同开发的平台，搭载了双方共同开发的先进动力总成系统，包括先进的变速箱系统、CMA 平台等，成为吉利和沃尔沃共用的平台，致力于打造 A 级、B 级和 SUV 等多种车型。

在长达 10 年战略转型，坚持打技术战、品质战、品牌战、服务战的苦守和努力之后，吉利终于迎来了翻身的一年，2016 年吉利汽车的销量、营业收入、净利润分别较上年实现大幅增长。更难能可贵的是，吉利销量的大幅增长，并不是借由大部分企业采用的价格战来实现的，而是通过质量提升、口碑提升和车辆价格提升实现的。

(三) 新能源汽车时代的战略并购

在新能源汽车发展的背景下，很多汽车企业都意识到，纯电动汽车并不是全球所有市场的唯一选择。为满足排放要求并兼顾成本效益，混动技术仍将是首选。为此，吉利制定了"纯电和混动并行"的战略。

2018 年，吉利汽车便推出了搭载 BSG 混动系统的"博瑞"。此后，"嘉际""星越""缤越""ICON"等车型也推出了搭载 BSG 系统的车型。目前，吉利品牌旗下搭载 BSG 系统的车型已覆盖轿车、SUV、MPV 三大产品线。在核心的电控软硬件系统方面，吉利已拥有 48V、高压混动、纯电动、车身控制、高压电机控制及燃料电池系统控制及软件开发能力，掌握了新能源 VCU、IPU、BMS 等核心技术，均已实现量产应用。吉利在混动方面的技术储备和制造能力已基本搭建完成。

吉利与戴姆勒集团的合作由来已久。早在 2019 年，吉利与戴姆勒集团成立 smart 品牌全球合资公司，在全球范围内联合运营和推动 smart 品牌的转型和升级，致力于将 smart 打造成为全球领先的高端电动智能汽车品牌。

2020年2月，吉利与戴姆勒集团达成合作，宣布收购戴姆勒集团9.69%具有表决权的股份。2020年11月，吉利和戴姆勒联合宣布，双方拟共同开发混合动力系统解决方案，以打造规模效应、提高全球市场竞争力为目标，在多个领域开展合作：双方整合各自的全球研发网络，共同开发用于混动技术的下一代汽油发动机；该发动机在欧洲和中国的工厂生产；该发动机可能被梅赛德斯-奔驰及其在华现有合作伙伴采用，用于包括沃尔沃在内的吉利控股旗下的多个品牌；该发动机将从中国出口至海外。

为了推进高端品牌发展战略，吉利继续并购之路。2017年，吉利新增控股路特斯和宝腾两大品牌，通过获得路特斯的技术丰富吉利旗下高端产品线，并借助宝腾的影响力进军东南亚市场。2022年，吉利又收购阿斯顿·马丁公司7.60%的股份。吉利集团CEO李东辉表示，吉利在支持入股企业转型方面拥有丰富经验，并在超级电动和智能网联领域具有深厚技术积累，这将助力阿斯顿·马丁在未来取得更大成功。

吉利汽车并购之路，反映了吉利具有强大的整合创新能力。吉利的并购之路蕴含一种"滚雪球"的逻辑。通过自有资源收购第一家海外公司，接下来联合已收购公司的资源，形成连锁反应，随着收购的海外公司越多，其可以调动的资源就越多，规模也越大，从而实现影响力和收益的双重提高。吉利的整合能力在并购中体现得淋漓尽致。吉利将技术作为核心能力，相继进行了两次战略转型，基于宏观大环境和自身战略的考量不断进行大手笔的并购，其组织结构和管理模式也在不断调整，这个过程展现了它的动态能力。而在成功并购之后，吉利通过发挥其强大的吸收能力快速提升实力，进入新的发展阶段。吸收能力、核心能力、动态能力构成了整合能力的铁三角，相辅相成，持续为吉利输送创新能力，并助力吉利塑造其核心竞争力。

第五章　企业创新与知识产权管理组织架构

第一节　企业创新与知识产权管理组织形式

一、企业创新管理组织形式

企业创新的效率与其组织形式具有显著关系。为了实施创新活动，企业一方面需要考虑何种组织形式更有利于激发创造力，另一方面还应考虑创新部署方式及其效率，以便整合并融入现有企业运行机制，帮助企业更有效管理创新的不确定性和风险，并获得创新的预期效果。不同的创新组织形式可能需要不同的创新领导风格、能力和文化。

企业可以使用既定的组织形式，也可以挑战企业既定的组织形式。这取决于特定的组织形式是否有利于确保创造力和执行力之间的平衡。在企业创新与知识产权管理过程中，主要组织形式有：串行组织模式、并行组织模式、矩阵组织模式和二元组织模式。

（一）创新的串行组织模式

串行组织模式（也称线性或职能制组织）是早期常见的创新组织形式。企业在创新活动过程中始终遵循一种步步为营、循序渐进的开发思想，不同环节存在前后关联的逻辑联系，共同完成创新活动。一般划分为三个阶段：一是概念开发，包括构思形成、构思筛选和应用研究等环节；二是实体开发，包括试验发展、试生产、工艺设计、营销设计等环节；三是市场开发，包括技术试验、市场试验和商品化等环节（见图5-1）。串行模式的优点是专业分工明确、过程简单明了。但是串行模式中，后一环节对前一环节的依赖性很强，任何一个环节的失败都会导致整个创新活动的失败，严重影响产品的上市时间、质量和成本。因此，为确保创新成功，企业需要高额创新投入和高素质创新人员。串行模式更适用于基于科学原理的产品和工艺创新。随着市场竞争愈演愈烈和市场需求变化，串行模式逐渐难以适应创新的需要。

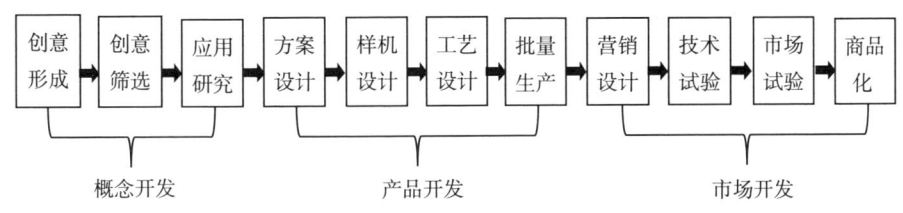

图 5-1　创新的串行组织模式

（二）创新的并行组织模式

并行模式是集成、并行设计产品及其相关的各种过程（包括制造过程和支持过程）的创新方法。并行模式打破串行模式中不同环节的前后逻辑关联，各环节可以并行作业。不同的专业人员组成一个创新团队协同工作，包括设计、工艺、制造、销售、维修、市场、营销等人员。在信息通信技术支撑下，创新团队甚至可以实现异地协同开发（见图5-2）。

并行模式要求创新人员从一开始就要考虑产品整个生命周期中的所有因素，包括质量、成本、进度计划和用户的要求，尽量消除不必要的重复，缩短创新周期，提高创新效率。通过信息多向流动，不同专业人员之间可以密切合作，更有利于产生新的创意、概念和解决方案。但是，并行模式对不同专业人员沟通合作的要求比较高。因此，并行模式更适用于管理比较成熟、内部沟通比较顺畅的企业开展创新。

（三）创新的矩阵组织模式

为确保创新效率，兼顾知识更新与项目进展速度，企业往往采用矩阵组织模式，一方面是解决项目进度的问题，另一方面则可以充分利用不同

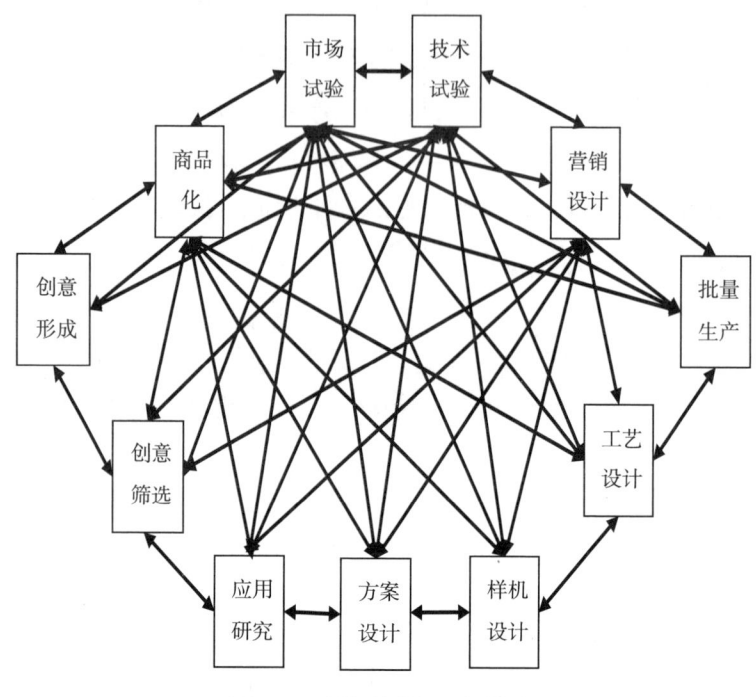

图 5-2 创新的并行组织模式

专业(职能部门)的业务优势。因此,矩阵组织模式在创新型企业中被广泛地采用(见图 5-3)。

矩阵组织模式中由不同职能部门的专业人员组成一个创新小组。创新小组由项目经理领导,项目经理负责创新的全过程管理,并有足够权限获取必要的人、财、物等资源。创新小组成员具备高度协作的团队精神,其在具体的创新项目中接受项目经理的领导,同时在业务上由其所在的职能部门进行专业指导。但是,对于那些长期在小组制工作的创新人员,可能会影响其在专业上对新知识的获取能力,从长远看可能会导致企业创新的后劲不足。

例如,2010 年年底,张小龙向马化腾建议腾讯要做移动社交软件。张小龙认为,彼时国内外刚刚兴起的移动语言聊天产品,威胁的不仅是依靠短信获利的电信运营商,也包括借助手机 QQ 维持移动社交市场领先的腾

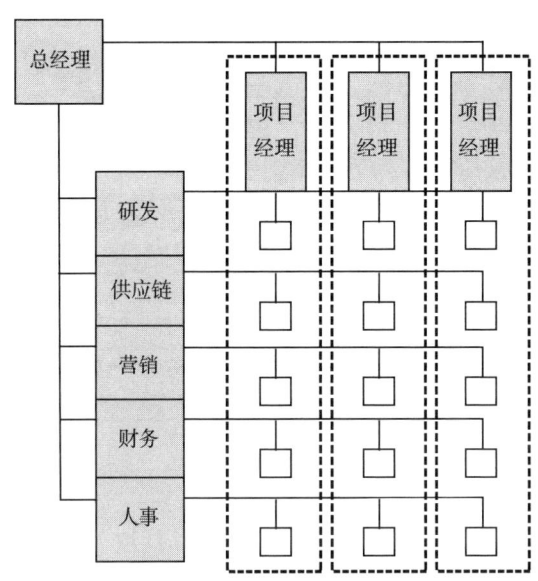

图 5-3　创新的矩阵组织模式

讯。马化腾很快回复邮件，赞同张小龙的想法，并且让其带领腾讯 QQ 邮箱开发团队广州研究中心启动这一项目，开启了一个由非核心业务团队主导下的创新征程。实际上，当时腾讯内部有两个部门三个团队都在做类微信产品，另外两个是无线事业部的手机 QQ 团队和 Q 信团队，而无线事业部才是当时腾讯移动互联网主力。可以说，在人脉、资源、经验等方面，张小龙带领的广研团队并无优势。但是张小龙团队敢于挑战权威，打破禁锢。最后也是广研团队率先开发出"微信"产品，其产品设计思路和水平高出其他团队很多。微信（含"Wechat"）与美国的 Whats App、韩国的 Kakao talk、日本的 Line 并列为全球四大手机即时通信工具。[1]

（四）创新的二元组织模式

突破性创新往往要求"另辟蹊径"，要求宽松的内部环境，勇于探索、容忍失败的氛围，强烈的进取心，异质化的队伍，但是这些都与企业惯常

---

[1] 陈劲，郑刚．创新管理：赢得持续竞争优势［M］．3 版．北京：北京大学出版社，2016：72-76．

的组织和延续性的创新不相容。二元组织模式（见图5-4）是指在企业主流组织中运用渐进性创新来稳定发展，同时成立相对独立的突破性创新机构。企业内部此时存在两个创新组织：一个是从事渐进性创新的组织（主流创新组织），另一个是从事突破性创新的组织（突破性创新组织）。二元组织模式本质是处理渐进式创新和突破式创新之间的矛盾，强调在创新的组织结构和文化上，将两种创新进行隔离。

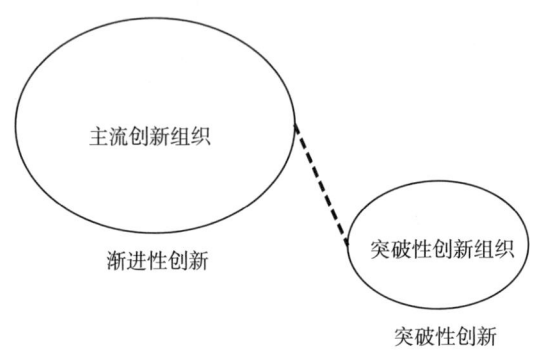

图5-4 创新的二元组织模式

对于从事突破性创新的组织，其常见的创新组织形式有以下三种：

（1）内创业。企业允许或鼓励员工在一定的时间内离开本岗位，从事自己感兴趣的创新活动，同时提供资金、设备、人员等资源支持。创新人员可以得到适当的奖励，同时创新风险由企业承担，创新收益也归企业所有。例如，3M公司鼓励员工利用20%工作时间从事其感兴趣的创新工作，员工可以自由组成创新团队，有价值的创新成果将在3M内部商业化。

（2）新事业发展部。企业对于重要创新专门组建新的独立机构。企业对新事业发展部投入大量的人、财和物等资源，同时赋予其很多决策权。新事业发展部往往只接受企业决策层领导，以确保其独立性。例如，有些企业内部单独成立创新研究院，专门从事未来有潜在价值的突破性技术研发，而这些技术通常独立于企业当前主流业务之外。

（3）虚拟创新组织。这是指企业之间为共同获得某一市场优势形成的临时性动态联盟。联盟成员具有互补的资源和核心能力，依靠信息手段以最快捷的速度组成，共担创新风险，共享创新利益。如果市场机遇消失或既定的创新目标已经实现，创新联盟也就随之瓦解。虚拟创新组织可以由企业内部人员组成，也可以包括企业外部人员。

二元组织模式强调组织文化的隔离：主流组织倾向于渐进发展的文化价值取向；而突破性创新组织则不受主流组织影响，形成锐意进取、鼓励创新、容忍失败的创新文化。突破性创新组织的工作流程可能与主流组织完全不同，实行"一企两制"，但是更加灵活，也更有弹性，不受过多干涉，有助于企业更好地开展突破性创新活动。

例如，2015年，海康威视开始拓展业务线，建立内部创新跟投制度，拟定了《核心员工跟投创新业务管理办法》，其中海康威视和核心员工（管理者和技术人员）以6∶4的股权，通过强制跟投A计划和自愿跟投B计划的两种灵活跟投方法，构建事业合伙人机制，鼓励内部员工创新创业。基于此，海康威视先后发展出萤石网络、海康机器人、海康微影、海康汽车电子、海康存储、海康消防、海康睿影、海康慧影等创新业务。为了使创新业务不受主营业务多年来形成的既有管理模式和文化的影响，很多创新业务在启动伊始都刻意搬离海康威视总部大楼。例如，萤石网络、海康机器人等均在数公里外的兴耀科技园，而存储业务则是在数十公里外的富阳。2022年，杭州萤石网络股份有限公司成功登录科创板，成为海康威视首个孵化成功的独立创新业务。❶

二、企业知识产权管理组织形式

企业知识产权管理组织形式与创新组织形式密切相关。企业知识产权管理组织架构主要包括三种模式：分散型、集中型和综合型。❷

---

❶ 陈劲，郑刚，蒋石梅. 创新者的逆袭2：商学院的十八堂案例课［M］. 北京：北京大学出版社，2020：123-130.

❷ 袁建中. 企业知识产权管理理论与实务［M］. 北京：知识产权出版社，2011：52-53.

(一) 分散型知识产权管理架构

企业知识产权管理机构不是独立设置,而是隶属于某个部门。

分散型知识产权管理组织架构进一步包括以下两种情况:

一种是知识产权管理机构隶属于研发部门,其优点是知识产权工作与研发技术联系紧密,较易了解专业技术及其动向;缺点是难以对企业整体的知识产权活动进行管理,重要的知识产权信息不易直接上报给管理层。

另一种是知识产权管理机构隶属于行政部门(如法务部或行政部等),其优点是有利于在对外业务合同订立、侵权应对、法律诉讼及有关业务中进行法律专业指导;缺点是不易掌握研发动向,受行政管理思想影响较大,难以对企业整体的知识产权活动进行管理。这种架构适用于规模小、技术含量高、机构精简的小型企业。

(二) 集中型知识产权管理架构

集中型知识产权管理架构中,知识产权管理机构直属于管理层(如董事会、知识产权委员会等),统一管理所有知识产权业务。其优点是较易掌握企业的决策动向,较易推动相关制度实施;缺点是难以掌握企业的研发技术动向,较易与研发活动脱节,跨多部门协调和实施较困难。这种架构适用于产业单一、规模不大的中型企业。

(三) 综合型知识产权管理架构

综合型知识产权管理架构采取矩阵式架构,实现集中与分散相结合。知识产权管理机构由直属于管理层的知识产权总部以及各事业部或子公司下属知识产权部门构成。管理层定期与知识产权总部进行沟通,对重大知识产权事项进行决策。知识产权总部进一步按照业务领域,下设专利、商标、情报等子部门,分别负责与各事业部或子公司下属知识产权部门进行业务对接。

综合型知识产权管理架构进一步包括以下两种情况:

一种是"中央集权+地方执行"模式,各事业部或子公司下属知识产权部门完全向知识产权总部负责并接受其指挥和监督,这是美国 IBM 公司等跨国企业经常采用的知识产权管理模式。

另一种是"中央协调+地方分权"模式，各事业部或子公司下属知识产权部门对其自身知识产权工作负责，知识产权总部主要发挥沟通协调的作用，这是美国通用汽车等大型企业采取的知识产权管理模式。这种架构适用于产业发展多元化且具有一定规模的大型企业。

很多企业也是在创新组织架构基础上，建立知识产权组织架构。例如，在创新管理方面，某企业创新中心主要负责创新日常管理工作具体实施，是企业创新工作的主要管理机构。产品中心负责开发并管理产品需求。研发中心负责设计开发新产品并制定相关技术标准。试制中心负责新产品的试生产和试运行，制定工艺和检验技术规范等。销售中心负责市场策划、产品推广、销售渠道拓展、销售合同签订等。供应链负责供应商合同订立、原材料采购、发货管理、市场送样、产品试用、技术支持等。在知识产权管理方面，知识产权中心主要负责知识产权日常管理工作具体实施，是企业知识产权工作的主要管理机构。研发中心和试制中心是知识产权创造的主要源泉，主要负责在创新过程中持续开展知识产权检索分析，评估现有技术发展态势，规避相关侵权风险；对于创新成果开展知识产权检索、评估和商业秘密保护等。供应链主要负责采购和外协合同知识产权条款审查、供应商知识产权风险监控等。销售中心主要负责新产品上市前开展知识产权风险分析，跟踪监视被侵权情况并收集初步证据，营销过程中商业秘密保护等。财务、人事、行政、法务等支撑部门则主要负责为创新与知识产权管理活动提供相应的人、财、物和法律等保障。

第二节 企业创新与知识产权管理组织构建

一、企业创新与知识产权管理组织构建原则

企业创新与知识产权管理有其自身的特殊性。企业创新与知识产权管理工作涉及范围广泛，在管理流程上，涉及企业日常经营各业务环节；在

创新类型上，涉及产品创新、工艺创新、商业模式创新等；在知识产权保护内容上，涉及专利权、商标权、著作权、商业秘密等各方面内容；在人员范围上，涉及企业全体员工。因此，企业应根据实际需要，科学建立创新与知识产权管理组织架构，合理划分创新与知识产权管理层级，明确各层级创新与知识产权管理职责和分工，才能确保创新与知识产权工作统一管理、统筹协调和有序推进。

不同企业，由于其行业、地域、规模、职能设置、隶属关系以及所处发展阶段等不同，其创新与知识产权管理组织形式也不同。企业创新与知识产权管理组织形式要适应企业自身现实情况和未来发展的需要，进行及时的动态调整。例如，对于创新的三种组织形式，在市场压力大、需要快速创新时，可考虑实行强矩阵管理，此时项目经理的权限要大于职能经理的权限。在企业面临的竞争压力不大，处于较为平稳的发展时期，可考虑实行弱矩阵管理，此时职能经理的权限大于项目经理的权限。在企业需要转换创新赛道，进入一个全新的业务领域时，二元组织形式更有利于加快创新速度，提高创新成功率。

随着信息通信和网络技术的发展，创新各个环节得以在共享的信息平台上及时、并行交流工作信息，随之而来的是创新工作可以不再局限于组织内部，而是可以跨越组织界限，在更大范围整合和利用创新资源。主要表现在：企业组织结构趋于扁平化；学习成为企业创新的关键能力；知识共享成为提高创新绩效的重要途径；用户参与度逐渐增加；社区化成为企业创新组织结构的新趋势。创新的企业网络和市场网络的界限正变得日渐模糊。在此背景下，企业要进一步改革组织架构，向无边界、扁平、社区化的组织进行过渡，以更有效选择日益丰富的创新资源，提高创新效率，从而获得持续竞争优势。

根据企业的创新政策，企业应建立一个适当的创新与知识产权管理组织架构。在资源和预算框架内，确定各层级机构的使命和任务，确定各自职能、权限和层级报告关系（包括各职能部门互动关系），确保将创新管理与知识产权管理职能集成到企业的战略部署中。

二、企业创新与知识产权管理职能分工

企业创新与知识产权工作需要"自上而下"推动,"自下而上"实施。其组织架构一般包括决策级、职能级和员工级等三个层级。

(一)企业决策级创新与知识产权管理职责及分工

企业创新与知识产权管理需要企业决策层高度重视。决策层是企业创新与知识产权的决策机构,包括最高管理者和创新与知识产权决策机构组成。决策层主要负责制定企业的创新与知识产权战略、规划、方针和目标,明确各部门创新与知识产权管理的职责、权限和考核机制,对创新与知识产权重大事务进行决策,并为创新与知识产权工作配备各项必要的资源等。

企业最高管理者是创新与知识产权工作第一责任人。最高管理者应通过以下方式表明其在创新与知识产权方面的领导力和承诺:建立创新愿景、战略、方针和目标以及知识产权方针、目标,并使其与企业的内外部环境和战略导向相协调一致;营造支持创新与知识产权活动的文化;将创新活动集成到企业现有组织结构和业务流程,并将知识产权管理活动融入创新过程;支持各级管理人员和其他相关管理角色,展示其在创新方面建立起适用于其职责范围的领导力和承诺,理解企业内沟通的重要性;提供创新与知识产权管理所需的组织结构、资源和流程等保障;参与、指导并支持员工为创新与知识产权管理的实施作出贡献;对创新活动的良好实践、参与创新以及从成功和失败中学习等做法进行鼓励进行和认可;有计划地开展定期绩效考核和持续改进,确保创新与知识产权管理达到预期效果。

企业创新决策机构负责处理创新重大事项决策。常见方式是组建新产品开发委员会。新产品开发委员会作为临时性或常设性机构,一般由企业决策层以及研发、营销、财务、品牌等职能部门代表组成,并明确责任、权力、决策权限,以避免各职能部门相互推诿责任或责权界限模糊,以激励各职能部门的有效交互作用和沟通合作。新产品开发委员会负责创新全过程管理,在必要时召开会议讨论企业创新的重大决策,在会后由一名专职负责人督办、协调会议各项决议的执行情况。这种方式有利于企业集中

创新关键人员的想法和专长，使创新方案更易被企业高层和各职能部门所接受；有利于将企业创新的调研、咨询过程与决策过程高度融合；有利于协调企业创新活动与常规经营之间资源配置矛盾，协调创新过程中各职能部门之间矛盾。

随着商业领域多极化的竞争与发展，越来越多的企业开始将创新作为企业持续发展的动力和竞争优势。首席创新官（Chief Innovation Officer, CInO）是负责公司和组织的创新策略、创新流程和创新工具的主管领导。首席创新官一般有以下七项重要职责[1]：

（1）支持最佳实践。发掘及标准化新想法和洞见的市场研究方法、战略创新、促进开放式创新，引入鼓励创造性思维的团队工具和流程。

（2）开发技能。对公司人员进行培训，使其掌握所需技能；制定和实施相关方案，跟进创新活动以及掌握创新所需技能。

（3）支持业务部门开发新产品和服务项目。为公司最重要的创新团队当好参谋和助手，鼓舞他们不断创新。培训其他部门经理来支持业务部门的创新活动。

（4）确定新的市场空间。对市场现状及发展趋势进行分析，寻找新市场机会。如果在某些情况下，新市场不在当前公司的业务范围内，就要从企业全局出发，考虑新市场开发。

（5）帮助开发创意。建立和运行产生创意的平台，如即兴构想会、编程马拉松，以及为公司利益考虑，实施内部或外部众包等。

（6）支配种子资金。分配年度预算，为"无路可去的创意"提供资金。这些创意本来是不可能得到资金支持的，因其对业务部门来说不是风险过大，就是超出了现有业务范围。企业因此就为扶植和保护新创意提供了孵化基地。

（7）为有前途的项目设计保护方案。通过制定资源分配流程，如投资组合、门径管理、资本支出和预算，使可能遭受破坏的创新项目得到保护，

---

[1] 亚历桑德罗·迪菲瑞欧. 首席创新官应该做好的7件事［J］. 哈佛商业评论，2019（12）：15-18.

得以从种子阶段向市场发展，以免被眼界狭窄的经理摒弃。

(二) 企业职能级创新与知识产权管理职责及分工

企业根据创新与知识产权战略、规划、方针和目标，合理确定各职能部门的知识产权管理职责和权限，各部门负责在本部门职能范围内开展创新工作。这种方式有利于企业内部各职能部门之间分工协作，共同落实企业创新与知识产权战略、规划、方针和目标。

这种创新的组织方式在集团公司的组织形态下较为常见。通常，在集团层面，设置有集团技术战略专家委员会、集团技术中心和集团知识产权中心。其中，集团技术战略专家委员会，通过内外部资源的整合，对重大技术方向进行战略把控，为重大技术战略项目提供技术战略决策建议。集团技术中心承担集团技术战略、技术寻源、技术人才、战略合作、技术标准、产业孵化、知识管理等管理和服务职能，其技术研发聚焦在基础技术和核心技术领域，引领和支撑集团重大事业的发展和业务升级。集团知识产权中心承担知识产权管理和服务职能。同时，各事业部分别拥有自己的技术研发和产品开发中心，聚焦于中短期技术研发和产品开发，充分支撑产品的持续创新。通过集团和事业部两个层面协同推进创新工作，可以将中长期前瞻性基础研究、核心技术研究与短期市场需求相结合，既探索未来技术的发展趋势，防范颠覆性技术替代风险；又满足客户当前需求，确保推出客户满意、实现盈利的产品，为集团实现长期可持续创新提供坚实保障。

(三) 企业员工级创新与知识产权管理职责及分工

企业创新与知识产权工作贯穿日常业务。企业创新与知识产权工作要实现全业务、全流程、全方位的覆盖，需要全员参与、协调配合，充分发挥每一位员工的积极性和创造性，把每一项工作做细、做实，使创新与知识产权保护成为企业文化的重要组成部分，并最终达到"以知识产权促进创新、以知识产权保护创新"的目的。

企业创新与知识产权管理职责可由企业内部或外部的个人或团队承担，具体包括两种方式：一是由现有角色承担，例如企业管理层或与特定职能、部门或产品相关的角色或岗位。二是由专设角色承担，可以专注于一般创新与知识产权管理活动，也可以专注于特定的创新与知识产权管理活动。

企业根据企业规模、所处行业、创新活动的类型及其特点等因素，合理配置创新人员。以创新项目为例，创新项目的人员与团队构成是创新项目成功的重要保障。创新项目的人员组成一般包括两种角色：一是创新项目负责人即项目经理；二是创新项目团队成员，包括项目发起人、系统分析师、专家顾问、一般技术人员（包括研发、供应链、市场营销、运营交付、技术服务、人事、财务等专业人才）。其中，项目经理作为创新项目负责人，对于创新项目的成败具有举足轻重的作用。其通常负责创新项目全过程管理，包括创新项目的立项与目标制定、资源协调与人员协同、领导团队实施创新项目等。其他项目成员在项目经理领导下在各自专业范围内开展创新工作。

企业根据创新活动的类型和特点、知识产权类型及其特点等因素，合理配置知识产权工作人员。知识产权工作人员一般包括以下角色：

（1）知识产权委员会，负责监控企业当前的产品线和扩展计划，优化知识产权保护，进而服务企业知识产权战略，确定是否有必要获取特定知识产权，是否需要在知识产权组合中维护特定的知识产权。知识产权委员会一般由研发、营销、财务、品牌等部门负责人组成。

（2）知识产权部门负责人，负责制定企业知识产权策略、政策，统筹本部门工作，建立创新与知识产权管理相适宜的活动和相关支持措施，并协调本部门与其他部门的关系；及时识别知识产权风险和机会，并向相关方（如董事会、股东、企业的其他职能部门）报告。

（3）知识产权工程师，负责围绕创新活动和业务领域，定期监测相关技术领域知识产权状况，为创新提供参考，并避免潜在侵权；制定创新成果的知识产权保护方案，如保护方式、时机、地域等；监测市场相关地域知识产权法律和监管要求的变化；与其他部门（如市场、法务等）共同处理潜在侵权、知识产权利用、合作方知识产权管理等。

（4）流程事务人员，负责企业知识产权资产全生命周期管理，完成申请、注册、维护、利用等各项知识产权流程工作；建立并维护知识产权资产台账，确保必要时企业内部和外部人员对台账的受控访问。

（5）内部或外部专家顾问，负责为企业知识产权重大决策事项提供咨询意见。

各部门和岗位之间有效沟通是企业创新与知识产权工作顺利开展的重要基础。沟通顺畅，有利于减少信息和理解屏障，提高管理效率，确保知识产权管理流程更高效。内部沟通渠道和形式多种多样，包括会议、通知、电子邮件、调查、讨论、建议及其他非正式沟通渠道等。

企业可将创新与知识产权纳入各部门和岗位绩效考核。根据企业绩效考核整体框架，依据"谁贡献，谁加分；谁出事，谁减分"原则，并按照各部门具体职责和工作现状，适度调整各部门创新与知识产权考核指标的权重，从而构建更加科学、合理的绩效考核评价体系。

第三节 案 例

【案例一】宝洁公司创新组织架构的演变*

美国宝洁（P&G）公司创于1837年，目前已成为全球日用消费品公司巨头。宝洁一直强调创新，但其创新模式随着环境发展而变化。

1950—1980年，宝洁采用中央实验室的中心化创新模式。创意由中央实验室集中产生，然后传播到全球的子公司再应用。随着全球化进程的推进和信息技术的发展，宝洁的研发模式也开始去中心化。1980—2000年，宝洁的研发模式从单一的中央实验室，转变为全球化的整合创新模式，分布在世界各地的研发单元通过互联网紧密相连，为满足全球消费者的需求而服务。无论是中央实验室的中心化创新模式，还是全球化的整合创新模式，都依赖宝洁自身的研发力量。这种只有大企业才能负担的高成本创新

---

* 陈劲，郑刚. 创新管理：赢得持续竞争优势 [M]. 3 版. 北京：北京大学出版社，2016：255.

让宝洁获得了成功。1998年,宝洁全球销售额超过350亿美元,其引以为豪的创新之举,更是不胜枚举。

然而,面对瞬息万变的市场、残酷激烈的竞争和全球化的趋势,宝洁内部创新的效果及效率已无法满足其发展的需求。20世纪90年代,宝洁陷入停滞状态,创新产品很少。宝洁过多强调内部竞争,导致对外部创意一贯闭门拒之。研究人员被分成一个个小组,为研发甚至为获得公司领导关注而相互竞争。然而过度竞争造成的却是无效。宝洁内部大量的研发成果,因为没有配套的战略规划反而成了负担。来自同行业的威胁,也让宝洁行业老大的地位一点点被蚕食。展现在公众面前的是一家墨守成规、内向型的公司,宝洁那些身着西装领带的高管人员甚至被冠以"宝洁偏执狂"的绰号。宝洁坚持的"自建、自研、自有"的研发模式不仅耗资靡费,而且导致了组织臃肿、协调不力。

21世纪初,宝洁意识到,单靠内部员工迸发创意的旧模式不管用了。现在公司急于从外部寻求创意,研发应改为"联发",即与公司内外的科学家联手开发创意。

于是,宝洁任命大约80名研发人员为"技术侦查员"或"技术企业家"。他们负责搜索新的机会,借助复杂的搜索工具查看上亿网页、全球专利数据库和科学文献,寻找或许对公司有利的重大技术突破。宝洁还与其他企业、机构开展合作创新。宝洁加入三个科学家网络:NineSigma.com将50多万名研究人员联结在一起;InnoCentive.com联结了7万名科学家,并为技术问题提供解决方案。宝洁还与礼来公司一起创办YourEncore.com,联结已经退休的科学家为宝洁提供咨询。另外,宝洁还重新定义了与供应商之间的关系,建立"关键供应商伙伴"机制,之前单纯给合同,现在与供应商合作,供应商更像是宝洁实验室的延伸。此外,宝洁还将专利授权以获得额外的收入。

宝洁认为,"联发"理念已彻底改变了公司的创新过程,带来了一些新产品,包括佳洁士净白牙贴、玉兰油在内的数个护肤产品等。各种内部和外部的创新活动,将宝洁与世界联系起来。虽然宝洁每年研发投入占销售额的占比有所下降，但是营业收入增加了，这也使宝洁从每年研发投入中获得的收益越来越多。

【案例二】 海尔基于互联网思维的创新生态*

互联网时代的到来颠覆了传统的经济发展模式，为企业带来新的挑战和机遇。"企业平台化、员工创客化、用户个性化"的"三化战略"是海尔进入网络化战略时期后的探索。海尔坚持网络化的发展战略，开拓创新，持续推进"人单合一"双赢模式，对内打造用户需求驱动的投资驱动创业平台，对外构筑并联的HOPE开放式创新生态圈。

（一）海尔开放式创新生态圈

海尔开放式创新的基本理念是"世界就是我们的研发中心"，其本质是打破了原来单向的研发模式，实现全球用户、创客和创新资源的零距离交互、持续创新。为建立全球资源和创新生态系统，海尔在全球建成了美国、欧洲、日本、澳大利亚、中国5大研发中心，每个研发中心都延伸出众多触角，形成遍布全球的创新资源网络。2013年10月，海尔HOPE平台正式上线。HOPE平台是海尔集团与全球伙伴开放式创新合作、交互创新需求、寻求优秀解决方案的平台，通过与全球伙伴知识共享、资源共享，打造全球创新交互的社区。HOPE平台使用大数据、深度学习等智能技术，大大提升了资源配置效率。目前，HOPE平台已经发展成为中国最大的开放式创新平台，也是亚洲最大的资源配置平台。很多全球顶尖的研究机构如MIT、斯坦福、弗莱恩霍夫协会，创新公司如陶氏、3M、巴斯夫，还有数量众多的创业公司、创客都在平台上面进行交互，通过用户需求和全球资源的匹配，确保海尔越来越快、越来越多地持续推出行业领先、颠覆体验的创新产品。

通过HOPE平台的开放式创新成功研发的"干湿分离技术"是一个典

---

* 陈劲，郑刚，蒋石梅. 创新者的逆袭2：商学院的十八堂案例课［M］. 北京：北京大学出版社，2020：145-151.

型的成功案例。2013年，在接到一个上班族关于冰箱在果蔬保鲜方面很难达到理想效果的抱怨后，海尔冰箱研发部门在HOPE平台上发布了可以"让菠菜保鲜7天"的技术需求。平台使用标签自动匹配和大数据技术，检测到平台上有符合该技术需求的方案，然后找到了5家做相关技术研发的资源方，进行分析选取了3家，并将其反馈给冰箱研发部门。针对这3家资源方，海尔开放创新平台通过组织技术评估，邀请5位专家以及冰箱研发部门的员工，通过技术评估确定最终可以合作的资源方。研发部门在与高湿保鲜技术研发资源方达成合作协议后，HOPE平台安排线下服务团队跟进高湿保鲜技术的研发，进行中期研发评估和审核。2014年，海尔成功发布可以"让菠菜保鲜7天"的干湿分离技术，突破了当时行业最高水平，并申请了国家专利。

全球联动的研发资源和全开放、全透明的开放式创新平台HOPE也"倒逼"海尔形成了"全流程并联交互创新生态圈"，具备以下特点：

（1）并联。传统制造企业的流程是串联的，战略部首先确定要做什么事情，然后依次历经研发、制造、销售等环节，大部分环节都没有直接接触市场。把串联改为并联后，所有资源都在组织中进行并联开发，所有环节都被用户交互"照亮"，都能"听得到炮火"。如此一来，无论做产品、营销还是研发，都有了更强的市场意识，对市场形成共识能够促进沟通，提高产品的可持续创新性。

（2）用户与交互。在工业时代，顾客被动接受厂商所生产的产品，企业通过广告等营销方式影响顾客购买意愿。而互联网时代的并联交互生态圈从"企业驱动"转变为"用户驱动"，旨在创造全流程用户最佳体验，不仅包括从设计到售后的过程，还包括将产品的不满意转化、迭代到下一代产品中，周而复始不断升级的过程。

（3）开放与合作。过去企业内外部边界非常清楚，但对于生态圈而言，谁能满足用户需求、为用户创造价值，谁就可以进来。例如，海尔与陶氏化学公司、英国利兹大学等共建专利池，共同纳入的专利数量达到100件以上，联合运营获取专利授权收入。再如，一些模块商参与前端设计，享有优先供货权或分享超额利润。与传统模式相比，新产品开发时间缩短70%，整体研发效率提高30%。

在伙伴接入方面，海尔通过搭建持续的用户交互平台，聚集大量用户资源，吸引各种资源方进入。这些资源一方面为整个生态圈提供资源，另一方面在这一平台上实现了创业。例如，"社区洗"小微是海尔创业平台上孵化出来的创业小微，目前主要为大学生提供智慧洗衣解决方案，学生可以通过海尔洗衣App查询和筛选最近的空闲洗衣机，用手机预约并支付。洗涤结束或出现故障后，系统会发送短信至用户手机提醒，省去了学生排队等候、找零等麻烦，解决了高校洗衣体验差的痛点。这一创新解决方案让曾经的竞争对手主动找上门并变成合作伙伴。同时，"社区洗"搭建的智能洗衣平台上聚集的资源方也纷纷前来合作。例如，宝洁希望合作开发适合高校的商用洗衣配方；移动、联通等希望在"海尔洗衣"App进行手机号码、通信套餐、合约机的推广；分众传媒希望在洗衣机上方放置电子显示屏等。

（二）海尔创客孵化平台

海尔创客孵化平台的愿景是，促使创意/资源自主漏出，采用众包模式将有效的创意/资源筛选出来，利用众创模式转化为有用户基础的可孵化项目，随之通过众投支持设立新兴小微公司，再通过众筹逐渐扩大业务，成为成熟小微公司，最终走向众利模式的自运转生态圈。

为了实现这一设想，海尔专门搭建了创客孵化平台，为创客提供多方面支持。该平台主要包括五大服务内容。一是创业教育平台，即创建海尔创客学院，与北京大学、清华大学、山东大学、麻省理工学院等一流院校共同发起创客训练营、创新创业联盟，用于创客培训。二是创客实验平台，即开放加工实验资源，建立集研发设计、检验、技术优化、产品中试等于一体的开放式创客工厂，为创业者提供中试生产线、3D打印设备及各种研发资源服务。三是融资融商平台，即设立创客基金和创业种子基金，为创新创业提供资金保障和投融资咨询服务；建立线上线下的众筹、众包服务。四是孵化加速平台，即配置孵化服务和创业导师人才队伍，提供从创业培训到企业注册、人员招聘、财务管理、市场拓展等全流程、一站式服务。五是资源对接平台（海创汇），即帮助创业项目与政府园区、加工制造、销售渠道、VC 投资等其他所需资源进行互动沟通。

现在的海尔只有"平台主"、"小微主"和"创客"三类人。原各事业部、各产品线负责人，均转型为各自产品线的平台主，任务是给生态圈"浇水施肥"，为各自的平台催生出更多小微公司。小微主即一个独立核算的创业团队，拥有集团让渡的"三权"——经营权、用人权、分配权，海尔根据创业项目的特点采取不同的孵化和投资模式。小微公司则以实现用户最佳体验为主要目标，关注平台生态圈中的利益相关方，员工由"在册"拓展到"在线"，组成创业团队，完成从企业投资到风投孵化的转变。因此，只要在海尔生态圈里、利用海尔提供的创新机会的人都可以算海尔"创客"。

在海尔孵化的众多小微中，雷神一直作为内部样本。项目发起人李宁原本是海尔笔记本"利共体"的电商渠道总监。2013 年 7 月，李宁在京东商城偶得的一组数据中发现，当 PC、笔记本电脑销量都在下滑时，游戏本销量却逐月上升，且游戏本领域也尚未出现占据垄断地位的品牌。李宁拉上对整个上游环境很熟悉的李艳兵、善于与用户沟通的李欣，三人作战小团队迅速形成，目标是"打造一款明星级产品"。他们在电商网站中收集了关于各类型游戏本的 3 万余条差评，最后将差评结果归纳为散热慢、易死机、蓝屏等 13 条问题。"这就是我们的突破口，用户抱怨就是做好产品的最大机会。"在整个项目中，从品牌名字、产品配置甚至定价都是和粉丝交互出来的。2013 年 12 月，仅用 5 个月时间，一款全新游戏本品牌"雷神"就横空出世。随后，雷神在多个渠道销量领先，成为互联网游戏笔记本第一品牌。雷神将上游生产交给优质的笔记本代工厂商，物流、售后等下游则共享海尔平台，但雷神拥有自主的财务权、用人权、决策权。雷神的例子表明，海尔有能力利用创客平台打造一款行业爆品，达到一定的市场规模，并通过持续与用户互动、不断推出迭代创新的产品和服务。

第六章 企业创新与知识产权管理文化建设

第一节 企业创新与知识产权文化建设意义

经济学家约瑟夫·熊彼特认为,创新的动力来自企业家精神。企业家精神的核心是"创新",这也是企业家不同于资本家的最显著特征。他强调,"企业家创新精神的突出特征就是从事新的事业或者以新的方式从事已经完成的事业"。这表现在企业家通常能够发现商业机会,通过对有限资源的利用与整合,寻找合适的商业模式实现利润回报与企业竞争力的提升。企业家精神进一步体现在企业家敢于冒险,追求成功,吃苦耐劳的事业进取心,对于创新的锲而不舍的精神,并有能力通过引入新产品,改进新工艺,提升产品的新功能与新质量,创造新的市场,开辟新的商业模式,帮助企业持续提升竞争优势。

企业创新能否取得成功,创新文化扮演着关键的角色。与信息、资金与组织结构相比,创新文化被称为"创新硬币的另一面"。创新文化是企业整体文化的组成部分。创新文化深刻影响着创新活动的质量和效率。如果没有好的创新文化,企业在创新过程中就会出现一些莫名其妙、看似荒唐却是不可挽回的严重失误。

企业创新需要各种类型的创新人才。创新人才是具有创新意识、创新精神、创新思维、创新能力并能够取得创新成果的人才。挑选出具有创新意识和创新能力的创新人才是组成一个创新团队的先决条件。不同类型的创新人才能够在一个创新团队中分工协作，创新文化发挥了不可替代的作用。例如，很多企业的研发领导人没有技术背景，但是依然可以卓有成效地领导企业进行创新，其中一个重要原因就是他们能够为企业塑造一种优秀的创新文化。

创新文化包括价值观、制度体系、行为规范、实物载体四个维度。❶

（1）价值观。价值观是文化的根本特征。创新文化以企业家精神为核心，追求超前、开拓、变革、卓越的文化。创新文化决定着创新的价值导向，创新的规模、水平、重点及方式往往由其价值导向决定。例如，索尼公司一直以"技术领先"为其创新文化的根本导向，技术创新十分活跃；3M公司以"新产品/新业务收入占销售收入的比重"作为企业经营的主要目标，成为全球最佳创新公司之一。

（2）制度体系。创新文化得以运行，必须有一定的制度体系为基础。与创新相关的制度包括创新项目管理制度、企业内部沟通制度、人力资源管理制度等。创新型企业往往实行多等级的职业生涯制度。例如，微软公司将员工分为15个等级，每年根据等级确定员工薪水。

（3）行为规范。行为规范是创新文化的基本特征与具体表现。这表现为企业家和企业员工对创新的高度重视、理解创新、参与创新与重视创新，容忍失败，尊重多元文化（国籍、所在地区和家庭等）等。

（4）实物载体。实物载体是创新文化的客观标志，具有明显的指导与示范效果。例如，许多创新型公司都非常鼓励建立个性化办公室，设立明显的最佳创新员工标志，建设企业创新产品的展示场地并面向企业内外的人员开放，以建立企业员工对本企业创新产品的荣誉感。

企业创新与知识产权文化应在保持统一协调的基础上，适当增加个性、宽容失败的内涵。创新与知识产权文化通常具备以下特点：

（1）勇于创新，敢为人先。创新是一个高风险行为，它会对原来的系统带来破坏，可能会带来不稳定因素。要让创新发生，必须鼓励员工去打

---

❶ 陈劲，郑刚. 创新管理：赢得持续竞争优势 [M]. 3版. 北京：北京大学出版社，2016：115.

破现状，并尝试提出更好的解决方法。只有敢于打破陈规、标新立异，才能获得真知灼见。相反，因循守旧、墨守成规都与创新无缘，无法激发创新人才的工作斗志。但鼓励冒险并不是鼓励盲目的冲动。创新应当是一种基于理性的冒险行为，这就需要企业建立一套有效的创新绩效评价机制，鼓励合理、适度的冒险。

（2）容忍创新的"健康失败"。所谓"健康失败"是指那些付出了真诚努力的失败。创新的历程从来不是一帆风顺的，创新充满着失败、失误。创新失败后可能面临的巨大压力，使很多员工不愿意开始一项创新，从而无形中扼杀了很多创新的可能性。在一个"动辄得咎"的环境里，不能想象创新的成功。而容忍失败的文化，有利于创新人才缓解创新失败后造成的紧张感、负罪感。有些企业甚至会奖励失败，只要企业认为这项创新的失败是合理的。例如，谷歌公司认为，失败是一种荣耀，失败是通往创新和成功之路，"你可以自豪地失败"。

（3）竞合的文化。竞争与合作是矛盾的统一体。没有竞争，创新就失去了一个重要的原动力。同样，没有合作，创新又会走入机械和僵化的末路。唯有形成竞争中的合作与合作中的竞争，创新才能保持强大的生机与活力。竞合文化需要企业树立竞争意识，不断创新；也需要企业打破部门壁垒，同时加强外部沟通协作，提高创新效率。

（4）尊重知识产权。尊重知识产权是竞合文化的一种表现形式。这一方面体现在企业要对自己的创新成果用适当的知识产权类型进行保护，同时对创新成果与知识产权有贡献的员工进行奖励；另一方面体现在企业尊重他人知识产权，避免侵犯他人知识产权。例如，与合作伙伴协商合理分配知识产权，避免不当获取他人商业秘密等。

第二节　企业创新与知识产权文化建设重点

创新与知识产权文化既具有企业文化的共有特性，又有其独特性和自身要求。创新本质上是一种集体创造，核心是沟通和开放。沟通意味着内部存在频繁、非正式、流畅和建设性的交流。开放可以使企业员工最大限度地发挥各自创造力,并分享他人的创造力,共同实现企业目标。知识产权文化是创新文化的一部分。知识产权文化的核心是如何实现以知识产权保护创新,以知识产权促进创新。因此,创新与知识产权文化建设,不但需要企业提升全体员工的创新与知识产权意识,还需要企业建立有利于创新与知识产权的工作环境。

一、企业员工创新与知识产权意识培养

在激烈的市场竞争中,企业创新不再是某个部门或员工的事,而是从高层到基层所有部门的员工广泛参与和支持的创新。创新范围也不再局限于研发人员所从事的新产品开发、工艺创新等的技术创新,还包括流程和制度改进、组织结构改善、新战略制定等非技术创新在内的广泛内容。每个员工都可以发挥个人创造力,在从创意到实现的整个创新过程中,发挥自己的作用,为提升企业创新绩效作出贡献。

创新与知识产权意识的培养,不是一朝一夕之功,需要企业长期不懈坚持,既要"硬"的支持,例如制度、流程、工具等;也需要"软"的支持,例如激励等。企业应建立企业创新与知识产权战略、方针和过程,建立各种支持创新与知识产权的管理制度。企业可以通过普及宣传、教育培训、案例分析等方式,确保员工理解创新与知识产权管理对企业的重要性,理解企业创新与知识产权战略、方针和过程,员工如何在日常工作中满足创新与知识产权管理的特定要求,以及员工不符合创新与知识产权管理要求的行为产生的影响和后果等。

企业创新与知识产权意识培养的终极目标是建立全员创新、全员知识产权保护的理念。与传统的创新与知识产权保护方式相比,全员创新、全员知识产权保护的理念具有以下特征❶:

(1) 从专家创新向人人创新的转化。只有研发人员参与的创新很难实

---

❶ 许庆瑞. 全面创新管理 [M]. 北京:科学出版社,2007:151-153.

现创新价值的最大化。以价值增加为目标的创新管理，必须发挥各类人员参与创新的积极性，增强全员创新意识和能力，才能适应全方位竞争的要求，提高创新的效益。只要有能力，人人都是专家，每一名员工都可以通过学习，提高创新能力，为组织发展作出贡献。

（2）从"要我创新"向"我要创新"的转化。创新主要依靠员工的自觉行动，而非外部强制力量。对员工而言，创新在很大程度上是一种得到企业认可、同事尊重并实现自我价值的行为。让员工以更大的自主权、独立性和责任感去完成创新任务，尝试在自己感兴趣的新领域进行创新，往往可以在更大程度上激发员工的创新潜力。

（3）从着眼于组织发展的创新向着眼于组织与员工发展相结合的创新转化。创新只有为员工与企业共同创造价值，将企业发展与员工个人发展相统一，才能使员工成为企业创新增值的主导者，使创新成为企业和员工一致认同的行为规则。全员创新将企业与个人发展相结合，将个人发展与企业发展紧密联系在一起，通过建立完善激励创新的文化和制度体系，鼓励员工不断战胜和超越自我，在企业发展的同时，实现自己的人生价值。

（4）从员工分散创新向全员协同创新转化。创新不但强调企业中每一个员工发挥创造力，更关注员工之间相互合作、优势互补、信息共享，实现协同创新效益。在充分调动员工创新积极性的基础上，企业应组建由不同领域、不同个人特质和不同背景的人员共同组成的创新项目小组、跨职能工作团队、网络化工作团队等，整合创新资源，在员工之间建立既竞争又合作的运行机制，提倡员工依赖集体力量进行创新，鼓励跨界融合，以加快创新成果的商品化。

（5）从局限于职务创新向与跨职务创新相结合的转化。跨职务创新是组织赋予一定权力，允许员工扩展自己的职务范围从事创新，这种创新既可以在不同任务之间进行，也可以在同一任务全过程中进行。因此，企业在设计创新的组织架构时，必须考虑职务与跨职务创新的结合，打破部门壁垒，减少企业创新的内部阻力，在最大范围内激活全员创新潜力，充分发挥每个员工的智慧，提高创新的成功率。

例如，自 1951 年开始，丰田汽车公司实施"动脑筋，提方案"的全员合理化提案活动，使丰田生产方式不断进化发展，也充分激发了每个员工的创新积极性和主动性。丰田的合理化提案每年都有几十万条，平均每人每年十多条。员工广泛参与创新，也让丰田汽车公司成为全球最成功的汽车制造商之一。

二、企业创新与知识产权工作环境建立

企业支持创新与知识产权的工作环境通常具有以下特征：开放、好奇和以用户为中心；鼓励反馈和建议；鼓励学习、实验、创造、改变和挑战当前的假设；鼓励冒险，从创新失败中吸取教训，并让员工参与其中；内部和外部的创新网络、协作和参与精神；对创新活动中不同的人员、不同的学科和不同观点的多样性、尊重和包容性；共享的创新价值观、信念和行为方式；平衡基于假设的和基于证据的分析和决策；平衡线性和非线性创新计划和流程。

企业可以通过以下措施建立有利于创新与知识产权的工作环境：

（1）鼓励各级管理人员表明其对知识产权管理的承诺。塑造创新文化的最好方法是企业各级管理者的率先垂范和团结一致，而不是期待创新人员的自觉。企业各级管理者应支持和认可创新者、创新行为、创新计划，并使用相关指标对创新文化的效果进行评估和改进。

（2）为创新与知识产权管理过程的有效和高效运作提供必要支持。企业高层管理者应倡导支持创新活动与知识产权保护的文化，鼓励员工适当参与创新与知识产权管理过程并给予反馈，同时提供基础设施、资源、资产、培训及工具等支持，使企业内面向创新的和面向运营的思维方式和行为方式共存，因为两者对于创新活动而言同等重要。对与企业价值观、信念和行为方式等不同的创新活动，企业应使其能够和谐共存和互相协作。

（3）授权员工在日常工作中作出确保适合管理创新与知识产权的决策。大量的事实证明，在新的想法未完全成熟和被证明有效之前，保持它的神秘性，不让批评者过早了解，能够激发创新。企业应适当允许创新人

才自由选择创新领域或保持一定程度的自由选择权。例如，3M 公司"不必询问、不必告知"原则，即允许技术人员可以把 15% 的时间花在自己选择的项目上。另外，还可以专门为创新人才量体裁衣，合理制定创新项目目标，并设计有别于普通员工的弹性工作制度，使他们的创新工作不必拘泥于时间和地点的限制。

（4）认可个人和/或工作组及团队在创新与知识产权管理方面的业绩，并予以激励。创造力的发挥源自员工对工作的兴趣和激情。企业可以通过激励来增强员工创新的动力，包括外部激励和内部激励。所谓的外部激励来源于员工个体的外部，诸如企业对员工创造活动的成功给予奖金、提拔等承诺，或对创造活动的失败采取惩罚性措施，如降职、辞退等，主要满足知识工作者的生理、安全等基本需求。这种激励方式可以激励员工努力实现某种目标，但对创造力缺乏激励效果甚至有负面影响。内部激励则来源于员工自身，也称"自我激励"，是员工个体发自内心创新的强烈愿望，它能激励员工基于自我价值实现、满足自己的好奇心和求知欲而进行自发的和非官方的创造性活动。

企业创新激励重点放在内部激励。例如，搭建一个创新人才能够施展其才华的优秀平台，使其能够参与企业战略规划制定、新产品开发等重大活动，相应地也获得部分资源的支配权；打破创新人才与管理层之间的等级障碍，开展平等、面对面的交流，增加彼此对共同目标的认识，相互信任和理解；积极营造学习的氛围，根据企业及其环境的发展变化，为创新人才提供学习交流和培训机会，确保他们能够及时更新知识，从而确保企业的创新能力能够长盛不衰。

例如，《海尔企业文化手册》中，明确规定了海尔的奖励制度❶：

（1）海尔奖：用于奖励各个岗位员工对企业所作出的突出贡献。

（2）海尔希望奖：用于奖励员工的小发明、小改革及合理化建议。

（3）命名工具：员工发明、改革的工具若明显提高了劳动生产率，可

---

❶ 陈劲，郑刚. 创新管理：赢得持续竞争优势 [M]. 3 版. 北京：北京大学出版社，2016：94-95.

由所在工厂逐级上报厂职代会研究通过,以发明者或改革者名字命名,公开表彰宣传。例如,女工杨晓玲发明了一种扳手,大幅提高了质量合格率,海尔将其命名为"晓玲扳手"。之后,"云燕镜子""启明焊枪""申强挂钩""峰远过渡轮""姚鹏支撑台"等一大批发明和革新涌现出来。技术创新和发明成为海尔一道亮丽的风景线。

企业应建立有效的激励机制,将知识产权工作状况作为对员工和部门进行评价和考核的重要依据,鼓励员工积极开展知识产权创造和运用、保护,营造尊重产权、尊重创新的文化氛围,让员工想创新、敢创新、能创新,让创新者享受到创新的成果和收益,从而充分调动创新者的积极性和主动性。例如,我国2020年修正的《专利法》规定,"国家鼓励被授予专利权的单位实行产权激励,采取股权、期权、分红等方式,使发明人或者设计人合理分享创新收益"。

第三节 案　　例

【案例一】华为公司的创新与知识产权文化*

华为公司于2019年、2020年连续两年发布《尊重和保护知识产权是创新的必由之路》的创新与知识产权白皮书。其中,明确华为公司的创新与知识产权价值观是:

(1)坚持开放式研究与创新,广泛吸纳全球产业链的创新成果,快速推出质量、性能领先的产品与服务,满足客户需求。

(2)重视自有知识产权保护。持续的研发投入使得华为成为全球最大的专利持有企业之一,华为愿意在全世界范围内提供专利与技术许可,以促进全球产业链的发展和技术进步。

(3)尊重他人知识产权,遵循国际规则和惯例,以积极友好的态度,

---

* 华为技术有限公司. 华为创新与知识产权白皮书［EB/OL］.（2019-06-27）［2024-01-31］. https：//www.huawei.com/cn/ipr.

通过交叉许可、商业合作等多种途径解决知识产权争议。

(一) 长期持续以客户为中心的创新,是华为生存和发展的根本

经过 30 多年的发展,华为公司在产业领域的多个方向做到了技术和解决方案世界领先,这是华为多年以来坚持战略投入、厚积薄发的必然结果。华为通过创新的产品和解决方案帮助客户提升赢利能力,持续为客户创造价值。华为高度重视技术创新与研究,坚持将每年收入的 10% 以上,近年约 15% 投入研发。自 2015 年起,华为定期举办"十大发明"的评选活动,旨在对未来有潜力开创新的产品系列、成为产品重要商业特性,产生巨大商业价值的发明或专利技术给予及时肯定和奖励;鼓励突破,营造创新文化,促进产品与技术创新。

华为积极参与标准组织、产业联盟、开源社区活动,并积极作出贡献。华为总计加入了 400 多个标准组织、产业联盟、开源社区,担任超过 400 个重要职位。华为已成为 ICT 行业主要标准和开源组织的主要贡献者;每年发表学术论文 100~200 篇;大量标准技术提案、开源代码被全行业所使用。这种技术共享,推动了产业的加速发展。

随着信息通信技术的快速发展,华为加大了面向未来的前沿技术探索和基础研究投入。2011 年,华为整合全球研发资源成立 2012 实验室,作为华为创新、研究和平台开发的主体,以构筑面向未来技术和研发能力。2012 实验室是华为面向未来,将不断增强的前沿性创新投资转换为竞争优势的重要场所。它主要面向中长期的 ICT 网络架构、标准、材料等前沿技术,并不以短期回报为目标,主要面向的是未来 5~10 年的发展方向,进行相关领域的基础研究。

华为充分利用全球创新资源,走开放式创新道路,吸纳世界范围内的专业人才共同开展研究工作。华为与全球 300 多所高校、900 多家研究机构和公司合作,实施 7840 个项目,已投资 18 亿美元,签署的对外付费的研发合作合同达 1000 多份。华为计划每年投入 3 亿美元,主要用于向世界各地的大学和研究机构支付合作费用,购买合作研发成果或使用权。同时,华为已与全球 20 多家重要客户/合作伙伴建立了 36 个联合创新中心。通过

联合创新，定义孵化新的产品和解决方案，探索新的商业模式，引领产业发展，助力客户商业成功，实现双赢。华为的研发实力和知识产权价值，在合作、合资、并购中也获得了行业友商的充分认可。

（二）华为尊重他人知识产权，也重视保护自有知识产权

华为在知识产权与商业秘密的保护上采用了更严格的标准来要求员工，并建立了体系化的管理制度，对员工在经营活动中严格保护第三方保密信息、商业软件、专利、商标等各类知识产权提出明确和详细的要求，以制度和流程确保员工尊重他人知识产权。

华为要求所有候选人在招聘面试入职环节签署《知识产权和商业秘密保护承诺书》，让候选人明确知晓华为尊重其他公司和个人保密信息的基本政策。华为的《员工聘用协议书》明确要求，雇员不得向华为披露或者在工作中使用第三方的技术秘密、商业秘密或其他知识产权，也不得在华为办公场所、工作电脑等中持有第三方保密信息。员工入职后，还要继续参加知识产权合法合规课程培训。华为每年例行组织员工进行《华为员工商业行为准则》BCG 学习和承诺签署，开展自查自纠，并严格查处违规行为，努力保障各项制度得到落实。

在 30 多年的创新历程中，华为始终立足于以客户为中心，一步一个脚印地持续投入创新和知识产权积累。从 1995 年申请第一件中国专利开始，华为持续在中国、美国、欧洲等主要国家和地区进行专利布局。2001 年开始，华为全球专利申请量达到同行业领先的美国公司同等规模。华为已成为全球最大的专利持有企业之一。截至 2020 年年底，华为全球共持有有效授权专利 4 万余族（超 10 万件），其中 90% 以上专利为发明专利。根据 LTE 和 ETSI 统计，华为拥有 10% 以上的 4G 标准必要专利；在 5G 标准必要专利方面，华为占比已达到 20%。

华为还积极参与 ETSI、ITU、IEEE、CCSA 等主流产业标准组织的知识产权政策的讨论修订，倡导尊重而不滥用知识产权，努力推动主流标准组织的知识产权政策有利于全行业的健康发展。华为按照国际通用规则，在"公平、合理及无歧视"的原则下，通过交叉许可或付费许可、参加专利

联盟或专利池的方式，加强与业界的知识产权交流合作，在自身发展的同时，促进全产业的繁荣发展和合作共赢。

持续创新与尊重知识产权是华为取得今日商业成就的原动力，也是未来华为致力构建万物互联的智能世界的基石。多年的投入使华为收获了创新品牌和知识产权积累，并转化为华为向客户持续提供创新产品、高效服务的能力。

华为创新能力受到国际媒体、行业权威机构普遍而持续的认可：

（1）2009 年，华为入选美国 *Fast Company* 杂志评选的最具创新力公司前五强。

（2）2010 年，华为获英国《经济学人》杂志 2010 年度公司创新大奖。

（3）2014 年及 2016 年，华为两度入选 Clarivate Analytics/Thomson Reuters"全球百强创新机构"。

（4）2018 年，华为获得 GSMA 颁发的"移动产业杰出贡献奖"，以表彰华为一直以来在移动产业的巨大贡献。

（5）2019 年，华为 5GRAN 创新上下行解耦荣获 GSMA"最佳无线技术突破奖"，该奖项是 GSMA 设立的为表彰技术革新带来用户体验明显提升的技术的重要奖项，是通信界公认的最高荣誉之一。

【案例二】3M 公司的创新文化*

3M 视创新为其成长的道路，视新产品为其生命的血液。新产品并不是自然诞生的。3M 通过强有力的支持系统、有效的激励制度，树立光辉的榜样，以及把创新当游戏等一系列措施，努力创造一个有助于创新的环境，保证实现持续不断地创新。

（一）强有力的创新支持系统

"创新支持系统"是 3M 支持系统的基本单位，具有三个重要特征：由

---

* 雪伦·王. IBM 与 3M 的创新策略 [EB/OL]. (2006-11-21) [2024-02-01]. https://www.ceconline.com/operation/ma/8800046524/01/.

各种专门人才共同参与、全部是志愿者、具有相当大的自主权。一个创新小组的人员往往由专任的技术人员、生产制造人员，以及行销、业务及财务人员组成。该团队的主要特点之一就是创新小组的人员全部由志愿者组成。这样可以调动团队成员自身的积极性，使很多成员对自己所担任的工作负起责任。3M 公司还特别保证，创新小组具有相当的自主权和工作保障。基于此，3M 公司几乎每年推出 100 种以上的产品，拥有 40 个产品部门，每年都会有新部门成立。

（二）有效的激励制度

3M 公司的奖励制度，不管是对团队还是个人，都有着相当大的激励作用。当完成一项产品开发计划时，小组的每个成员都会因此晋升。在 3M 公司，一个人只要参与新产品创新事业的开发工作，他的职称和地位也会随业绩不断调整。如果一个生产第一线的工程师的产品打入市场，他就可晋升为"产品工程师"；当该产品的销售额突破 500 万元大关时，他就可以做到整个产品系列的"工程技术经理"；突破 2000 万元大关时，该产品就可升格为一个独立的产品部门，这个团队的主要技术人员则成为"工程经理"。

（三）为员工树立榜样

3M 公司为了有效地教育和激励员工，经常拿出公司主管阶层的一些真实事例来影响和教育那些希望成为创新斗士的年轻人。这些身边的人物对年轻一代具有很大的感召作用。创新斗士一旦成功，就会受到 3M 公司英雄般的款待。对于超过 100 万元销售大关的产品，公司每年都会为这些研发者大张旗鼓地开"庆功会"。在这样的激励下，这些年轻的工程师就会带着新构想，勇敢地去冒险。

（四）把创新当成游戏

在 3M，创新被视为一种游戏。凡是有可能成为有发展前途的产品计划不会受到任何干扰。在 3M 公司价值观里，几乎所有的想法都是可以接受的。即使失败者也会受到鼓励。3M 知道，千万个新产品构思中可能只有一两个成功，但 3M 把失败和走进死胡同作为创新的一部分。3M 很乐意提供研究基金为各个部门使用，经常会有创新斗士在不断尝试、不断实验，直至发明成功。3M 公司鼓励每一个人开发新产品。有名的"15%规则"允许每个技术人员至多可用 15% 的时间来搞个人感兴趣的工作方案，不管这些方案是否直接有利于 3M。当产生一个有希望的构思时，3M 会组织一个由该构思开发者以及来自生产、销售、营销和法律部门的志愿者组成的冒险队，培育产品直到它成功或失败，然后回到各自原先的岗位上或继续和新产品待在一起。有些冒险队在一个构思成功之前甚至尝试了 3~4 次。

【案例三】谷歌公司的创新文化*

谷歌（Google）是一个从创办开始，血液里就流淌着创新基因的科技公司。谷歌通过多种方式建立支持创新的工作环境，保持着持续创新的动力，产品已经从当初单纯的搜索服务扩展到新闻、地图、图书等多个领域，并且开始全球化运营，并诞生了如 Gmail 邮箱、Orkut 等一系列对谷歌未来发展有重大意义的产品和项目。

（一）具备战略耐心

谷歌的使命是"整合全球信息，使人人皆可访问并从中受益"。公司做的每件事都是在为这个目标服务。它几乎每一天都会宣布一款新产品或者新功能，逐步实现对混乱信息的整合，尽管其中大部分投资目前都未盈利。谷歌前 CEO 认为，"市场普及率第一，收入其次"，"只要建立一个持续吸引眼球的业务，总能找到聪明的办法从中赚钱"。

（二）平等，授权，自下而上

打破"特权阶级"是谷歌的创新秘诀。有位工程师曾要求和前 CEO 施密特分享一间办公室。谷歌团队的架构非常扁平化，只有总裁、总监、经理、员工四个层级。当然，除去结构上的扁平化，更难得的是文化上的扁平。据谷歌中国工程师郑欣的回忆，他参加的第一次技术讨论是在李开复

---

* 克莱尔·刘. 向谷歌学习持续创新 [J]. 化工管理, 2008 (1): 93-94.

的办公室里进行的。办公室很小,只有四把椅子,参加的人有六七个,于是他跟另外一个老同事就一起坐在了总裁办公桌上。

(三)将创新任务写进岗位职责

谷歌将创新列入员工的工作时间预算,要求技术人员花 80% 的时间在核心的搜索和广告业务上,其余 20% 则用在他们自己选择的技术项目上。对管理人员,公司也有类似的规定。这就迫使员工必须腾出时间来搞创新。其结果是,谷歌一系列重要产品,如免费邮箱 Gmail、谷歌地图、谷歌地球等创新,都诞生于员工 20% 的自由时间中。

(四)营造轻松愉快的创新环境

在谷歌像游乐园一样的办公室里,巧克力、懒人球、巨型积木、电动滑板车或 Green Machine 车(一种儿童的玩具车),甚至宠物狗随处可见,根本不像是一个高速运转的科技公司。谷歌在创业之初却是另外一番景象。大家忙碌紧张,吃饭可能用快餐随便应付,没有时间锻炼身体和洗衣服。在公司发展到一定阶段之后,谷歌给员工提供了种类丰富的免费餐饮、随处可见的体育器材和休闲设施,还有专门的洗衣房和按摩室。除此之外,公司还提供免费的班车和渡轮服务接载雇员上下班,这些交通工具都有无线互联网服务,方便员工在上下班时也可以工作。在谷歌,工作就是生活,轻松愉快的工作环境成为创新意识的孵化器,造就了无穷的创造力。

(五)灵活高效的工作方式

谷歌组织结构的基本原则是"将有智慧、有激情的员工针对关键问题,分成 3~5 人的小团队,扁平化的组织,以海量的计算资源和数据作为支持,同时允许工程师抽出 20% 的时间,根据兴趣自己确定研究方向"。这种小团队蕴涵着深刻的道理:在庞大的组织中,总有很多"聪明人"可以轻松"混"下去,即便是复杂的绩效考核也对这类人束手无策。小团队却容不得"聪明人"浑水摸鱼,必须全力以赴才能被大家认可,在激发全体成员创造力的同时,也使小范围的绩效考核结论更加客观。小团队的工作方式成就了谷歌著名的"自下而上"的创新,给谷歌带来了新鲜的创意和活力，而这些特质正是一家快速发展的科技公司最宝贵的创造力所在。

（六）新颖实用的创新工具

谷歌有个内部交流的网络平台，该平台不仅能实现信息交流的功能，还鼓励工程师们将自己的创新点子放在这里，由其他人对这些点子作出评价和建议，使这些在20%的时间内自由发挥的结晶有可能落实为具体的产品。当由这些好点子发展而来的产品足够完善的时候，就会被放在谷歌Lab里，通过向用户展示谷歌创意和产品的工具，征集用户体验和反馈，以对尚未正式推出的产品进行修正和补充。

（七）善于利用失败和混乱

谷歌快速地推出大量创新产品，这些产品可能并不完美，但谷歌会让市场来选择。这种战略意味着许多产品注定要失败，但公司高管并没有因此而止步，而是鼓励员工尝试失败。谷歌创始人佩奇曾表扬过一名犯错的高管，"我很高兴你犯了这个错误。因为我希望公司能够行动迅速、做很多很多的事情，而不是谨小慎微、什么也不敢做"。

第七章　企业创新与知识产权管理资源保障

第一节　企业创新与知识产权管理财务资源保障

一、企业创新与知识产权管理的资金需求

（一）企业创新管理的资金需求

企业的创新活动，特别是新产品研发，往往要投入其成品价值数十倍的研发经费且需要持续投入，因此需要稳定的大量的资金支持。企业还需确保创新其他相关资源和支持所需的资金，如人员、时间、基础设施或能力等。发达国家长期以来依靠技术先发优势而获得了丰厚的商业回报，因此发达国家的企业普遍重视创新资金的投入。

欧盟委员会发布的《2022年欧盟工业研发投资记分牌》显示，在全球研发投入最多的前2500家企业中，前50名是研发增长的最大贡献者，2022年全球研发投资总增长中25%来自这些公司。全球企业研发投入排名前30名企业中，美国企业有16家，其次是德国（4家）、中国（3家），而日本和瑞士各有2家。其中，2022年美国谷歌母公司Alphabet在全球研发投入最高，达370.34亿欧元；脸书（Facebook）母公司Meta以315.20亿欧元排名第2；微软以254.97亿欧元名列第3位。中国企业华为以195.34亿欧元排名第4，而阿里巴巴和腾讯分别以76.87亿欧元和71.90亿欧元分列第17和第18位。❶

---

❶ 欧盟2022年工业研发投资记分牌［EB/OL］.（2022-12-13）［2024-02-01］. https：//publications.jrc.ec.europa.eu/repository/handle/JRC132035.

中国企业受长期计划经济的影响，对创新资金投入的重视程度普遍不足。

传统观念认为创新过程是一个线性的过程，是按照研究、开发、生产、销售的模式进行的。因此，创新的业绩取决于其投入水平。但在开放式创新体系下，企业不能仅仅依靠内部有限的资源进行创新，获取外部资源变得越来越重要。为避免重复研发，或者弥补本企业技术方面的不足，企业可以通过购买外部技术或技术购并以有效而经济地获取先进技术和关键技术，加快创新的速度和提高创新的成功率。例如，日本在经济起飞时期，其研发投入占GDP的比重不如美国高，却成功实现了创新的赶超。这是因为日本企业非常重视从外部获得关键技术（如索尼公司从美国贝尔实验室引进晶体管技术），通过借鉴外界的技术力量来补充自身的不足，用少量研发经费达到了美国公司同等或相近的创新能力，从而使日本企业可以快速提高自身的技术创新水平。

(二) 企业知识产权管理的资金需求

企业开发和维护知识产权资产需要各类成本。包括知识产权管理机构运行成本，如员工工资、培训、激励等费用；知识产权业务流程成本，如知识产权申请、检索、分析、评估、保护、维护、开发和利用等费用；知识产权管理相关基础设施、工具和软件成本等。

企业知识产权经费应与知识产权获取、运用和保护的规划相一致。一般说来，知识产权经费至少要达到企业研发经费的 5%~10%，才能有效支撑企业知识产权管理。例如，申请商标注册、申请专利、著作权登记等，都需要向国家有关部门缴纳相关费用，还要支付中介机构各种咨询费、检索费、代理费等，获得权利后，还要支付维持权利的费用。尤其是申请外国专利和商标，需要费用更高。此外，收集知识产权信息、开展知识产权战略研究都需要较多的经费。如果发生知识产权纠纷，企业还要支付高昂的律师代理费、诉讼费用等。

二、企业创新与知识产权管理资金的来源和分配

企业创新与知识产权管理资金既可以来自集中的财务资金，也可以来自企业运营预算。企业既可以为创新与知识产权管理活动分配专门的资金；也可以获取外部的创新与知识产权管理相关资金，如来自投资机构、研究机构、合作伙伴、共同发起人、创新补贴、研发税收抵免或众包。企业应对创新与知识产权管理费用的支出情况进行分析，以便及时调整下一周期预算。

企业在创新投资中应首先关注风险问题，坚持审慎评估的原则，综合考虑与创新活动相关的财务机会、风险和约束，包括不进行创新的财务影响和其他风险。创新投资是一项风险系数相当高的投资活动。据统计，即便在发达国家，也仅有约 4% 的研发项目能完全实现从技术到产品的商业化。❶ 一般说来，创新投资仍然应关注成本效益原则。由于创新活动面临技术与市场的双重不确定性，其未来现金流发生的时限和大小都处于高度不确定状态，某些重大并具有突破性的创新项目在长时间内是可能负现金流，经济效益只有在后续阶段才能逐渐显现。因此，创新投资回收期评估也就更加困难。企业应制定弹性的创新预算方案，并在一定范围内预测和防范不确定性。

企业进行创新投资决策的第一步就是制定合理的创新投资预算。企业应确定创新投资原则，同时平衡不同时间范围、不同风险程度和不同创新类型之间的投资。例如，创新投资用于内部还是外部活动，用于初创企业、创新投资基金或创新加速器。

（1）创新资金在企业不同发展阶段之间的分配。一般说来，企业在不同发展阶段，其创新资源的投入结构比例不相同。企业发展早期，由于资源匮乏，只能进行一些试验发展项目；当企业跨入超常规发展期，相对资源较多，就可将较多份额的资源用于大规模科学技术和系统的基础研究与

---

❶ 陈劲，郑刚. 创新管理：赢得持续竞争优势 [M]. 3 版. 北京：北京大学出版社，2016：180.

应用研究。

（2）创新资金在近期、中期和远期项目之间的分配，是企业创新战略管理的重要问题。创新资金过多地集中于近期项目，虽然能满足企业现时竞争的需要，但从长期发展来看，会使企业发展后劲乏力。过多地集中于中期和远期项目，企业则很难保持现时的竞争优势，尤其是对于竞争实力并不强大的企业来说更是如此。因而，企业必须保持创新资金在近期、中期和远期项目之间的适当平衡。

（3）创新资金在基础研究、应用研究和试验发展三种创新类型之间的分配。其中，基础研究作为长期投资，往往要 10~20 年后才能对企业的业务发生影响；应用研究作为中期投资，一般在 3~5 年，多则 10 年内对社会生产力发生重大影响；而试验发展是短期投资，1~2 年可能见效。为保证企业可持续发展，必须在应用研究中有足够投入，根据企业的中、远期战略基础结构，形成企业的技术核心能力，这是世界著名企业成功的关键。例如，1998—1999 年度，西门子研发费用为 102 亿马克。其中 95% 用于各集团公司以及关联公司开发产品、系统和制造工艺；而只有 5% 用于技术中心进行的技术研究、基础开发和高级产品技术。

（4）创新资金在公司总部和分公司之间的分配。这取决于企业的发展战略和创新组织机构。一般说来，企业总部的技术中心主要开展核心技术、共性技术难题和基础领域方面的研究工作，一般周期较长；而各分公司的技术中心则更多地从事同当前项目及业务有关的产品和工艺开发，不同分公司的技术中心所从事的开发项目可能有很大的差异性，但周期相对较短。因此，在保证总部技术中心有足够的研发资金后，应将更多的研发资金分配到各分公司的技术中心，以促进总部技术中心研究成果的产业化，从而持续保持企业的市场竞争力。

（5）不同行业创新资金投入的差异。这主要表现为多元化经营的企业在不同经营领域的研发资金投入差异方面。例如，拜耳公司的经营范围包括聚合物、有机产品、工业产品、医药、农业和影视产品六大行业，公司研发资金总额必须在这六大产业中进行分配。基于不同产业的技术复杂性及对企业经营战略的重要性,拜耳在这六大产业中分配的研发资金有显著差异。其中,由于医药业为技术密集型行业,是拜耳的核心业务,也是拜耳最具有竞争力的产业,拜耳为其分配的研发资金最多,占全部研发资金投入的46.5%;有机产品领域为传统成熟行业,拜耳仅为其分配6.6%的研发资金。在农业领域研发投资中,拜耳将33%的资金用于研究方面,使拜耳在农业生命科技领域保持强大的研究力量。同时,拜耳又将40%的资金用于农业产品和工艺开发,以推动研究成果最快产业化。此外,拜耳还为农业领域产品生命周期管理分配27%的研发展资金,为产品改进和更新换代等提供支持。❶

三、提升创新与知识产权管理资金的效益

知识经济背景下,企业的创新环境已经发生重大变化。由于知识型员工具有高度流动性,支持创新活动的风险资金规模持续扩大,技术交易市场活跃,技术已逐渐成为一种容易取得的商品,投资者对于企业研发效率与研发投资回报的要求更是不断提高。如果未能察觉这种变化趋势,企业即使投入了巨额研发经费,也很难获得丰厚回报。

例如,20世纪70年代,美国施乐(Xerox)公司投入巨资建立了PARC实验室,雇用了很多顶尖科学家,在当时产生了许多重要的创新成果,包括个人电脑、激光打印机、鼠标、以太网、图形用户界面Smalltalk、页面描述语言Interpress、图标和下拉菜单、所见即所得文本编辑器、语音压缩技术等。但是,由于缺少商业规划,其中大部分创新成果都无法为施乐公司所使用。在风险资金支持下,部分PARC员工先后离职创业,其中诞生了仙童(Fairchild)、3Com、Adobe等世界知名的科技公司,而这些公司的很多产品创新构想都是来自被施乐丢弃的项目。据统计,曾经有11个项目在被施乐放弃,但后来在其他公司发展成了颇有影响力的新产品并取得巨大的商业成功,这些项目创造的市场价值甚至超过了施乐

---

❶ 陈劲,郑刚. 创新管理:赢得持续竞争优势 [M]. 3版. 北京:北京大学出版社,2016:347-348.

的整体市场价值。而苹果、微软等公司借鉴 PARC 实验室部分创新成果，引领了新一轮科技革命。❶

企业需要通过更关注技术信息来源的发掘、委托外部研究管理、技术资源的整合与运用、产品系统整合能力的开发、加强研发风险管理等多种方式，以最少的研发投入获得最多的创新成果，将整体研发成果市场价值最大化，创造最大的投资回报，提升创新的投资回报率。企业提升创新的投资回报率的方式，具体包括以下几种：

（1）广泛搜寻创新来源。企业不再将研发视为纯粹的内部流程活动。例如，宝洁过去一直依赖内部研发人员开发所有的新产品，后来宝洁要求一半的创新成果要来自外部市场，并为此设置了多个技术侦测小组，专门负责搜索外部的可能创新源与新产品技术。

（2）扩大知识产权收益。企业要将技术推向交易市场，用技术授权收益来抵消技术购买费用，充分发挥创新成果的商业价值。例如，1993 年，IBM 公司发现公司有大量无用的技术与专利成果后，就决定将 IBM 的专利推向市场，仅在 2001 年 IBM 仅技术授权收益就高达 19 亿美元。

（3）积极并购技术。透过技术转移与企业并购等手段，尽量从外部取得所需技术，以减少自主研发投入的风险。例如，思科（Cisco）本身并没有投入很多的研发资源，新技术开发与新产品上市的速度却远远领先主要竞争对手。朗讯（Lucent）承袭 AT&T 贝尔实验室的丰富研发资源，但仍然坚持自主研发，最终产品创新速度明显落后于思科。

（4）强化研发联盟。企业与竞争者技术合作，组成研发联盟，这是过去许多公司根本不敢想象的做法。例如，1984 年，美国通过《国家合作研发法案》，鼓励企业间合作研究。即使像英特尔（Intel）这样的企业，也积极加入 MCC 和 SEMATECH 等半导体技术研发联盟组织。

（5）推动产学研合作。企业可以有效运用大学、政府机构、供应商、风险投资基金、客户、竞争者、研究机构、新创科技公司等外部研发资源，

---

❶ 陈劲，郑刚. 创新管理：赢得持续竞争优势 [M]. 3 版. 北京：北京大学出版社，2016：198-199.

充分运用各阶段的研发产出。企业可将基础研究委托给大学，或转移大学的技术成果，或与大学合作开发关键技术等，与大学分享研究成果。例如，太阳计算机系统公司（Sun Microsystems，简称 Sun 公司）的服务器微处理器来自斯坦福大学，UNIX 操作系统来自伯克利大学，X-Window 图形界面软件来自麻省理工学院等。这些引进技术最终使 Sun 公司成为服务器市场的领导厂商。

（6）引入风险投资。风险资本的投入与转移方向决定了产业创新的转移方向。企业与风险投资公司合作，可以取得更多的新技术来源，降低研发投资的风险。例如，美国硅谷高速成长历程中，风险投资的参与，对于电子、材料等产业创新系统及其发展，就起到了非常重要的推动作用。

（7）争取政府资源。企业通过积极参与政府的研究计划，充分利用政府公共部门和研究机构的资源，发挥这些研究机构在某些基础研究与关键共性技术研究的重要作用，提高企业研发效率，降低研发成本。例如，美国集成电路产业的发展离不开当时国防项目提供的资金支持。

（8）鼓励内部创业。企业提供创业种子资金的激励，让员工将一些与公司现有市场无关的创新技术，经由商品化开发程序并推进到新市场，并进而衍生为新事业。例如，海尔建立的内部创客平台。

四、企业知识产权资产管理

知识产权管理应被视为一项能够产生财务回报及业务机会的长期投资。企业应考虑与知识产权管理相关的财务机会和限制，包括未获得和管理知识产权的财务影响；考虑知识产权在实现和支持多种财务收益方面的作用，如促进从内部或外部获得融资以及对创新、产品开发、商业化和增长的投资等；建立知识产权投资原则，例如，投资获取专利组合，由知识产权驱动的合并和收购等。

（一）开展知识产权价值评估

知识产权价值评估可提供对组织利用其知识产权资产实现战略优势有用的定性和定量信息。知识产权价值评估包括对不同形式的知识产权为企业产生的现有或未来、直接或间接利益的评价。企业应在必要时赋予知识产权以财务价值，并认识到可能产生的消极或积极影响。

知识产权价值评估通常基于以下目的：一是交易，如对外许可知识产权，特许经营，出售或购买知识产权，企业并购、剥离或分拆，建立合资企业或战略联盟，捐赠知识产权资产等。二是行使权利，如在知识产权受到侵犯时计算损害赔偿额。三是内部使用，如为研发投资制定预算，内部管理知识产权资产，外部战略融资和/或筹集股权/资本，建立投资人关系等。四是其他目的，如编制财务报告，企业破产/清算，优化税收，购买知识产权资产保险等。

不同类型的知识产权通常有其不同的价值评估方法。一般说来，知识产权价值评估需要考虑以下三个因素：

（1）市场因素。考虑知识产权或其所涵盖的创新是否具有市场，市场所在地包括哪些区域，潜在的市场规模如何。

（2）预期现金流。即企业预期将从知识产权权利或知识产权涵盖的创新中产生何种收入。重点考虑知识产权权利的形式以及其是否与其他形式的知识产权权利相关联。例如，专利是否是标准必要专利或专利池入池专利，专利许可是否与商标许可捆绑等。

（3）所需的成本以及可避免的成本。其包括获得知识产权的成本，以及通过获得知识产权资产组合可避免的成本（如需支付的许可费等）。

成本法、市场法和收益法是目前最常用的知识产权价值评估方法。其中，成本法是指将知识产权权利获取、诉讼及维持成本进行加总来计算知识产权的价值。市场法是指基于市场状况分析知识产权价值，前提是存在可将知识产权进行比较的市场。收益法是指基于知识产权或知识产权资产的未来收益的价值，如将预期收入折现以计算现值。企业可以根据需要，选择最适宜的评估方法或结合使用以上评估方法。

例如，专利价值评估通常包括法律因素、经济因素和技术因素。按照GB/T 42748—2023《专利评估指引》国家标准，开展专利价值评估，应根据被评估专利的技术领域和应用场景等特点，建立评估指标体系，设定各个指标的权重。一级指标包括法律价值、经济价值和技术价值。法律价值一级指标又进一步划分为若干个二级指标，包括权利稳定性、权利保护范围、侵权可判定性、依赖度等。经济价值一级指标又进一步划分为若干个二级指标，包括竞争态势、市场应用情况、剩余经济寿命、专利运营情况等。技术价值一级指标又进一步划分为若干个二级指标，包括技术的先进性、独立性、可替代性、成熟度、适用范围以及发展态势等。三级指标包括 27 项核心指标和若干项扩展指标。

商标价值评估通常与品牌评估相结合。例如，按照 ISO10668：2010《品牌评价品牌价值评价：要求》和 GB/T 29186—2021《品牌价值要素评价》等标准，品牌评估要考虑品牌价值的有形要素、质量要素、创新要素、服务要素和无形要素五个方面。通过为每类要素建立具体的评价指标体系来进行评价。其中，评价指标的选取应充分体现品牌主体所属行业的基本特征，并根据不同的评价指标对品牌价值影响的重要性，对每一个指标赋予相应的权重。品牌评价一般是基于可获得的评价数据，通过定量或定性的方法进行评价。

（二）开展知识产权资产审计

知识产权审计是对企业拥有、使用或购买的知识产权资产组合的系统性审查。知识产权审计可以在对公司知识产权资产、有关协议、相关政策和合规程序进行全面审查的基础上，帮助清点或更新企业拥有的知识产权资产，分析这些资产如何使用或不使用，确认是否有第三方拥有企业使用的知识产权资产；明确企业对知识产权资产的使用是否侵犯第三方知识产权以及第三方是否侵犯本企业知识产权，支持知识产权资产组合的开发与维护，确保企业知识产权战略与业务和创新战略保持一致。

企业可以定期开展知识产权审计。知识产权审计包括以下步骤：

（1）制定审计计划，包括确定审计目的（如与收购相关），审计范围，确定所涉及的组织部门，确定负责进行审计的人员组成，确定与审计活动有关的时间表，明确预算，明确生成的审计报告格式。

（2）创建分配知识产权审计的特定角色和职责的详细清单。根据审计目的,指派具有必要知识和能力的人员担任审计组长。审计组长应根据每一位审计组成员的角色和职责不同而为其分配具体的工作,协调和沟通处理审计中遇到的问题,对收集到的信息进行分析和汇报。

(3)审计企业拥有的知识产权资产,包括:对所有相关知识产权资产进行分类和描述;确定知识产权资产的所有权(如共同所有权或确认所有权利均已注册并转让给组织,核实所有权链);确定知识产权权利是否有效、其剩余期限或任何已失效的权利;确定是否采取适当的措施来保护资产(例如,采取充分的预防措施来保护商业秘密);确定使用方面是否存在任何限制或障碍;提出对知识产权资产有效性的任何质疑;明确知识产权资产与企业当前和未来业务的相关性。如表7-1所示。

表7-1 知识产权资产审计关注问题清单

问题	具体内容
有哪些潜在知识产权资产	●用于识别产品或服务的标志、名称、标签; ●创新想法,新的做事方式,技术解决方案; ●创意写作、软件、广告词、视频剪辑等; ●具有吸引力的包装、外观设计、独特形状等; ●内部竞争性商业信息,如报告;数据分析;市场推广信息;生产信息;技术诀窍和消极技术诀窍;客户名单和客户信息;操作和设计手册;外观设计、图纸、图表和工艺品;想法和计划;配方和计算原型;实验室笔记本和试验;供货方和供应商信息;研发信息;成本、价格、利润、损失和利润率数据;预测和计划;宣传材料;财务信息;预算和预测;软件和源代码等
采取何种方式保护	●是否能作为专利、商标、域名、外观设计或版权等进行保护; ●是否能作为商业秘密进行保护
是否存在任何所有权问题	●创意由企业创始人提出; ●创意由员工在雇用期间提出; ●创意由承包商、供货方或客户提出
是否有确定与知识产权权利的相关协议	●是否包含知识产权权利的转让条款; ●如果包含,那么转让是否受到限制,具体限制有哪些; ●如果不包含,是否已采取措施使权利可以转让或许可给本企业
是否有侵权问题	●是否侵犯任何第三方的权利; ●是否有第三方侵犯公司的权利
知识产权是否已提交申请	●是否已采取措施提交适当的商标、域名、专利和外观设计申请; ●是否已在所有目标国家或地区提出申请,不同国家或地区的申请流程有何差异
知识产权是否已有效维护	●这些知识产权资产是否能通过按时缴纳规定的维持费而得到维持; ●不同国家或地区的维护流程和维护费用有何差异

续表

问题	具体内容
是否已经采取保密措施	• 是否已经采取保护措施来限制获取商业秘密相关信息; • 是否已经与可能泄露商业秘密的员工和第三方签署保密协议; • 是否已经与离职员工签署非竞争协议以防止无意公开
知识产权资产如何为企业战略增加价值	• 是否全部能用于企业的核心业务; • 其中部分是否能向其他人授予使用的权利; • 其中部分是否应放弃、捐赠或以其他方式使用; • 是否能用于吸引投资人、合作伙伴或协作方

（4）识别、审查并描述可能影响组织知识产权的任何协议（如雇用协议、许可协议、合作协议、授权协议等），并评估这些协议对知识产权资产价值可能产生的影响（如受限制的知识产权许可等）。

根据知识产权审计结果，企业可以开发与维护知识产权资产组合。例如，识别是否需要额外开发或购买的知识产权资产，这些资产可能对企业核心业务活动产生直接影响；识别需要被优先对待的知识产权资产，这些资产可能对企业核心业务活动产生重大影响；识别多余的知识产权资产，这些资产对企业核心业务活动没有直接影响，可能不再具有价值，因此企业可以不必继续维护其有效，而是将其许可或出售给第三方，从而减少资产维护成本，并创造新的收入来源。

例如，基于专利价值分析结果，某企业可将专利分为核心、重要和一般三个层级。对于核心专利，企业可以为其分配更多的资金，如聘请高度专业化的外部专利代理机构来提交和申请这些专利；在专利授权后，及时监控专利年费缴纳情况，确保专利维持有效。对于重要专利，企业可以选择声誉良好的、高质量的外部专利代理机构为这些专利提供服务，就单件专利与外部专利代理机构商定一个固定费用；在专利授权后，定期评估专利价值，确定是否需要继续维持专利有效。对于一般专利，企业可以通过公开招标方式，降低单项专利的成本，在尽量多的国家或地区获得尽量多的专利，而且每项专利的价格都比较低；在专利授权后，定期评估专利价值，面向市场寻找对外许可的机会等。

第二节　企业创新与知识产权管理信息资源保障

一、创新过程中信息与知识管理

创新活动是一个源源不断产生知识并不断加以发展的"流",这个"知识流"也是一个"信息流"。知识经济时代,知识管理成为企业提升创新能力的重要手段。知识包括从智慧和经验中获取的各类知识。例如,对企业外部环境的理解、创新计划的成功和失败以及绩效数据分析中获取的经验教训。知识可以是个人的或集体的、隐性的或显性的、内部的或外部的。知识的内部来源包括企业内部的研发部门及营销、生产等其他部门。外部来源包括商业来源(顾客、供应商、竞争对手、咨询公司等),教育与研究机构(学校、科研机构等),一般信息源(学术会议、期刊、展览会等)和政府部门等。例如,开放式创新中,合作伙伴之间知识共享可以分担研发成本并有效规避风险,实现合作双方共赢。

企业创新信息的需求分为以下四个层级:

(1) 决策者。主要包括单位的管理层和最高决策层。其需要了解行业最新发展战略、最新政策和前沿技术等信息,希望看到战略分析、技术谱系及发展路线研究等方面的总结研究报告,以便在宏观战略规划决策和顶层设计时作为参考。

(2) 专家顾问。主要包括各相关专业领域的技术领导者和带头人。需要了解本专业领域的关键技术发展动向、前沿技术进展及应用情况等方面的总结研究报告,以便在制定本专业领域的技术谱系和技术发展路线时,专业技术方案的论证工作时作为参考。

(3) 科研人员。科研人员主要关注产品设计、研发、测试等方面的技术解决方案,需要了解大量技术细节、具体技术参数等方面的原始文献和研究报告,以便在研制中作为参考。

(4) 生产和制造人员。生产和制造人员主要关注制造技术以及国内外先进生产线技术、先进工艺等方面的技术解决方案，需要了解相关原始文献和研究报告，以便在生产和制造中作为参考。

知识管理的实质就是对知识链进行管理，使信息和知识在流动中不断增值。企业应根据创新与知识产权管理的需求，识别必要的知识，建立适当的知识管理机制，企业建立内部和外部知识网络，形成内外部信息和知识网络的交互界面，促进知识获取、维护和再利用。企业可以通过两种方式收集知识：一是通过购买或合作收集外部知识，包括风险投资、股权投资、合资企业、合作开发、研究资助、产学研合作、技术许可、创新关系网络等；二是通过标杆管理，建立吸收和利用知识的机制，包括内部标杆管理、竞争者标杆管理、功能性标杆管理、一般性标杆管理等。

企业知识管理既需要"硬件"支持，也需要"软件"支持。知识管理硬件一般指知识管理平台，它是支撑企业知识收集、加工、存储、传递和利用的一个平台，通过网络和知识门户等技术工具将知识和应用有机整合。知识管理软件一般指知识管理系统，它是建立在管理信息系统基础之上的实现知识的获取、存储、共享和应用的一个综合系统，通过文件管理系统、群件技术、搜索引擎、专家系统和知识库等技术工具，使企业的显性知识和隐性知识得到相互转化。为便于创新过程中知识管理，企业可以对项目管理工具和知识管理工具进行整合。

例如，中国商飞公司在技术中心、管理部门和生产车间等机构中全面推广旨在构建员工专业能力的知识管理工程。第一步是建立电子图书馆，将知识像资产和物资一样分门别类、科学梳理、有序存储，实现"隐性知识显性化，显性知识体系化"，如各工作岗位任务和流程手册的编写、知识历程图的编制和隐性知识的整理等。第二步是基于资产化的数据库，形成工作平台，把资产化的知识和工作流程进行匹配、连接、组合，根据不同场景实现知识的标准化和模块化，将碎片化的资产直接面向工作场景的效率提升和质量提高。第三步是实现知识的"智能化"服务，借助人工智能和大数据技术，实现知识的智能推送功能、智能决策机制和智能纠错等，使员工智能地运用知识处理问题，从而更好地作出科学决策。知识管理工程使员工能够更科学、高效地解决实践中遇到的问题,优化了企业学习氛围与组织学习机制,在宏观上提高了企业作为一种创新主体的核心能力。❶

二、知识产权信息检索和分析

创新信息收集和情报分析是企业提高创新效率的重要手段。企业只有在及时获得有用信息的基础上,才能有效地进行创新活动。企业可以从内部来源和外部来源收集信息,并从多种角度对信息进行分析解释、分析、评估和利用。例如,当前和未来,内部和外部,需求和供应,供方和用户,竞争对手以及与新的或变更的产品、服务、过程、模型和方法等角度。信息收集和情报分析可以使用多种工具和方法,包括数据挖掘、逻辑分析、市场预测、环境调查和技术跟踪等。

知识产权信息检索和分析是创新信息收集与情报分析的组成部分,在创新与知识产权战略规划、创新全过程知识产权管理中发挥着重要作用。世界知识产权组织的研究结果表明,全世界最新的发明创造信息,90%以上首先是通过专利文献反映出来的。在创新中充分运用专利文献,不仅能提高研究开发的起点,而且能避免低水平重复研究造成的浪费,节约40%的科研开发经费和60%的研究开发时间。❷

借助知识产权信息检索和分析,企业可以识别特定技术领域的关键趋势,为未来策略规划和研发决策铺平道路;为商业和创新决策获取竞争情报;避免重复研发工作;评估现有的知识产权权利,以确定其可获得性(如专利相关的现有技术,有冲突的商标或外观设计等);避免侵犯第三方知识产权权利;评估知识产权的价值;支持企业创新与知识产权决策,包括与知识产权许可、伙伴关系和并购等相关决策。但是许多中小企业没有将专利文献作为竞争情报的来源。如果中小企业能够利用专利文献中的商

---

❶ 陈劲,郑刚,蒋石梅.创新者的逆袭2:商学院的十八堂案例课[M].北京:北京大学出版社,2020:151-159.

❷ 陈劲,郑刚.创新管理:赢得持续竞争优势[M].3版.北京:北京大学出版社,2016:153.

业、法律和技术信息，有助于这些企业开发出更适应市场需要的新产品。例如，北京大学王选教授在获得的大量有关专利的信息中，进行分析、判断后选定了世界上最先进的第四代激光照排技术方案，跨越了当时世界风行的第二代、第三代照排技术，以全新思路和全新方法，成功研制出高分辨率汉字压缩和复原系统。

企业一般可以通过若干数据库和搜索引擎检索知识产权相关信息。其中，由政府机构维护的资源通常是免费的。例如：Patentscope-世界知识产权组织（WIPO，www.wipo.int/patentscope）；Espacenet-欧洲专利局（EPO，https://worldwide.espacenet.com/）；eSearch-欧盟知识产权局（EUIPO，euipo.europa.eu/eSearch）；美国专利商标局（USPTO，www.uspto.gov）；中华人民共和国国家知识产权局（CNIPA，www.cnipa.gov.cn）；J-PlatPat-日本特许厅（JPO，https://www.j-platpat.inpit.go.jp/）等。在许多国家或地区，政府知识产权部门还提供了增强版数据库。例如，美国和欧洲企业经常使用Questel"Orbit"数据库，它包含了公共数据库中没有的工具，例如，可以协助寻找该专利的同族，内置的现有技术搜索可以找到"最接近现有技术"的专利。它还有其他强大的搜索功能。

基于知识产权检索分析的需要，企业可以考虑使用何种检索资源。企业应使用何种检索资源，取决于知识产权检索目的、检索结果产生的潜在法律和财务后果（如检索结果仅提供信息，还是作为具有重大法律或财务影响的决策依据）。信息越重要，就越需要优质的检索资源。对于检索结果要求完整性更高的关键检索，通常需查询多个数据库，以发现所有相关信息。尽管目前尚无数据库能够完全涵盖所有已公开的信息，但某些数据库比其他数据库更全面，对某种类型的检索有效的数据库或搜索引擎可能不适宜处理其他类型的检索。

企业在选择适宜的知识产权数据库时，需要重点考虑以下问题：

（1）感兴趣的知识产权信息是特定国家或地区或世界范围的？

（2）需检索哪些知识产权类型？例如，专利、商标或著作权等。

（3）感兴趣的是技术、法律还是商业相关的信息？例如，确定现有知识产权权利的有效性时,法律状态数据库是最重要的信息来源;而对于技术信息,如现有技术或新颖性检索,包含著录信息和全文数据的数据库是首选工具。

(4) 检索策略应复杂到何种程度,以交付理想的结果?

(5) 搜索引擎和服务是否具有适用的检索字段和数据覆盖范围?例如,检索字段(如分类号、引用、全文和不同语言等)与检索功能越多,从数据中可获得的信息越多。

(6) 检索结果的呈现是否适宜为组织所需分析提供准确的输入?

(7) 资源情况(包括预算、员工等)。例如,检索人员在有效检索、分析、解释及交付成果方面的经验等。

繁杂的信息只有经过消化梳理、分析研究和总结提炼后,才能变成有用的信息。企业可以建立分析与识别模型,并利用统计工具进行分类和汇总,通过定性和定量分析相结合,提取出其中有用的信息。例如,某企业对某项关键技术的专利信息进行定量分析,按专利权人、年度、国别等信息进行统计,分析出该技术发展的趋势和潜在市场、竞争对手的技术开发和市场情况、该技术和相关产业生命周期等信息,从而为管理层决策是否在该技术领域进行先期研究提供了重要参考。

例如,日本旭化成集团构筑起可进行战略性专利信息分析的战略数据库,充分运用这些专利信息,推动业务活动、研发活动和知识产权活动的开展。战略数据库提供与各业务开发课题相符合的专利信息和各信息独自的附加信息(包括重要度级别、实施情况、技术分类、对其他公司专利的应对方针等关键字)。战略数据库主要用于专利资产管理的以下几个方面:把握技术、市场和其他公司动向;探索研发课题;明确技术、专利的定位;把握阻碍研发或业务的专利并制定相应对策等。在三位一体的体制下,旭化成集团知识产权联络小组、技术信息小组和研发机构通过构筑和灵活运用战略数据库,制定针对其他公司专利的相关对策和本公司的专利申请计划。

三、商业秘密管理

商业秘密，是指不为公众所知悉、具有商业价值并经权利人采取相应保密措施的技术信息、经营信息等商业信息。其中，技术信息一般指与技术有关的结构、原料、配方、材料、样品、样式、植物新品种繁殖材料、工艺、方法或其步骤、算法、数据、计算机程序及其有关文档等信息。经营信息一般指与经营活动有关的战略规划、管理办法、商业模式、改制上市、并购重组、产权交易、财务信息、投融资决策、产购销策略、资源储备、客户信息、招投标事项等信息。其中的客户信息包括客户的名称、地址、联系方式以及交易习惯、意向、内容等信息。商业秘密泄露可能使企业迅速失去竞争优势。

为有效管理商业秘密，企业可以采取以下措施：

（1）要遴选出哪些信息属于商业秘密。企业需要定期或不定期对技术信息和经营信息进行分析，从而遴选出商业秘密。主要考虑以下因素：一是评估商业秘密的经济价值；二是考虑商业秘密与企业主营业务的关联程度、泄露后对于企业的影响、现阶段的市场地位、技术先进性及潜在的发展前景、研发成本、合同价格等；三是审查商业秘密的来源，确保商业秘密的来源合法合规。

（2）对商业秘密进行密级划分。例如，按照商业秘密泄露后的影响程度，可将密级划分为核心级、重要级、一般级。其中，核心级是指如商业秘密泄露会使企业的主营业务及核心利益遭受特别严重的损害。重要级是指如商业秘密泄露会使企业利益遭受严重损害。一般级是指如商业秘密泄露会使企业利益遭受损害。企业还需要根据商业秘密的密级、生命周期、技术成熟程度、潜在价值、市场需求等，确定商业秘密的保密期限。

（3）明确商业秘密日常管理具体要求。包括：根据商业秘密的内容和密级，确定商业秘密的主责部门、接触范围及流转要求；对于涉及商业秘密的文件，通过书面审核流程或带有时间戳的电子审核流程，使其受控；必要时，将涉密载体委托具有一定社会公信力的、独立的、经相关司法机关认可的第三方机构进行存证；针对不同的商业秘密及其流转要求，明确采取的必要技术措施，包括但不限于软硬件加密、物理空间隔离等，并保留实施技术措施的证据；对于同业经营的股东行使知情权获取公司商业秘密的，调查其获取目的、评估是否可能造成公司合法利益损失；定期对商业秘密进行维护，并及时传达给涉密人员，保存传达记录；动态更新商业秘密；定期评估、考察商业秘密信息是否需要解密；当商业秘密被公开或失去保护价值时，及时解密。

例如，创新协作过程中，如果需要向第三方披露保密信息，企业应首先与对方签署保密协议，并对保密协议进行审查，如表7-2所示。

表7-2 保密协议的检查清单

类别	检查内容	检查结果	审查意见
合同当事人	双边还是单边不披露协议？若为单边协议，哪一方是披露方		
	合同当事人有哪些（例如，包括或不包括其关联机构）		
目的	不披露协议的目的（例如，一般目的或针对特定项目）		
保密信息	保密信息的范围及免责条款		
	保密信息的形式及载体		
	如果信息不是有形信息或书面信息，确认其保密性的方法		
保密信息使用	保密信息准许与限制的使用		
	准许访问保密信息的人员		
	其他义务，若有，如保管标准、制作副本的限制等		
	法律规定的披露条款		
期限	不披露协议的期限		
	保密期		
终止后的权利和义务	不披露协议终止或到期时保密信息的处置		
	任何延续的许可或使用权		
	对所披露的信息是否适用任何保证		
	发生违约时，可用的救济措施		
相关规定	法律要求披露时应遵循的过程		
	是否需要应对出口管制规定		

续表

类别	检查内容	检查结果	审查意见
其他	其他：适用法律、争议解决、通知、协议完整性及修订、不转让、可分割性、无冲突合同、不放弃任何未来权利、授权签署、副本等		

第三节 企业创新与知识产权管理人力资源保障

一、企业创新与知识产权人员管理一般要求

(一) 企业创造力管理的方法

创造力是构思一个原始实体的能力，例如一个创意、一个概念或一个问题的解决方案。创造力通常是创新活动、行动和过程的一部分，并为其提供支持。创造力由智力因素和非智力因素两方面构成。其中，智力因素包括观察力、想象力、记忆力、思维能力等；非智力因素包括创造欲、求知欲、自信心、意志力等。创造力是企业文化支持创新活动的重要特征。企业可以通过多种方式来评价员工是否具有创造力，包括概念流畅、头脑灵活、独创性、深思熟虑、好奇心、冲动性、服从性、容忍性、形象化和执着性等。

创造力是一种人力资本。企业不能直接管理员工的创造力，但是可以通过各种有效的管理措施，利用创造力。通过促进、挖掘员工的创造潜能，使员工的创造力发挥作用，形成对企业新颖、有用的成果。因此，只有当创造力被物化，如成为创造性的点子以及创造性的产品、工艺或服务等，才能为企业所拥有。企业创造力管理根本目的，是将员工原本各自独立、分散的潜在创造力充分释放出来，对其进行有效整合，为企业持续有效地实施创新，提供取之不尽、用之不竭的动力。

企业创造力管理的有效性与组织管理工作关系密切。企业创造力管理不宜采取计划管理、目标管理及过程控制等刚性管理方法，而应采取人本管理、文化管理及激励管理等柔性管理方法。具体而言，就是在企业内部

努力营造有利于创造力发挥的组织文化、工作环境和激励机制,充分调动和发挥员工的主动性和创造性,通过"共同愿景"和"组织目标"将员工个体创造力有效凝聚起来,促进企业中各种创造性行为的发生,以形成强大的企业创造力。如果企业管理工作严密、细致、周到,员工的创造设想就会大量喷涌而出,并得以采纳实施;反之,则难以达到期望目标,甚至挫伤职工的创造积极性。

例如,丰田公司为推进"全员创造发明设想运动",在公司内设立了专门的管理组织机构,总公司设立"创造发明委员会",下属各部门都建立了"创造发明小组"。自开展此项活动以来,丰田走过了一个艰难而又硕果累累的历程。在最初推行的 1951 年,丰田仅收到创造建议 183 件。而到了 1980 年,丰田创造建议总量高达 86 万件,日均达到 2356 件,人均达到 195 件,最终采纳率也达到 94%。❶

(二) 企业创新与知识产权人员一般要求

企业应识别出那些可能影响创新与知识产权管理绩效、有效性和效率的人员,并明确不同人员的知识和能力要求。这些人员通常包括以下三类:

(1) 创新的领导者。他们了解创新的未来价值,不断提出新的创新需求,并善于把不同类型的人协调起来完成创新的工作。

(2) 创新的支持者。具有创业精神的内部企业家,他们有创造性,更善于推进创造性,具有广泛的兴趣,强烈关心应用方面,有能力且果断,适合于传播和推广新思想、新产品。他们比专业人才更有创新经验,能指出创新目标,能指导与辅导组织内的一般成员,还可以同高层领导进行对话。

(3) 创新的专业人才。具有创造性、善于产生新思想的创新人员,他们往往是某一两个领域的专家,喜爱创造性工作。例如,技术专家和市场专家。技术专家既是引入外界科技信息的纽带,又是研发部门内部科技信

---

❶ 陈劲,郑刚. 创新管理赢得持续竞争优势 [M]. 3 版. 北京:北京大学出版社,2016:94.

息传输的纽带。市场专家是引入外界市场方面信息的纽带。专家可以是工程师、研究人员，也可以是具备技术基础的营销人员。

企业应明确员工所需具备的创新与知识产权管理能力。企业应根据创新与知识产权战略，以及所开展的创新与知识产权活动及其目标，明确创新与知识产权管理所需能力组合，如表 7-3 所示。

表 7-3 创新与知识产权管理目标、活动与所需能力组合

目标	活动	创新与知识产权管理所需能力组合
定义业务特征	确定企业是否想成为市场创新者、早期采用者或跟随者	理解企业战略内涵的能力（例如，若是创新者，则应寻求知识产权保护，但若是进入既有市场，则可考虑许可选择）
定义市场	企业将有意向在哪些市场（包括地理位置、产品和/或服务）开展业务	了解与企业相关的不同市场；理解相关司法管辖区知识产权保护与执行的法律全景
识别各创新阶段潜在的知识产权	在每个创新阶段，确定哪些内容可通过知识产权保护，采用哪种形式知识产权保护（若有）最合适	了解不同形式的知识产权及其相关的成本和收益；参与成本/收益分析，以确定应当采用何种形式的知识产权保护（若有）
保护知识产权	实施经批准的知识产权保护策略和保护方法	必要时参与或监督知识产权权利申请的能力（例如专利、商标、外观设计）；当商业秘密保护被识别为优选方法时，执行保护性措施的能力
维护知识产权	维护知识产权台账与支持文档，跟踪知识产权注册到期和续期日期	文档和企业技能
监督合同安排	记录和跟踪知识产权转让、许可、出售、收购，或影响知识产权的任何交易	文档和企业技能；理解与知识产权有关的合同安排的法律内涵的能力
知识产权审计	识别企业的知识产权资产	与企业不同部门协作以获取关于哪些内容可以或已经通过知识产权保护的信息的能力；识别不同形式的知识产权的能力；参与知识产权审计过程的能力
知识产权评估	评估知识产权资产的价值	理解不同形式知识产权潜在价值的能力

简单说来，创新与知识产权工作人员至少应具备以下两种能力：一是商业意识，对商业问题有良好的认识和理解，能够将商业思维与创新思维、知识产权思维结合起来；二是知识产权专业知识的传播者，即积极传达知识产权保护的重要性以及将它实现的能力和愿望。具体包括以下五个方面：

（1）管理创新活动的能力。例如，领导力、变更管理、分配资源、员

工参与和授权、团队促进、参与、协作、培养支持创新活动的文化、管理不确定性、引导研究和管理知识产权。

（2）识别见解和机会的能力。例如，利用市场和技术分析、瓶颈和差距分析、人文数据驱动实验和假设检验、设计思维、场景规划、逻辑分析和大数据。

（3）形成创意和概念的能力。例如，创造性和激发性技术、批判性思维、发现技能（联想、提问、观察、实验和网络化）、技术诀窍、市场分析、商业案例写作以及价值实现建模。

（4）开发和验证概念的能力。例如，迭代学习技术、设计、测试和验证、价值实现规划和项目管理。

（5）开发和部署解决方案以实现价值的能力。

企业知识产权工作人员应与市场营销和业务开发团队合作，随时了解产品将在哪些新的国家或地区销售、生产、授权或开发，从而使知识产权保护能够随时服务于业务的发展，让每一位员工参与企业创新与知识产权战略的实施。例如，知识产权工作人员应与研究人员密切合作，确定新技术何时接近完成，从而尽早开始申请专利；他们需要告诉销售人员，在申请专利之前不要透露新产品的细节；当企业正在开发新品牌时，他们需要告知营销团队注册商标的重要性。

企业应在员工招聘、入职、在职、离职等环节，通过知识产权和人力资源管理等跨部门协作，提高员工的创新与知识产权保护意识，明确创新成果的所有权，确保员工遵守保密义务，避免潜在风险。

二、企业员工招聘入职环节的创新与知识产权管理

（一）员工招聘环节创新与知识产权背景调查

企业应确定创新成果的所有权及其开发利用的条款和条件，并与员工进行沟通。在创新初始阶段就明确创新成果的所有权非常重要，这有助于避免企业与员工对于创新成果的来源和知识产权的归属产生争议。同时，企业有效管理员工产生的潜在知识产权风险也很重要。

企业应在招聘环节对于新员工开展知识产权背景调查，包括：

（1）根据职位要求，核实新员工提出求职申请前一定期间的工作经历，尤其是在招聘高管、核心涉密人员、竞争对手原员工时。

（2）了解新员工是否已与原单位签订保密、竞业限制协议。

企业可以采取多种方式开展知识产权背景调查，包括要求新员工招聘面试时填写答卷、向原工作单位发函调查、要求新员工签署知识产权声明等方式，确保背景调查所获得信息的真实、准确和完整。

（二）员工创新与知识产权协议签订

企业可以要求员工在入职时签署知识产权声明，承诺其在本企业工作期间，未经书面授权，不使用或披露任何原单位或第三方的商业秘密或其他专有信息；披露任何可能涉及知识产权有关的诉讼；如果员工保有任何知识产权，应表明其是否同意许可本企业使用等。

企业应在员工入职时与其约定保密和知识产权义务。企业可以在人事合同中与员工约定保密与知识产权条款，也可以与员工签订单独的知识产权协议和保密协议。另外，企业还应同时评估与员工签署竞业限制协议的必要性。企业可以与关键岗位员工约定竞业限制条款。关键岗位通常包括企业决策层、核心技术人员和核心市场人员等。企业可以在人事合同中约定竞业限制条款，也可以与员工单独签订竞业限制协议。包括：员工在解除或终止劳动合同后一定期限内（最长为两年）不得从事与企业相竞争的业务；企业在竞业限制期限内按月给予员工经济补偿；员工违反竞业限制约定的，应向企业支付违约金等。

三、企业员工在职期间的创新与知识产权管理

（一）在职员工创新活动记录

企业保留创新活动的记录，对于明晰发明人身份及所有权、核实企业的知识产权资产、对侵犯第三方知识产权行为举证有重要价值。

企业应建立记录创新活动的规则和惯例，要求员工在创新过程中定期记录创新活动、成果及其贡献，永久保管并保密，以备将来使用。创新活

动可以记录在实验室记事本、工作日志中，也可通过设计模型、脚本或在信息技术开发的电子存档中记录。创新活动记录一般包括以下内容：

（1）基础信息，员工姓名、电话号码、电子邮箱、日期、地址等。

（2）名称，项目或实验的名称。

（3）介绍，项目或实验目的简介。

（4）规程，项目或实验应遵循步骤的简要概述。

（5）观测结果，记录观测结果和数值结果。

（6）结论，基于观测结果形成的结论。

（二）在职员工内部发明披露

如果企业认为某项创新活动的成果值得开发或保护，企业应要求在职员工在内部披露发明及其他创新成果信息。这些信息有助于企业确认作者和发明人身份，奖励参与创新过程的员工，评估知识产权可注册性（如发明的可专利性），开展知识产权尽职调查，提醒员工遵守保密义务。为了评估创新的潜在价值，披露信息应包括关于价值相关性的信息，如与创新活动有关的可能的发明申请、领域、竞争环境以及可能源自发明的潜在优势等。

发明披露表是内部发明披露的常用工具。一般包括以下内容：

（1）名称，发明名称。

（2）领域，发明所属技术领域。

（3）发明人和/或创作者身份，包括发明人和/或创作者的全名、地址和国籍；发明人和/或创作者的雇主或受让组织的名称和地址；发明人和/或创作者签署的发明原创性和作者身份的声明；

（4）所有权，发明相关知识产权权利的归属。

（5）现有技术，创作时发明人已知的现有技术的概述；相关的专利、知识产权权利或申请。

（6）发明内容，包括发明目的；发明的详细描述，如物理结构、方法、过程、附图、成分或配方；发明的操作、功能和用途；发明的替代方案，如与发明相关的任何替代方法、材料或设备；发明相对于现有技术和公知常识的优势；发明的潜在应用及相关性。

(三) 商业秘密涉密人员管理

根据岗位及工作内容建立涉密人员清单，当商业秘密、接触范围、岗位等发生变化时动态更新涉密人员清单。新员工在试用期内不安排其直接参与重要机密会议或核心研发任务。如果员工发生岗位变动，应对员工所接触的商业秘密进行统计备案，并要求员工清退原岗位保管和使用的涉密设备与载体等。定期开展保密培训，并保存相关记录。

如果员工参与了企业的重大创新项目，项目组可以与核心项目组成员单独签订知识产权协议，明确项目技术成果的专利、著作权等知识产权的权利归属、许可使用范围和收益分配、侵权责任承担和保密等。项目组负责人还可以对项目组成员开展知识产权专题培训，明确项目的知识产权管理要求，并采取必要的保密措施，避免项目组成员擅自先期发表、许可或转让项目技术成果等。

(四) 在职员工教育和培训

企业应明确员工现有知识和能力情况并识别出差距，基于适当的教育、培训或经验，确保参与创新与知识产权活动的人员具备所需的知识和能力。为确保教育和培训的效果，企业可以采取以下措施：

(1) 制订培训计划，旨在提高员工对企业创新与知识产权方针、管理活动的认知，面向全体员工推行，并确保定期重申。培训的形式可以多种多样，如专家讲座、专题培训、案例讨论、外派培训等。培训方式既可以是现场授课，也可以是在线培训、自主学习等方式。

(2) 提供针对特定岗位的培训。不同岗位的员工需要掌握的知识产权知识也有较大差异。例如，人事部员工要了解与发明人权利和义务、商业秘密保护相关的知识，以便在日常工作中妥善处理员工招聘、入职、离职、劳动合同等事务；而市场部员工要了解与专利商标侵权相关的知识，以便在日常工作中及时发现单位被侵权的线索。企业应针对不同岗位的员工开展不同的教育培训，使其掌握与自身岗位相关的创新与知识产权知识和技能，提升其知识产权工作的效率和质量。

（3）定期测评价现有教育和培训的有效性，确保创新与知识产权管理过程在企业各级得到理解和遵守。企业要保留好相关培训记录，如培训计划、培训通知、签到表、培训效果调查表等。根据培训效果的调查分析，及时调整培训的形式、内容和方式，提升培训的有效性。

四、企业员工离职环节的创新与知识产权管理

对于离职员工，企业可以采取以下知识产权保护措施：

（1）与离职人员进行面谈，获取离职员工新雇主的信息，重申其与保密及知识产权相关的持续义务，告知其违反可能导致的法律责任。例如，企业可以提醒员工在其离职后一年内做出的与其在本单位承担工作或本单位分配任务有关的发明创造，仍然属于本企业的职务发明并由本企业享有专利权；提醒离职员工已与本单位签署知识产权转让协议等。离职面谈应以书面形式予以记录，并妥善保管。

（2）要求离职员工返还在职期间取得的商业秘密资料，删除持有或控制的任何保密信息，登记涉密电脑、网络系统、电子邮件等信息化设备，解除绑定的个人手机号码等。

对于关键离职员工，企业还应采取以下知识产权保护措施：

（1）设定脱密期。根据离职员工的涉密等级，提前设定脱密期并进行岗位调整，使其不再接触商业秘密。在脱密期结束后，员工方可正式办理离职手续。

（2）要求离职员工签署单独的离职知识产权协议，以确认其在职期间已同意遵守的保密和知识产权义务。

（3）根据已签署的竞业限制协议，评估是否需要对离职员工采取竞业限制措施。必要时，企业应对核心涉密人员执行竞业限制协议。

（4）识别离职员工的任何不当行为，确认是否存在潜在泄密风险。例如，在离职前几天或几个月内移除或删除文件、转发或下载文件等。

（5）将离职员工使用的工作电脑、硬盘驱动器和可移动存储媒体进行存放并保管，从电子邮件备份媒体或服务器中复制离职员工在职最后一段

时间的全部电子邮件进行备份并保存，确保其中保存的信息能够被复制或检查，以必要时将其作为离职员工滥用保密信息的证据。

五、企业内部团队与外部团队的协调

（一）企业创新内部团队与外部团队的协调

随着开放式创新越来越普遍，企业创新日益需要内部团队和外部团队进行协作创新。技术复杂性、市场动荡性、创新迭代程度的提升、市场竞争的加剧等因素使得单一企业无法拥有创新所需的全部资源。企业需要通过外部的技术来源、知识源、经费渠道、市场信息、人才以及其他组织的合作等方式，提升创新的成功率，从而获取竞争优势。

创新协作可以包括来自企业内部相同或不同的团队、部门、单位和职能的人员，也可以包括企业外部的用户、客户、合作伙伴、供应商、学术界、行业和商业协会以及组织之外的其他相关方和关系网络，包括自身价值网络之外的各方。创新协作旨在促进企业获取或共享外部知识、能力、其他知识资产和资源。程序协作可以帮助企业识别用户需求、期望和挑战，共享创意、知识、技能和专有技术，共享基础设施，促进投资组合，加强与市场和用户的沟通，获得新技能和资源，以及联合部署创新业务等。

企业开展协作创新时，主要考虑：协作是否符合企业的创新战略、目标；企业现有的创新能力、资源、知识和技能有哪些；如何通过协作，提高创新团队的经验、学科、技能、观点等多样性；外部协作的具体方式、方法、规则和协议有哪些；如何采取措施，确保协作双方之间互相尊重、开放和信任；如何处理外部协作涉及知识产权问题。

企业在遴选合作伙伴时，首先可以根据企业对相关方、现有关系及其内部和外部来源等内部和外部环境分析的结果，确定潜在的合作伙伴。然后，根据一定标准和优先级进行排序，包括潜在合作伙伴的知识和能力、以往合作经验、以往创新历史、配合程度、财务状况、知识产权状况以及地理政治、企业、道德和其他风险等。最后，企业还要与入围者进行初步沟通和谈判，以确定其是否具有合作意愿。在创新合作的具体过程中，企业应与合作伙伴保持良好的协调和沟通。

企业应有效管理内部和外部协作。在创新开始之前，企业应尽早与其他外部协作方建立沟通，协商各自知识产权权属和收益分配机制，确定协作创新相关成果的知识产权保护和利用方案，确保协作创新过程中产生的知识产权能被企业用于实现其创新目的。与此同时，企业应尽早采取保密和其他保护措施，对自身创新成果进行知识产权保护。企业应对所有涉及知识产权的协作合同或协议进行审查，包括与员工、合作方、分包商、供应商、经销商和用户等合同或协议。在协作创新过程中，企业可以积极利用专利池、标准必要专利等方式，提升知识产权优势，增加知识产权收益，实现创新价值，提升市场竞争力。

需要注意的是，创新过程中过度的开放有可能导致企业技术秘密和经营信息等商业秘密被泄露，导致竞争对手可以通过模仿等方式获取"搭便车"的效益。因此，企业需要在外部协作创新与内部创新之间进行适度平衡，保护商业秘密。例如，企业在与合作伙伴开始讨论或谈判以及在共享商业秘密之前，应首先签署保密协议。在与合作伙伴正式签订的合作协议中，应明确约定双方的合作目标和方式、创新成果与知识产权归属等内容。创新协作的具体过程中，在与合作伙伴进行沟通时，企业应采取必要的保密措施，确保商业秘密不被泄露。

（二）企业知识产权内部团队与外部团队的协调

随着企业创新与知识产权管理不断深入，知识产权工作不再局限于知识产权事务性管理，而是拓展到专利信息分析利用、战略规划、研究和咨询等。必要时，企业可以考虑将部分知识产权工作进行外包。通过利用熟悉法律、管理规范、专业水平高的外部资源，对内部知识产权专业能力进行有益补充，形成良好的内外部协作的资源配置模式。

不同企业采取不同方式来组建内部和外部知识产权团队。有些企业要求内部人员完成主要工作，但在人手不足或能力欠缺时，利用外部机构和人员协助处理额外的工作或提供诉讼等专门服务。还有些企业将大量知识产权工作委托给外部机构进行管理，企业仅维持少数的内部人员，负责协调和监督外部机构和人员的工作质量和效率。

企业在聘用外部知识产权专业机构和人员时，需要考虑以下因素：

（1）知识产权方面的具体需求（需要哪些具体的知识产权建议）。

（2）基于从业资格、专业知识、经验等，识别合适的专业人员。

（3）基于参考资料、先前成功案例和潜在利益冲突的尽职调查（基于对是否代表对企业不利方的考虑）。例如，企业可以审查外部专利代理人的工作质量，主要考虑的因素包括：对审查员驳回意见答复的有效性；是否有因为错过缴费期限而缴纳逾期滞纳金或罚款的情况；提交的专利申请文件中是否有表述错误或拼写错误；专利说明书或者国外现有技术概要的翻译质量；特定专利申请最终取得的权利要求范围。

（4）基于初次沟通会议的结论（敏感细节不应在初次会议中披露），如初次会议讨论的成本、潜在冲突及问题解决方法。

（5）基于尽职调查结果、初次会议的结论和背景调查，选择合适的知识产权专业人员（成本不应是选择知识产权专业人员的唯一因素）。

（6）达成公平的聘用协议，该协议至少解决了保密性、工作范围、开展业务的知识产权专业人员的技能、预估成本、费用支付安排以及如何解决潜在的利益冲突。

例如，企业创新过程中知识产权风险分析是一项十分重要的工作。关于知识产权风险的错误建议可能最终导致企业失去商业机会。知识产权风险分析是一项跨学科的工作，通常需要外部机构或人员的协助。外部机构或人员的专业能力和经验，需要与企业特定的知识产权风险分析的需求相匹配。包括：结合创新范围和所处的创新阶段，识别和描述具体的知识产权风险，并识别和分析知识产权风险可能导致的结果；根据知识产权风险发生的可能性和潜在损害程度，进行风险评估；采取适当的措施，帮助企业监控和降低相关知识产权风险。

第四节　企业创新与知识产权管理基础设施保障

一、创新与知识产权管理基础设施范围

企业应确识别创新与知识产权管理所需的基础设施。包括：

（1）建筑物、设施和相关公用设施。例如，创意环境、创客空间、研发实验室、仿真实验室或生活实验室等。

（2）硬件、软件和方法。例如，研究设备、仿真设备、物理工具、先进技术和模型等。

（3）信息和通信技术。例如，用于管理协作、创意、投资组合、见解、人才、项目或计划等信息和通信技术（ICT）。

（4）网络。例如，知识网络和市场网络等。

（5）运输资源。例如，用于新产品试验的物流设备。

企业可以通过多种方式提供创新与知识产权管理所需的基础设施。综合考虑灵活性、成本、效率和协同效益等因素，企业可以为不同的创新与知识产权活动分别配置创新与知识产权管理所需的基础设施，或与他人共享创新与知识产权管理所需的基础设施。企业还可以通过外包或合作等方式，从外部相关方获得创新与知识产权管理所需的基础设施，包括顾客、供应商、合作方等。另外，考虑基础设施发展、法律和法规要求，企业可以适当采用新技术、新工具和新方法。

二、创新与知识产权管理信息化系统

为便于创新全过程周期管理，很多企业使用项目管理（Project Management，PM）系统进行管理。PM 系统一般可以为企业提供新产品开发项目的任务、进度、资源、文档、质量和改进管理等功能。

为便于知识产权生命周期管理，企业可以使用知识产权管理系统。知识产权管理系统一般为企业提供以下两项主要功能：

（1）跟踪多个知识产权申请的状态和截止日期信息。由于专利和商标申请受制于许多详细的管理要求，因此企业需要跟踪何时必须作出答复、何时必须缴付费用、何时必须支付续展费或维护费等事项。

（2）有效管理知识产权资产组合。包括存储与每一项知识产权资产相关的所有文件（包括员工协议、申请记录、许可查询等）；合同管理（特别是许可协议方面的合同管理）。这对于跟踪知识产权资产全生命周期内所有与知识产权相关的问题具有很大价值。在知识产权受到挑战时（例如，在中国专利复审案中或在美国商标异议案或诉讼中），这些工具有助于企业及时进行响应并制定适当的诉讼策略。

三、商业秘密涉密设备、载体和区域管理

企业创新过程中商业秘密管理的一项重要工作是涉密设备与载体管理。涉密设备与载体包括存储涉密信息的硬盘、光盘、磁性介质、U盘、研发设备、生产设备等设备与载体。

企业涉密设备与载体管理应满足以下要求：选择安全保密的特定场所或位置（物理隔离）保存涉密载体，由专人管理；涉密设备与载体设定信息加密系统、员工权限管理系统等限制商业秘密存储、复制等操作；在涉密设备与载体的相关位置设置涉密提醒，必要时可使用隐藏式记号；涉密设备与载体的收发履行清点、编号、登记、签收等手续；涉密载体流转、复制时，履行审批、登记手续，复制加盖戳记并视同原件管理，确保载体使用完毕后及时回收；保留涉密设备与载体保存、收发、复制、传递、使用等过程的记录；定期清查、核对涉密设备与载体；需外部人员维修的，指定专人全程现场监督；涉密设备与载体的报废和销毁时，履行审批、清点、登记手续，确保销毁的涉密信息无法还原；保留保存、销毁等过程记录。

企业创新过程中商业秘密管理的另一项重要工作是涉密区域管理。企业应为涉密区域划定相对独立的物理空间，并对涉密区域采取保护措施。涉密区域一般包括研发部门、财务部门、实验室、重要生产工作场所、涉

密信息和涉密载体存放地点等。企业对涉密区域应采取保护措施，企业应将涉密区域与普通区域以明显警示标志隔离，同时通过警报、安防、门禁等措施加强涉密区域的管理；限制使用具有录音、摄像、拍照、信息存储等功能的设备；建立保安系统及来访人员管理制度，明确来访人员的活动范围、行为限制等，并保留访问记录；必要时，采取网络隔离阻断等。

第五节 案　　例

【案例一】 西门子公司研发投入分配[*]

在西门子公司发展史上，1850—1900年是"先期的工匠式企业"阶段，研发经费投入占销售额的比例低于0.3%。1950—1990年是"系统公司"阶段，研发经费投入占销售额的比例已经达到2%~3%。在1990年以后的"服务性公司"阶段，研发经费投入占销售额的比例则已上升到3%以上。很显然，西门子公司研发经费投入占销售额的比例同西门子公司不同发展阶段及其战略密切相关。

西门子目前研发工作分为两个部分：一部分在西门子技术中心，另一部分则在各集团公司的研发部门。技术中心是西门子公司研发体系的中央部门，主要把精力集中在核心技术上，即那些有长期创新潜力、能对公司未来有很大贡献的技术。各集团公司的研发部门则主要进行一些产品和工艺方面的改进，关注市场的联合研发，致力于将下一代产品投入市场，保证了集中研发和分散研发的互动作用。西门子创新和技术委员会则由各集团首席技术官组成，负责根据技术对各个业务单位未来影响的潜力，决定哪些技术属于核心技术，核心技术不断地调整以适应新的知识和变化的市场。

西门子公司严格控制研发资金在短期、中期和长期项目间的分配，用

---

[*] 陈劲，宋建元. 解读研发：企业研发模式精要：实证分析 [M]. 北京：机械工业出版社，2003：94-96.

一种"战略性远景"的机制将现在的研究项目和未来的研究很好地结合起来，保证西门子当前和未来的竞争力。在资金分配上，西门子将大部分研发资金投入同市场密切相关的技术研发方面，并由各集团公司研发部门负责完成。而技术中心则将更多的资金投资于中期和长期研发项目，保障了基础研究和长期核心技术研究所需的资金要求。

【案例二】苹果公司研发投入[*]

世界上能开发出一款惊艳的产品并可以被称为优秀的公司并不少，但很多公司没能在下一版本、下一代的产品里留住用户。但有的公司可以不断做出开创性的产品，并通过出色的迭代不断获取用户、提升利润，建立起围绕自己产品的生态系统。苹果公司就做到了这一点。

很多分析认为，一家科技公司在研发项目上投入多少，可以反映它对创新的重视程度。不过，也应该衡量一下短期内研发费用的持续支出与获得成效相比如何，因为效率最重要。苹果公司的成功打破了一种惯常的思维，即一家领先的科技公司必须将相当一部分收入用于研发，否则就有被超越的危险。苹果公司从来不认同这一见解。

史蒂夫·乔布斯认为，"创新跟你在研发上投入多少钱根本不搭界"。Mac 刚推出的时候，IBM 花在研发上的钱是苹果的 100 倍左右。现在科技巨头真正可能改变世界的创新并不一定总是从内部诞生，从外部收购也是大有可能。从历年苹果公司费用支出情况来看，为了改善 Siri、地图服务、摄像头和 iCloud，收购了超过 10 家公司。科技巨头资本雄厚，收购那些有可能让竞争对手改变游戏规则的创新技术往往也能让这家公司保持足够的创新能力。而有关收购创新技术部分的支出，并不会作为研发费用展现出来，所以这反过来也说明，并不是研发费用支出少，创新能力就比其他公司弱。

对苹果公司来说，它需要的并不是每年开创一个全新的产品，而是有

---

[*] 陈劲，郑刚. 创新管理：赢得持续竞争优势 [M]. 3 版. 北京：北京大学出版社，2016：341-343.

节奏地开创新产品,同时把现有产品做到极致。因为只有这样才能保证公司在产品领先的同时获取最大利润。如果一味开拓新产品,但没有利润的保证,可能下一代新产品的研发费用就会大大缩减,从而无法保证下一代新产品足够惊艳。

随着智能手机市场快速成熟,苹果公司要实现增长需要更多创新,这会导致研发投入上升。2022年,苹果公司的研发投入总计246.12亿欧元,占总营收的6.7%,创造了苹果公司的历史纪录。那么,苹果公司挥金如土的创新,重点在哪些技术领域呢?

首先是芯片。2010年,苹果在iPhone 4中首次采用了自研的A系列处理器,到现在苹果已经成功推出了一系列的自研芯片,包括面向iPhone/iPad产品的A系列移动处理器、面向无线音频设备(AirPods)的W和H系列芯片、面向定位需求的U系列芯片、面向Mac产品的M系列芯片、面向XR设备的R系列芯片等。这些Soc芯片一直是让苹果无法被竞争对手超越的关键。目前,苹果芯片团队已有数千名工程师,并在硅谷、圣地亚哥和得克萨斯州奥斯汀都设有芯片研发机构。

其次是软件。苹果公司能够在智能手机市场独树一帜的根本原因之一就在于其软件和服务。iOS、OSX、watchOS和tvOS,这些都是苹果公司主流的操作系统。此外,苹果公司还会投资这些平台上的服务,比如ApplePay、AppleMusic、iTunes和AppStore等。苹果公司还在印度海得拉巴(Hyderabad)建立了一个研发中心,主要开发用于iPhone手机、Mac系统的地图。

最后是未来项目。苹果公司研发大部分都投入了未来的创新项目中。分析显示,苹果公司研发投入主要集中于探索虚拟现实(VR)、增强现实(AR)和生成式人工智能(AIGC)以及机器学习等领域。2024年2月,苹果发布了Vision Pro产品,这不是一款常见的VR或AR产品,而是一款头戴式"空间计算"显示设备,将带领用户进入空间计算新时代,迅速引发了市场热潮。

当然,即使是苹果这样的高科技公司也难免会有投资失败的情况。但是，苹果公司能够根据市场环境变化，及时调整研发投资的方向。1997年，乔布斯重新回到苹果公司之后，开始大刀阔斧地改革，砍掉了绝大部分不需要的研发项目和业务线。例如，销量极差的"Newton"掌上电脑项目，便是首当其冲的被砍产品线。随后，乔布斯又开始了新产品——iMac电脑和OS操作系统的研发工作，并先后推出了iMac、iPod、iPhone和Macbook Air等产品，成功实现了苹果业绩的腾飞。

2014年，苹果公司启动"泰坦计划"，设想做一款全自动驾驶汽车。但随着时间推移，苹果将此"壮志雄心"缩减为半自动驾驶。多年来，尽管苹果的汽车部门经历了数轮重组和战略改革，并耗资数十亿美元，试图赶超特斯拉在这场"电动汽车变革"中的领导能力，但随着电动汽车市场的快速发展，苹果面临的难度正不断增加。2023年，随着OpenAI的ChatGPT的发布，AIGC已经大举进入科技行业。2024年2月底，苹果宣布解散汽车团队，汽车团队部分员工也将随之转移至AI部门。同时，苹果公司将加大对AIGC领域的投资，以继续保持苹果公司在消费电子领域长期建立起来的优势地位。

第八章 企业创新全过程知识产权管理要点

第一节 企业创新与知识产权管理的基本流程

一、企业创新全过程管理

创新是一个从创意到商业化的过程。创新过程通常由一组相互关联或相互作用的活动组成,以线性方式或非线性方式进行迭代运行来实现创新。创新过程通常与企业中其他过程相互关联并相互影响。创新过程可以独立实施,例如,验证过程的输出可以是现有产品开发过程的输入。创新过程也可以完全嵌入或部分嵌入企业其他内部或外部过程中实施,并与这些过程相互衔接,如研发过程、合作过程、并购过程、协作过程和知识产权管理过程等。创新过程既可以在企业内部实施,也可以在跨组织的不同相关方之间实施,如开放式创新、合作创新、价值网络或生态系统创新等。为确保与企业的创新类型和创新行动相适宜,创新过程应具有灵活性和适应性。

创新线性过程将创新活动划分为几个过程,每个过程分别设置相应的决策准则。创意产生后,通过过程门设置的决策准则进行审查,只有最有价值的创意才能进入下一过程,这种方式有助于减少与创意和创新概念相关的风险。常见的线性模型有过程门模型、创新漏斗模型和瀑布模型等。例如,门径管理系统中,创新过程可以划分为创意形成、概念孕育、产品研发、市场测试和市场发布五个过程。每个过程入口设置一个关卡,分别是创意筛选关卡、商业案例关卡、产品开发关卡、测试与验证关卡和市场发布关卡。根据新产品的筛选标准，结合每个过程的产出情况，决定是否进入下一个过程继续开发。著名的产品和周期优化法（Product And Cycle Excellence，PACE）就是基于门径管理系统的新产品开发模型（见图8-1）。

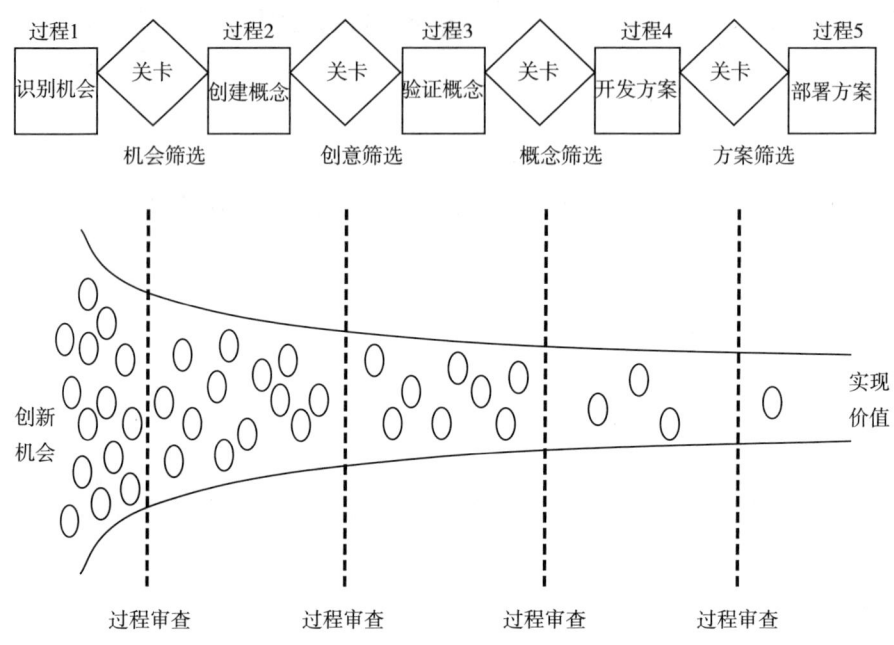

图 8-1　门径管理与新产品开发漏斗模型

但是，由于创新活动（如创新机会识别、创意产生和创建概念等）很难按照预先设定的顺序管理和控制，机会和创意很可能随着时间的推移而演变，这种情况采用非线性方法可能更加合适。通过多次迭代，减少每次迭代的不确定性，提高创新成功可能性。这种方法允许企业首先发布原型和最小可行的产品，然后收集用户和相关方反馈；根据反馈信息，继续提炼机会和创意，改进产品并重新发布，然后进一步迭代。这些创新过程是迭代实现的，而且通常是以非线性序列实现，例如螺旋模型、敏捷创新、精益创业、极限创新和快速原型等。

ISO 56002：2019 与 ISO 56001：2024 国际标准吸收国际创新管理研究

的最新成果，提出了创新过程模型，为企业管理创新过程提供了重要指导。创新活动可以通过识别机会、创建和验证概念、开发和部署解决方案这五个过程来实现（见图8-2）。

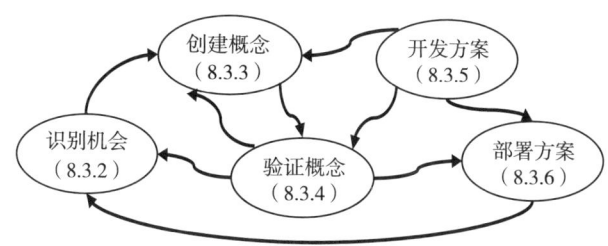

图8-2 ISO 56000系列国际标准提出的创新过程模型

"识别机会"过程旨在通过分析现有技术和市场情况，识别潜在的创新机会及其价值，并对其排序。其任务是按照创新项目发展要求在项目小组内展开交流，进一步识别和评估机会，厘清创新项目的概念和项目成果定义，拟订详细的创新项目执行计划。

"创建概念"过程旨在通过分析潜在概念的风险和机会，明确潜在概念的价值实现模型，并遴选出合适的潜在概念。其任务是按照创新项目的执行计划，执行研发设计任务。

"验证概念"过程旨在通过对潜在概念的可行性进行验证，确保经验证有效的潜在概念，其进一步开发的不确定性处于可接受水平。其任务是按照创新项目的执行计划，执行测试和验证任务。

"开发方案"过程旨在经验证有效的潜在概念基础上，开发可行解决方案，确保创新成果价值最大化和风险最小化。其任务是对研发设计成功的成果进行完善，制定批量生产方案并执行。

"部署方案"过程旨在通过可行解决方案的有效部署，实现创新的财务或非财务价值，并为可行解决方案的后续改进获取新的知识。其任务是为可行解决方案的商业化运作制定具体方案并执行。

创新过程可以采用多种工具和方法。包括：基础研究、市场扫描、前瞻性分析、标杆管理、信息搜索、访问访谈、人类学分析、众包、焦点小组、预测活动、用户场景、风险分析、动态系统建模、逆向推理、人文研究、场景规划、头脑风暴、兼容性设计和商业模式样板等。企业可以根据实际需要，在不同的创新过程，选择适宜的工具和方法。

实践中，许多企业使用 NPD（New Product Development）框架来管理创新过程。NPD 框架根据基于产品生命周期达成的创新计划，管理整个创新项目，有利于减少创新过程循环次数，降低创新成本，及时将新产品推向市场。创新项目由跨职能团队负责执行，明确项目主要任务、日程和资源分配等。而企业决策层负责制定决策，解决跨项目问题，并监督项目实施情况。NPD 框架使用结构化开发模式，包含创意、新产品设计开发和商业化等创新过程，在项目过程中设置若干决策点，由企业决策层批准或拒绝项目计划、资金和资源分配。❶ 创新五个过程中，多个节点通常是相互重叠的。根据实际情况，企业可以在各过程对创新项目的任务进行质疑，并反复讨论和修改。必要时，企业也可以提前终止出现问题或商业化前景差的项目。

例如，1999 年，华为公司引入集成产品开发（Integrated Product Development，IPD）流程。IPD 的思想来源于 PACE 框架，由 PRTM 提出，并经过 IBM 等企业实践总结而成（见图 8-3）。IPD 强调以市场和客户需求作为创新的驱动力，在产品设计中构建产品质量、成本、可制造性和可服务性等方面的优势。IPD 将产品开发作为投资进行管理，在产品开发每个过程都从商业角度进行评估，以确保产品投资回报的实现或尽可能减少投资失败造成的损失。经过多年实践，华为公司 IPD 流程不断完善，帮助华为成功转向以业务流程为核心的研发管理模式，提高新产品开发成功率，加快新产品开发速度，缩短上市时间，降低开发成本，增加收入，提高了华为公司整体的研发运行效率。

---

❶ 波维茨·K. 阿德曼，查尔斯·D. 谢泼德. 创新管理：情境、战略、系统和流程[M]. 陈劲，译. 北京：北京大学出版社，2014：163-165.

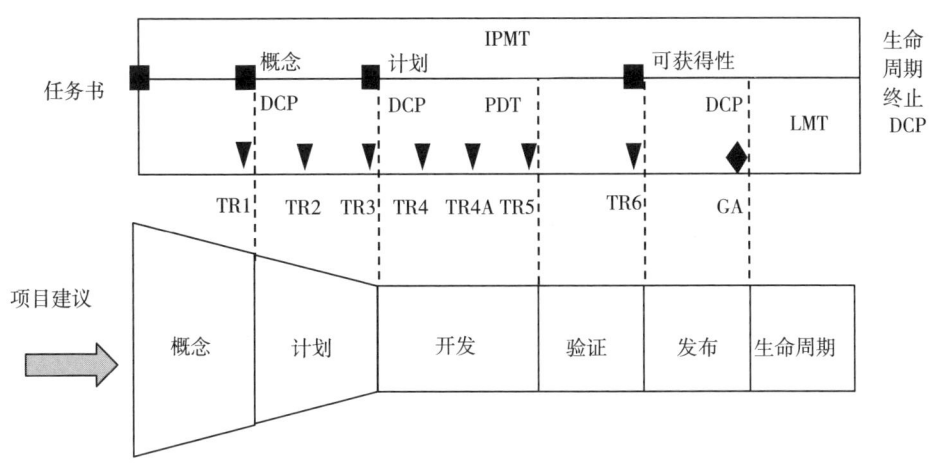

图 8-3 华为 IPD 流程

二、企业创新全过程中知识产权管理

企业创新全过程的知识产权管理活动应遵循既定的知识产权战略。将知识产权管理活动嵌入创新全过程，有利于提高创新过程的效率，促进积累或获取有价值的无形资产，并为创新者提供明确指导。知识产权管理通常有以下三个目的：一是确保企业能够围绕现有知识产权资产组合开展创新；二是确保企业的创新成果能够获得新的知识产权保护；三是确保创新的解决方案在部署时能够实现自由实施。

企业应意识到，识别、保护和利用知识产权能够为企业带来财务、声誉、合作或网络效益。企业应充分利用创新成果，促进这些效益的实现。企业创新全过程中知识产权管理的主要任务包括以下方面：

（1）明确知识产权保护策略。例如，哪些知识产权需要受到保护，哪些不需受到保护，以及何时、何地、以何种方式受到保护。

（2）明确保护知识产权的理由，如实现价值、获得实施自由和防止侵权等；以及不保护的理由，如保密性、成本、速度和风险等。

（3）建立和保持企业的知识产权资产及其组合。

（4）定期监测和分析与企业相关的已披露的知识产权，作为创新活动的输入，以确保实施自由，并避免潜在的侵权。

（5）定期监测和分析相关国家法律、其他国家适用的法律要求和合规承诺的发展和差异。

（6）明确企业与外部合作伙伴的所有权关系。例如，在合作创新计划中，尽早明确在创意产生过程的知识产权共享。

（7）明确企业如何从知识产权中实现价值。例如，通过许可、交叉许可、销售和合作伙伴关系。

（8）建立企业内知识产权管理意识并提供培训。例如，知识产权所有权和保密，潜在侵犯第三方知识产权的后果等。

（9）确保企业内部或外部人员在工作需要时，能够获得或限制其获得相关知识产权。例如，通过保密协议、程序和政策等。

（10）明确针对来自第三方的潜在侵权和实际侵权的管理策略。

知识产权管理应涵盖创新全过程。由于不同创新过程的知识产权管理目的有所不同，因此企业应根据每个创新过程的具体情况，进行量身定制，确保为每个过程配置相适宜的知识产权管理活动。

企业创新全过程中知识产权管理，需要重点考虑的因素包括以下方面：

（1）风险。尤其是影响创新成果自由实施的相关法律和技术风险。如果企业忽略第三方知识产权，就会将企业置于风险之中，或在企业市场竞争时被迫作出妥协。

（2）研发。包括创新、技术分析、竞争分析、反假冒监测、技术侦察、技术和法律分析、自由实施分析。

（3）法律。包括合同方面（如保密、购买、销售、合伙和许可合同等），反假冒诉讼处理，在合作研发项目中转让知识产权，为创新项目雇用实习生或临时合作者等。

（4）营销。包括商业计划（如利润、市场份额等）、市场信息、增长因素和宏观趋势、假冒检测、品牌选择、产品和服务的开发等。

（5）财务。包括预算、支付或收取的许可费、知识产权会计报告和知识产权资产报告。

（6）采购。包括将开发项目全部或部分分包，确认对采购的部件、技术或工具的自由实施。

（7）许可。包括知识产权许可计划的提议和准备、与知识产权顾问互动、可用于许可的知识产权资产组合开发、谈判等。

（8）战略。包括知识产权资产在并购、多元化或资产剥离中应用（如从战略部门撤出、资产组合合理化等）。

创新通常会产生各种类型的知识产权资产。企业应意识到，创新过程产生的这些知识产权可能在知识产权整个生命周期内存在开发和利用的机会。因此，"部署方案"过程可能贯穿特定知识产权的整个生命周期。企业应在知识产权全生命周期内，横跨创新五个过程进行不断迭代，持续监控相关知识产权，面向市场持续优化知识产权保护、商业化和开发利用，确保能够实现知识产权价值最大化。例如，通过创造额外的知识产权或放弃或出售不必要的知识产权以节省成本。

企业可以在创新五个过程中使用多种知识产权管理工具和方法。例如，发明披露和记录、知识产权检索分析、知识产权获得维护、知识产权价值评估、知识产权开发利用以及知识产权风险管理等。对许多企业而言，这些知识产权管理活动相关的工具和方法可用于五个创新过程中的多个且通常重叠的节点。因此，企业应考虑根据创新过程各个过程知识产权管理具体目的，选择适宜的知识产权管理工具和方法。例如，专利检索分析可以利用未授权专利申请和无效专利帮助企业了解竞争对手的创新活动和未来方向，帮助企业评估发明的竞争力、独特价值及其授权可能性，避免重复研发或侵犯第三方专利，同时帮助企业在技术许可、技术合作、企业并购等方面作出商业决策。

企业应利用不同人员的技能，协作开展知识产权管理活动，如内部和/或外部的知识产权专业人员、研发工程师和产品经理等。这些人员之间应建立良好沟通并保持互动，使他们能够对创新行动相关现有技术和现有知识产权的理解达成共识并及时参与识别、保护和利用创新过程产生的知识产权,确保创新过程与企业现有知识产权组合、研发计划和营销方法保持一致。同时,企业应及时向利益相关方传达创新与知识产权相关信息,使利益相关方能够参与创新,利用知识产权,推动实现企业总体的业务战略和目标。

第二节 "识别机会"过程创新与知识产权管理要点

一、"识别机会"过程的创新管理要点

"识别机会"过程旨在根据企业及其创新内外部环境、创新意图、创新计划的范围以及以往创新的经验与教训等,识别和定义创新机会(见表8-1)。

表8-1 "识别机会"过程创新管理要点

类别	识别机会过程创新工作内容
目的	识别潜在的创新机会,并对其进行分析和排序
输入	为识别和定义创新机会,企业宜考虑以下几个输入: (1) 企业及其创新内外部环境; (2) 创新意图; (3) 创新计划的范围; (4) 以往创新计划的经验与教训
方法	(1) 获取已表达和隐含的需求和期望方面的见解和知识,涵盖当前和潜在用户、客户、公众,以及企业、市场或社会等各利益相关方的损益情况; (2) 掌握有关涉及竞争对手、技术、知识产权和市场等方面具有趋势性和挑战性的见解和知识; (3) 识别和定义机会和机会领域,如期望达到的影响力、实现的价值或问题陈述; (4) 对机会进行优先排序
输出	(1) 认识到可实现的潜在价值和潜在影响力; (2) 对创新机会、机会领域或存在问题进行识别、定义和排序; (3) 了解到包括知识产权在内的最先进的技术

"识别机会"过程,企业需要分析企业及其创新的内外部环境,创新意图、创新计划范围和以往创新的经验与教训,掌握竞争对手、技术、市

场、知识产权以及国家、地区和国际的发展趋势，了解利益相关方的需求和期望。通过市场分析与对标分析，明确企业及其他利益相关方（含竞争对手）知识产权和技术能力，并基于此产生创意。

许多创新项目不是在开发过程中失败的，而是在一开始就注定会失败。由于最初判断或研究的失误，即使在产品开发过程花费了很大的力气，创新仍然以失败告终。据统计，在新药开发过程中，每3000个产品创意中，只有14个进入开发过程，而最终能够商业化并取得成功的产品只有1个。❶因此，企业需要对创意的价值和风险有一定认识，并在对创意进行全面评估的基础上进行决策。这不仅有助于企业提高创新的绩效，也能节省新产品开发的时间和资金。

创新的源头是创意。创意是指一个新产品、新服务或者预想的解决方案的最初萌芽。创意目的可能是解决一个具体的问题，也可能是更广泛地寻找新的方向。创意既可以来自企业内部，也可以来自企业外部。企业可以使用多种工具和方法产生创意。例如，头脑风暴和焦点小组方法可以通过利用不同的观点来帮助产生创意。设计思维方法可以通过理解用户需要来帮助产生创意。情境规划方法可以通过对未来趋势进行分析来帮助产生创意。故事板、素描和游戏化方法可以通过设想和模拟用户体验来帮助产生创意。创意挑战活动（如黑客马拉松等）可以通过解决具体问题来帮助产生创意。此外，人类学分析、设计还原、用户画像、观察和游戏、实地考察等工具和方法都是产生创意的有效方式。如何捕获创意是企业创新面临的首要问题。

ISO 56007：2023《创新管理-机会与创意管理的工具和方法：指南》国际标准为企业提供了机会识别、创建概念和验证概念的工具和方法。为促进创意产生，许多企业使用模糊前端（Fuzzy Front End，FFE）方法。FFE方法将创新过程划分为模糊前端、新产品开发和商业化三个部分。FFE方法包括机会识别、机会分析、创意产生和丰富、创意选择、概念和

---

❶ 陈劲，郑刚. 创新管理：赢得持续竞争优势 [M]. 3版. 北京：北京大学出版社，2016：109.

技术发展共五个过程。首先，基于创新战略，企业可以开展内部交流，进一步识别和评估创新机会。然后，基于已识别的创新机会，企业可以进行初步的概念生成、产品定义、项目计划和执行等分析。最后，基于以上分析结果，企业决定是否在这一概念上进行投资，以进一步对新产品进行开发设计并部署解决方案。

识别创新机会并产生创意的活动将会产生大量的潜在创新机会和创意。企业应对这些创新机会和创意进一步描述，明确创新机会在相应技术和市场领域可能实现的潜在价值、影响力及其存在的问题。例如，通过展示创意画布、数字捕捉、产品模型、故事板等方式。企业应在内部分享这些创新机会和创意，并允许提问和解释。企业可以对这些创新机会和创意开展评估，包括其在知识产权方面的影响。基于既定的筛选准则，企业应筛选出最合适的创意，将其纳入创建概念的范围，作为下一过程创建概念的基础。企业应对所有创新机会和创意进行存档，并将其作为未来识别创新机会和创意的灵感或来源之一。

二、"识别机会"过程的知识产权管理要点

"识别机会"过程知识产权管理旨在从知识产权角度，对潜在的创新机会和创意进行识别、定义和筛选（见表8-2）。

表8-2 "识别机会"过程知识产权管理要点

类别	识别机会过程知识产权工作内容
目的	通过识别现有技术（如现有技术检索或知识产权全景分析），定义潜在的创新机会，并对其进行优先排序
输入	（1）创新行动； （2）技术趋势； （3）通过公开可获取的知识产权数据库获得的现有技术； （4）先前相关的成文信息（如创新记录）； （5）企业及其他利益相关方（包括竞争对手）的知识产权； （6）企业、竞争对手和其他利益相关方的技术能力； （7）市场分析与对标分析； （8）国家、地区和国际发展； （9）帮助企业决定是否申请知识产权保护以捕获和确保创新机会的其他信息

续表

类别	识别机会过程知识产权工作内容
方法	（1）确保通过多种方式捕获创意，并与相关数据（如构思日期、外部披露日期）共同保存，为后期异议或纠纷提供证据； （2）在知识产权、研发和市场人员间建立良好的沟通，以确保对企业最具价值的技术达成共识，并与研发计划、现有发明和营销方法保持一致； （3）通过审查和维护已更新的数据库，开展内部知识产权组合分析，旨在确定适当的保护范围； （4）对现有技术和/或知识产权开展分析（例如，通过知识产权检索、知识产权导航或知识产权全景分析等工具和方法），以达到以下目的： ①发现尚未被其他知识产权权利覆盖或保护的创新机会； ②识别潜在的竞争对手及其活动，重点关注其知识产权定位和/或方向； ③适时识别潜在的合作机会及合作伙伴，如技术转让机会和建立创新伙伴关系； ④早期发现技术或市场的趋势。 （5）对于涉及外部合作、资金或其他资助的情况，确保创新过程中产生的知识产权能被企业用于其预期目的
输出	（1）对于创新行动相关现有技术和现有知识产权权利的理解； （2）已识别和优先排序的潜在创新机会或领域； （3）已识别的与开拓市场机会相关知识产权或知识产权差距（基于标杆分析）

企业在创新"识别机会"过程的知识产权管理工作具体包括以下方面：

（1）通过现有技术和/或知识产权检索分析，发现创新机会。例如，通过知识产权导航或全景分析（特别是专利信息分析）等工具和方法，企业可以发现技术或市场早期发展的趋势，识别潜在的竞争对手并且重点关注其创新战略和/或创新方向，发现未被第三方知识产权覆盖或保护的创新机会，同时识别潜在的合作机会及合作伙伴。

例如，面向产品开发决策的专利导航，首先要检索产品所属技术领域相关专利信息及其他技术信息，收集所在行业的政策环境、市场需求、发展趋势、产业链结构等产业发展环境信息；收集所在产业的技术发展趋势、主要技术路线、替代技术发展状况、技术竞争强度等技术发展态势信息；收集主要竞争对手技术目标和战略、技术路线、专利布局、可能的竞争行为等信息。然后，通过技术功效矩阵分析、专利侵权分析等方式，并结合企业自身的市场竞争和技术实力，明确产品开发所需要的关键技术及其获取策略（包括自主开发、合作开发和技术引进等），提出产品开发路径建议、知识产权保护建议、产品开发相关专利侵权风险预警和规避建议。最后，基于上述分析结果，结合企业的业务战略和目标，企业可以作出是否开发该产品的决策。

（2）对潜在的创新机会或领域进行识别和排序。例如，通过知识产权分析，企业可以明确创意是否新颖。对于与开拓市场有关的创新机会，企业可以从知识产权角度进行标杆分析，分析自身的知识产权差距、创意相关知识产权价值和风险，以决定是否对创意进一步开发。

（3）通过对企业先前相关创新活动的创新过程和知识产权组合等数据库进行审查和分析，帮助企业决定是否对相关知识产权进行保护，并进一步明确知识产权保护的具体范围。创新成果可以通过多种知识产权类型组合进行保护。一般来说，保护知识产权目的包括实现创新价值、获得实施自由和防止侵权等；而不保护知识产权目的包括成本、速度、风险和保密性等。

对于发明而言，使用商业秘密或专利来保护，都应被视为战略性商业决策。并非所有发明都可以获得专利，因此，在创新的起始过程将创意视为商业秘密显得十分重要。而在创新后期，是否申请专利取决于发明的性质、商业潜力、竞争性质、竞争对手独立创造或逆向工程的可能性等因素。一般说来，满足可专利性要求的那些发明通常可以申请专利，其余发明可能仍然需要作为商业秘密进行妥善保护。

为及时有效获取和利用知识产权，企业应确保知识产权专业人员与创新人员的互动，使员工能够参与识别和保护知识产权，包括：根据企业现有知识产权组合状况和第三方知识产权风险评估的结果，明确创意产生了哪些新的知识产权？是否需要保护？采用哪些知识产权类型进行保护？初步确定和优先考虑的知识产权保护范围有哪些？可以采取哪些商业秘密保护措施（例如，与内部关键创新人员或外部创新团队签订保密协议）？

（4）处理涉及外部创新合作、资金或其他资助的知识产权问题。例如，企业应与潜在合作伙伴提前沟通，尽早明确其合作意愿，并就创新协作过程中产生的知识产权归属和利益分配达成一致，确定协作创新相关成果的知识产权保护和利用方案，确保协作创新过程中产生的知识产权能被企业用于实现其创新目的。企业应对所有涉及知识产权的协作合同或协议进行审查，包括与员工、合作方、分包商、供应商、经销商和用户等签订的合同或协议。在协作创新的具体过程中，企业可以积极利用专利池、标准必要专利等方式，提升知识产权优势，增加知识产权收益，实现创新价值，提升市场竞争力。

例如，2011年，重庆直升机产业投资有限公司（以下简称"重庆直投"）准备在全球范围内寻找合作伙伴，引进国外直升机先进技术。为此，重庆直投花费了3个月，搜索了13 000多项国外专利，进一步对其中筛选出的5000多项专利进行仔细分析，对全球8家主要直升机公司的技术实力、专利布局状况等进行摸底。其中，在针对意大利阿古斯塔公司的专利进行分析时发现其323项专利中有89项无效或失效。同年9月，经过谈判，重庆直投与阿古斯塔签署合作协议，计划设立合资公司，引进阿古斯塔的技术，共同制造民用直升机。随后，重庆直投又与美国霍尼威尔公司等签署直升机零部件合作协议，并收购了美国恩斯特龙直升机公司，正式进入民用直升机领域。❶

（5）保存创意相关知识产权信息。创意存档时，应保存创意来源、发明人或设计人、构思日期和外部披露日期等信息，以便在后续发生知识产权归属异议或纠纷时提供必要的证据。例如，技术图纸可作为商业秘密和/或版权保护，技术图纸注明日期有助于明确其创建时间；而在创新后期，技术图纸也可能成为相关专利申请的重要组成部分。

专利导航是以专利数据为核心深度融合各类数据资源，全景式分析区域发展定位、产业竞争格局、企业经营决策和技术创新方向，服务创新资源有效配置，提高决策精准度和科学性的新型专利信息应用模式。GB/T 39551—2020《专利导航指南》系列国家标准由"1个总则+5个专项指南+1个服务要求"共7个标准构成，为专利导航工作提供了重要指导。其中，GB/T 39551.1—2020《专利导航指南 第1部分：总则》提出了专利导航的

---

❶ 张艺筑. 重庆直升机无中生有的秘笈[N]. 重庆日报，2013-05-29（5）.

通用要求，即"1个总则"；GB/T 39551.2—2020《专利导航指南 第2部分：区域规划》、GB/T 39551.3—2020《专利导航指南 第3部分：产业规划》、GB/T 39551.4—2020《专利导航指南 第4部分：企业经营》、GB/T 39551.5—2020《专利导航指南 第5部分：研发活动》、GB/T 39551.6—2020《专利导航指南 第6部分：人才管理》分别面向区域规划、产业规划、企业经营、研发活动、人才管理等应用场景的不同需求，提出了专利导航项目实施的特殊要求，即"5个专项指南"；GB/T 39551.7—2020《专利导航指南 第7部分：服务要求》规定了外部机构提供服务的具体要求，即"1个服务要求"。

第三节 "创建概念"过程创新与知识产权管理要点

一、"创建概念"过程的创新管理要点

"创建概念"过程旨在根据已识别和定义的创新机会，形成有初步价值实现模型的可验证的概念，并对其进行初步评估（见表8-3）。

表8-3 "创建概念"过程创新管理要点

类别	创建概念过程创新工作内容
目的	形成有初步价值实现模型的可验证的概念，并对其进行初步评估
输入	为创建概念，企业宜将已识别和定义的机会视为输入
方法	(1) 从内部和外部资源，利用创造性问题解决、创意构思或其他方法，产生新的创意、潜在的解决方案或现有解决方案的融合； (2) 调查、记录和评估这些创意和潜在的解决方案，例如针对新颖性、风险、可行性、存活性、期许性、可持续性和知识产权权益； (3) 根据既定的准则，选择合适的创意和可能的解决方案； (4) 基于创意和潜在的解决方案形成概念，包括价值主张； (5) 为如何实现价值制定备选方案，例如设想的商业、运营或营销模型
输出	(1) 可验证的带有初步价值实现模型的概念； (2) 对每一个需要验证的概念的关键不确定性或假设的理解； (3) 对其风险、新颖程度及其进一步开发，包括过程和结构等方面影响的初步评估

"创建概念"过程，即企业将多个创意和潜在解决方案进行融合，形成多个潜在的创新概念。对这些潜在的创新概念进行调查和评估，初步明确其价值实现模型，并确定其关键不确定性和/或风险，评估其对企业进一步开发在相关流程和结构方面的影响。

创建概念是理解创新机会，提炼创意，或将创新机会和创意整合起来的过程。创新很少来自单一创意。很多创新来自一系列创意的集合。这些创意可能是相似的，从不同方向接近特定的需求或愿望，或为了满足相同的需求或欲望而提供了不同的潜在特征/好处/属性。创新提炼可以将这些创意联系起来，以最大限度地实现创新的价值。

创建概念过程可以设想一个理想的解决方案，并产生一个假设。该假设主要用于明确潜在创新概念的价值主张中新颖和/或独特之处。其包括：需要解决的问题是什么？利益相关方是谁，他们对解决这个问题的需求或愿望是什么？解决方案是什么？应用这个解决方案将创造什么价值以及为谁创造价值？这个解决方案如何创造价值？这个解决方案设想的商业、运营或营销模型是什么？

企业可以基于潜在的创新概念，进一步调查和评估这些潜在概念的不确定性和/或风险，包括新颖性、风险、可行性、存活性、期许性、可持续性和知识产权权益等。基于既定的筛选准则，企业可以对这些潜在概念进行排序。例如，乐高管理团队被要求根据"前所未有"和"明显是乐高"以及是否能够创造每年10亿丹麦克朗的销量来给乐高棋盘游戏的每个概念投票。乐高棋盘游戏于2009年在英国和德国推出，2010年在全球发行，占据全球儿童棋盘游戏市场超过10%的份额。[1]

创新概念的描述一般通过以下内容：潜在创新概念所针对的问题和痛点/需求/愿望的根本原因；潜在的目标群体，可能以人物角色的形式呈现；可能发生的情境（如环境和/或情况）；目标群体在特定情境下如何应用创新概念的场景；对潜在概念的具体创新属性/特征的功能性描述；潜在概念

---

[1] 戴维·罗伯逊，比尔·布林.乐高：创新者的世界[M].田琴华，译.北京：中信出版社，2014：167.

如何满足目标群体、情境、场景或功能设定的特定需求（如可用性或安全性需求）；如何创造和获取价值；潜在概念的进一步开发对企业相关流程和结构方面的影响等。企业应对潜在概念的不确定性进行分类和编目，评估减少这些不确定性所需要的潜在成本/时间，以便下一过程对潜在概念的可行性进行验证，并采取措施来减少关键的不确定性。

二、"创建概念"过程的知识产权管理要点

"创建概念"过程知识产权管理旨在从知识产权角度，形成具有初步价值实现模型、可验证的潜在概念，并筛选出最可行的概念（见表8-4）。

表8-4 "创建概念"过程知识产权管理要点

类别	创建概念过程知识产权工作内容
目的	从知识产权角度，支持形成潜在的概念，并筛选出最可行的概念
输入	（1）对于创新行动相关现有技术和现有知识产权权利的理解； （2）已识别和优先排序的潜在创新机会或领域； （3）已识别的用于开拓市场机会的相关知识产权或知识产权差距； （4）可协助企业确定概念是否应受保护及保护范围的其他信息（例如，与目标市场相关的企业知识产权方针和战略）
方法	（1）审查内部知识产权记录/数据库，以获取与概念创建相关的现有知识产权； （2）审查第三方知识产权以评估相关风险和机会； （3）从具有开发潜质的创意或潜在方案中创建概念； （4）确定新知识产权的潜在机会； （5）调查和评估所创建的概念； （6）识别潜在合作伙伴或被许可方，评估相关风险和机会； （7）保存和维护成文信息（例如，形成概念的记录，包括发明人的信息及其发明和贡献、发明的最早形成日期的证明等）； （8）从根据前述步骤创建的概念中选择最佳概念； （9）确保最佳概念支持知识产权战略
输出	（1）创新活动、成果和数据的更新记录； （2）从知识产权角度考虑最可行的潜在概念； （3）对宜受保护或公开的潜在概念的评估； （4）对与已创建概念相关的企业自有知识产权的理解； （5）对与已创建概念相关知识产权风险和机会的评估； （6）对是否申请知识产权以及以何种形式申请的评估； （7）初步确定的及优先考虑的知识产权创造和保护范围

企业在创新"创建概念"过程的知识产权管理工作具体包括以下内容：

（1）基于知识产权视角，评估潜在概念的风险和机会。潜在概念的整体风险和机会中，包括知识产权风险和机会。一方面，通过审查企业内部的知识产权记录/数据库，可以明确与潜在概念相关的现有知识产权组合；另一方面，通过审查与潜在概念相关的第三方知识产权状况，可以评估潜在概念的知识产权风险，同时识别潜在的合作伙伴或被许可方，寻找对外开展创新合作和许可知识产权的机会。例如，专利文献可以提供现有技术的信息，避免不必要的资源浪费，有助于降低创新成本，缩短新产品上市时间，形成更有商业价值的解决方案。

（2）基于既定的概念筛选原则，结合企业与潜在概念相关的现有知识产权组合状况、第三方知识产权风险评估结果等，选择最佳概念，降低最佳概念的知识产权风险，并确保最佳概念支持企业的知识产权战略（包括与潜在概念的目标市场相关的知识产权战略等）。例如，微软在开发其Kinect娱乐系统的过程中，知识产权专家与研发主管、业务主管密切合作，对产品进行市场定位。该团队首先制作了一张地图，显示了新产品的潜在差异点。在评估每个差异点时，微软考虑了为消费者创造的好处以及知识产权方面的影响。微软是否能够在法律上保护特定的差异点？它是否可能侵犯竞争对手的专利？如果既为消费者创造了实质性利益，又是有价值的知识产权，这样的差异点会被认为特别有吸引力。

（3）保护与潜在概念相关的知识产权。为及时有效获取和利用知识产权，企业应确保知识产权专业人员与创新人员的互动，使员工能够参与识别和保护知识产权。包括：根据企业现有知识产权组合状况和第三方知识产权风险评估的结果，明确潜在概念产生了哪些新的知识产权？是否需要保护？采用哪些知识产权类型进行保护？初步确定和优先考虑的知识产权保护范围是什么？采取哪些商业秘密保护措施（如与内部关键创新人员或外部创新团队签订保密协议）？是否有获得第三方知识产权许可和对外许可知识产权的潜在机会？

创建概念相关创新成果可能包括发明、工艺、文学作品、科学或艺术作品、标志、设计、方法、名称或图像、软件、数据和技术诀窍等。根据创新成果保护实际需要，企业可以选择适宜的知识产权类型。其中，专利可用于保护新产品或新工艺，版权可用于保护文学作品、艺术作品或软件，商标可用于保护产品或服务的品牌，外观设计可用于保护工业产品的美学设计，商业秘密可用于保护独特的秘密配方等。例如，对智能手机而言，专利权保护其功能（包括信号处理、照相技术等），商标保护其标识和身份，工业品外观设计保护其形状和整体外观，版权保护其运行的软件源代码，商业秘密则保护其在全球商业化而采用的市场推广策略等商业信息。

企业在不同国家/地区进行知识产权保护需要投入不同的资源和成本，因此需要考虑应在何时、何地寻求知识产权保护。产品生产的周期很长，但是产品设计、行业和经济状况通常变化十分迅速。为了制定与潜在概念相关的知识产权保护策略，企业需要明确以下方面的信息：

①产品相关市场区域。基于短期和长期目标、竞争对手的市场区域以及商业和行业趋势等，确定是否申请专利或注册商标。这意味着创新人员和知识产权人员需要询问产品开发和营销团队计划何时、何地在海外市场推出新产品。例如，如果考虑仅将产品推向少数几个国家/地区，企业可以在所有候选国家/地区提交国家专利申请，然后在营销团队最终没有选择的那些国家/地区中选择放弃专利申请。如果考虑将产品推向比较多的国家/地区，那么 PCT 专利申请可能更有意义。

②除最终销售行为，企业其他和产生销售收入有关的活动发生的国家/地区。对于制造型企业而言，在产品的制造国家/地区保护知识产权是一个重要目标。如果企业在产品制造地区销售很少，那么即使在没有直接产生收入的国家/地区，特别是在企业拥有研发设施并开展研发活动的国家/地区，目前虽然还没有销售但可能会在未来呈现增长并可能产生销售收入的市场国家/地区，以及在终端产品核心零部件的制造地和/或经销地，知识产权布局也可以发挥保护作用。特别是在核心零部件能为产品提供主要优势或独特优势时，知识产权布局可以防止企业的技术被泄露给其他的零部件制造商，从而通过在这些国家/地区减缓或防止零部件制造商的竞争，持续保护企业的收入。另外，企业有时需要创造一个可以给竞争对手的收入

流产生压力的强大威胁。企业应先了解竞争对手研发、制造、组装和销售的区域，通过在这些国家/地区进行知识产权布局，创建一个覆盖竞争对手产品的知识产权组合，给竞争对手制造威胁。无论企业后续是通过积极进入市场，或定价策略，或提起知识产权诉讼，这种反威胁策略都能够发挥作用。

③知识产权权利使用需求。基于各市场区域可获得的营业收入和许可收入，拟开发市场区域的知识产权制度（考虑保护主题、审查质量、法律执行程度、侵权时可采用的救济措施等），决定是否在相关市场区域提前申请知识产权保护。例如，如果授权专利的权利要求的保护范围小，可以考虑不维持专利或寻求专利的有限地域覆盖。

④知识产权权利届满期限。这可能对新产品开发委员会作出相关决策有所帮助。例如，如果企业决定使用专利来保护其研发成果，必须适时启动相应的申请程序，这有助于确定申请日期，明确优先权日期，在专利授权前享有产品的专有权。在提交 PCT 申请程序之后，企业有 30 个月时间来决定在哪些特定国家/地区提交国家专利申请。这可以帮助企业推算出新产品在海外市场推出的最后截止日期。

（4）保存与潜在概念相关的知识产权信息。例如，创建概念过程中，通常会更新与创新活动、创新成果和有关的数据和记录（包括发明人信息及其发明内容和贡献度、发明最早形成日期等），这有助于企业在后续发生知识产权归属异议或纠纷时提供必要的证据。

知识产权保护的有效性取决于知识产权申请的时间和质量。其中，商标申请相对简单，但涉及为每个商标确定注册的产品类别以及是否需要提交海外申请则相对复杂。而专利申请时，就需要知识产权人员和创新人员进行充分沟通。知识产权人员对发明所涉及的技术、创新团队的分工方式、竞争对手和其他研究人员创造的类似技术等了解得越多，专利申请质量就越高。创新人员与知识产权人员密切协作，更有可能用最宽泛的（因此也是最有潜在价值的）专利权利要求来涵盖发明的技术方案；更有可能反映出对技术领域的良好认识，特别是已经发表的研究、已授权的专利以及竞争对手目前持有的专利（现有技术）；更有可能将所有对发明作出重大贡献的创新人员列为发明人,这将提高专利申请流程的效率(特别是对于外国专利申请)。

GB/T 39551.4—2020《专利导航指南 第4部分:企业经营》和 GB/T 39551.5—2020《专利导航指南 第5部分:研发活动》两项国家标准中,也为企业面向投资、并购、上市、合作、技术引进、产品开发等开展专利导航工作提供了相应的工具和方法,供企业在适用时参考。

第四节 "验证概念"过程创新与知识产权管理要点

一、"验证概念"过程的创新管理要点

"验证概念"过程旨在通过验证来评估潜在概念的可行性,确保潜在概念的不确定性处于可接受水平(见表8-5)。

表8-5 "验证概念"过程创新管理要点

类别	验证概念过程创新工作内容
目的	通过验证来评估潜在概念的可行性,确保潜在概念的不确定性处于可接受水平
输入	已创建的概念
方法	(1) 当概念有初始版本即可开展早期验证; (2) 考虑用测试、实验、试点、研究等一种或多种途径进行验证; (3) 验证时,优先处理最关键的不确定性、假设或假定,以学习、获得反馈及创造新知识,以减少如下方面的不确定性: ①与用户、客户、合作伙伴和其他利益相关方的互动; ②包括资源在内的支持; ③技术、法律、营销、上市时间、财务和企业层面; (4) 根据获得的经验、反馈及新知识来调整和改进概念; (5) 评估概念的可行性,并处理仍需解决的不确定性、假设或假定; (6) 必要时,考虑进一步验证
输出	(1) 对深度开发的不确定性处于可接受水平、已经过验证有效的概念; (2) 与用户、客户、合作伙伴和其他利益相关方的关系; (3) 新知识

"概念验证"是通过开展早期验证,对潜在概念相关的初始假设进行

测试，对概念进行适当完善，并基于既定的概念筛选准则来筛选概念。概念验证目标是"快速成功或快速失败"，以尽量减少验证的时间和资源。概念验证通常是一个由测试和选择组成的迭代过程。

创新机会和创意通常依赖于假设和学习。这些假设通常是在缺少信息、知识和理解的情况下完成的，因此潜在概念具有很多不确定性，某些关键不确定性还会影响潜在概念的成败。概念测试可以验证假设，获得缺失的信息、知识或理解，对潜在概念的新颖性和功能性、技术可行性和可用性、市场性和可制造性/可实施性等进行评价。基于测试结果，企业可以进一步对创新概念（如提升产品性能和功效、优化商业化营销策略等）进行完善，从而减少潜在概念最关键的不确定性。

概念测试既可以由企业内部团队实施，也可以由外部团队来执行。某些情况下，企业自身没有必要的测试资源，需要利用外部资源进行测试，例如创新中心、大学、研究机构、创新实验室等。此时，企业需要确保概念验证过程不会导致知识损失或其他不利后果。概念测试可以采用多种工具或方法，取决于创新概念的成熟度、不确定性水平、测试成本和时间等因素。早期的创新概念可以通过简单的初步测试进行验证，并且与最终用户共同完成初步测试。此外，概念测试还可以采用查阅文献、采访专家和相关方、市场调研、研发或实验、模型或原型测试、验证或模拟、故事板或情绪板、评估知识产权保护潜力和运营自由等工具和方法。

为有效分配资源，企业通常只能支持最具商业价值的创新机会、创意和潜在概念。概念筛选旨在确定潜在概念是进一步开发解决方案，迭代或返工，还是搁置或存档。基于既定的筛选准则，通过评估潜在概念最关键的不确定性是否已经有效降低、剩余不确定性的范围及其影响，确定最适合开发的概念。不同企业的概念筛选准则有所差异，通常包括潜在概念实施的可行性、资源匹配性、与企业战略一致性等。例如，在小米手机开发过程中，小米公司通过米聊论坛等与用户进行交流，捕获用户反馈的需求信息，并以此为基础加快产品的迭代创新，在短时间内打开了小米手机的知名度，实现手机业务的高速增长。

企业可以围绕经验证可行的概念进一步开发解决方案（必要时，还需考虑进一步验证）。企业还应提前做好各项准备，确保开发团队拥有开发所需的技能、动机、时间、影响力和网络等资源，从而保证下一过程解决方案开发工作的顺利进行。同时，概念筛选还可以提出进一步验证的建议和未来用于降低剩余的不确定性可能投入的资源。

二、"验证概念"过程的知识产权管理要点

"验证概念"过程的知识产权管理旨在开展知识产权风险和机会调查和评估并将其作为验证已创建概念的基础，并适时为已验证的概念寻求知识产权保护（见表8-6）。

表8-6 "验证概念"过程知识产权管理要点

类别	验证概念过程知识产权工作内容
目的	进一步开展知识产权风险和机会调查和评估，作为验证已创建概念的基础，并适时为已验证的概念寻求知识产权保护
输入	（1）现有创新活动、成果和数据的记录； （2）所有创建的概念； （3）对与创建概念相关的企业自有知识产权的理解； （4）对与创建概念相关的知识产权风险和机会的评价； （5）对是否申请知识产权以及以何种形式申请的评价； （6）界定的及优先考虑的知识产权创造和保护范围
方法	（1）开展知识产权分析，以评估与已验证概念相关的知识产权风险和机会，并确保已验证概念与企业的知识产权战略保持一致； （2）通过知识产权分析，降低已识别的风险（如获得许可、额外保护、规避设计或终止项目）； （3）与潜在合作方及许可方协商，以获取知识产权、其他创新资源和能力，降低已验证概念的不确定性； （4）采取适当措施，确保知识产权保护得以持续（例如，保密协议等保密和商业秘密保护措施）； （5）更新已验证概念的记录； （6）确保已验证概念与知识产权战略保持一致
输出	（1）创新活动、成果及数据的更新记录； （2）知识产权视角风险水平可接受的已验证概念； （3）对获取与已验证概念相关的知识产权权利的可能性的理解； （4）必要的成文信息，包括知识产权和知识产权权利文档； （5）旨在处理特定风险/责任的适当措施，例如故意（防御性）公开，以阻止第三方在相关领域获得知识产权保护； （6）关于潜在的获得许可和对外许可机会的报告

企业在创新"验证概念"过程的知识产权管理工作具体包括以下方面：

（1）开展知识产权分析，评估与已验证概念相关的知识产权风险和机会，确保已验证概念与企业的知识产权战略保持一致。最佳概念的筛选通常是基于对潜在概念的整体风险和机会分析的结果，而知识产权风险和机会也是其中一部分。一方面，通过审查企业内部的知识产权记录/数据库，可以明确与已验证概念相关的现有知识产权组合；另一方面，通过审查与已验证概念相关的第三方知识产权状况，可以评估潜在概念的知识产权风险，同时识别潜在的合作伙伴或被许可方，寻找对外开展创新合作和许可知识产权的机会。

（2）基于知识产权视角，采取适当措施，降低已验证概念的知识产权风险，确保已验证概念的知识产权风险处于企业可接受水平。例如，获得第三方的知识产权许可，额外知识产权保护，规避设计（以避免侵犯来自第三方的可行解决方案相关的知识产权），终止创新项目，防御性公开（以阻止第三方在相关领域获得知识产权保护），以及与潜在合作方和许可方协商获取知识产权或其他创新资源、能力等。

（3）持续保护知识产权。为及时有效获取和利用知识产权，企业应确保知识产权专业人员与创新人员的互动，使员工能够参与识别和保护知识产权。例如，概念验证过程中是否对潜在概念实施了改进？这些改进产生了哪些新的知识产权？是否需要保护？采用哪些知识产权类型进行保护？知识产权保护范围是什么？采取哪些商业秘密保护措施（如与内部关键创新人员或外部创新团队签订保密协议等）？是否有获得第三方知识产权许可或者对外许可知识产权的潜在机会？例如，微软在推出 Kinect 娱乐系统产品时，已经申请了 600 多项专利，以保护其围绕 Kinect 开发形成的相关创新成果。

（4）保存与验证概念相关知识产权信息。例如，在验证概念过程中，通常会更新与创新活动、创新成果有关的数据和记录（包括发明人信息及其发明内容和贡献度、发明最早形成日期等），这有助于企业在后续发生知识产权归属异议或纠纷时提供必要的证据。另外，企业应将与知识产权权利申请、维护、检索和评估等文档进行妥善保管。

企业需要确保概念验证过程不会导致知识损失或其他不利后果，例如商业秘密泄露或知识产权流失等。如果企业是利用外部资源完成概念测试，企业还应尽早与外部团队签订合作协议和保密协议，明确将哪些知识保留在企业内部，可以向外部团队提供哪些知识（包括文档、原型、规格和资料等）以及外部团队使用这些知识应受到哪些限制。

第五节 "开发方案"过程创新与知识产权管理要点

一、"开发方案"过程的创新管理要点

"开发方案"过程旨在开发可行的解决方案，识别和处理与部署解决方案相关的风险，建立部署解决方案所需的能力（见表8-7）。

表8-7 "开发方案"过程创新管理要点

类别	开发方案过程创新工作内容
目的	开发可行的解决方案，识别和处理与部署解决方案相关的风险，建立部署解决方案所需的能力
输入	已经验证的最佳概念
方法	（1）将最佳概念开发成一个工作层面的解决方案，包括价值实现模型； （2）考虑内部开发，还是通过外部收购、许可、合作、外包等方式开发解决方案； （3）识别和处理用户接受度、法律要求、可扩展性、预算和时间进度等与部署相关的风险； （4）检查技术水平，避免侵犯现有知识产权； （5）确定解决方案是否能够受到保护，或者是否需要受到保护； （6）建立必要的部署能力，例如推广、生产、供应、伙伴关系和生态系统
输出	（1）开发出的具有价值实现模型的解决方案，包括价值主张； （2）为解决方案的全面或分过程部署确定活动、资源、关系和时间计划； （3）满足部署需求和要求，包括知识产权方面的考虑

创新中存在"死亡谷"。"死亡谷"通常是从发明完成到新产品推出的这段时间。在这个时期，很多创新由于缺乏外部支持而失败，或被发现在

商业上不可行。在大多数情况下，将产品推向市场对于企业尤其是中小企业来说，都是一个巨大的挑战。即使再优秀的发明，也需要可靠的供应链和高超的市场营销技巧，才能在市场上取得成功。

企业在筛选最佳概念后，需要进一步开发和部署相应的解决方案。确保解决方案应在商业上是可行的，也就是具有明确的价值实现模型，其中包括用户接受度、创新可扩展性、预算和时间进度、法律要求等。

企业可以内部开发解决方案，也可以利用外部资源开发解决方案。某些情况下，即使在企业内部，创建概念和开发解决方案也可能是由两个不同的创新团队完成，需要将概念转换为正式的开发工作，这就增加了知识转移的复杂性。如果是利用外部资源开发解决方案（包括外部收购、许可、合作、外包等），对外部的知识转移就更加复杂。企业应识别和处理与知识转移有关的风险，并采取措施降低这些风险。

企业需要识别与解决方案部署有关的各种风险，并采取措施，降低这些风险，确保最终的解决方案能被市场接受，为客户提供价值，帮助企业获得收益回报，实现创新的市场效应和商业价值。为降低与解决方案部署有关的风险（包括知识产权风险），企业应对解决方案是否需要或能够受到保护（包括知识产权保护）进行评估。根据评估结果，选择适当的保护方式，避免竞争对手抄袭，持续保持领先优势。

企业应建立必要的部署能力，明确部署解决方案所需的活动、资源、关系和时间计划，包括市场推广、生产、供应、合作伙伴关系和生态系统等。一方面，企业要利用原有的市场推广和销售渠道，或建立新的市场推广和销售渠道，为将产品快速推向市场和大范围销售做好准备。另一方面，企业在开发解决方案过程中，应同时解决与产品批量生产有关的工艺技术问题，选择合适的供应商，并建立起供应稳定、质量可靠、价格合理的供应链网络。例如，许多芯片设计公司（如英特尔、三星、苹果、高通、英伟达等）都十分依赖台积电这类芯片制造公司的先进制造工艺，实现芯片的批量生产。先进的芯片制造工艺离不开先进的制造设备。因此，许多芯片设计公司和芯片制造公司都直接对芯片制造设备厂商进行投资。英特尔、三星和台积电都直接投资于荷兰阿斯麦（ASML）公司，确保其有足够的资金继续开发未来高端芯片所需的极紫外线（EUV）光刻机。其中，仅英特尔在2012年就向阿斯麦投资了40亿美元。

二、"开发方案"过程的知识产权管理要点

"开发方案"过程的知识产权管理旨在通过开发企业的知识产权资产，降低可行解决方案的知识产权风险，并促进创新（见表8-8）。

表8-8 "开发方案"过程知识产权管理要点

类别	开发方案过程知识产权工作内容
目的	通过建立和执行知识产权计划，开发企业的知识产权资产，从而降低可行解决方案的知识产权风险，并促进创新
输入	(1) 企业拥有的全部知识产权资产的台账； (2) 与目标市场可行解决方案商业化相关的法律框架； (3) 来自第三方的可行解决方案； (4) 创新活动、成果和数据的更新记录； (5) 与已验证概念相关的知识产权风险； (6) 关于潜在的获得许可和对外许可机会的评价； (7) 确保提议的解决方案和知识产权战略一致
方法	(1) 进一步开展知识产权分析，评估与可行解决方案相关的知识产权风险和机会； (2) 降低通过知识产权分析已识别的可行解决方案的风险； (3) 行使权利并履行相关合同义务； (4) 采取措施以确保知识产权保护得以维持； (5) 可行解决方案的更新记录； 若适用，通过处理商标和其他相关知识产权以支持品牌战略
输出	(1) 知识产权视角可行的解决方案； (2) 知识产权计划，包括更新的知识产权组合、资源部署、防御性公开、品牌推广等； (3) 协议，作为处理知识产权权利的产出（例如与供应商、分包商、合作伙伴的协议）

很多创新想法都会陷入"死亡谷"，而那些受到知识产权保护的想法最终在"死亡谷"中存活的机会更大。如果企业拥有良好的知识产权（尤其是专利）资产组合，并能够通过对知识产权的实际或潜在有效利用，帮助企业在未来提高收益、控制市场或形成强大竞争力，这将有助于影响外部合作伙伴做出决策，并在资金、技术、市场营销等方面，帮助企业成功穿越"死亡谷"。

企业在创新"开发方案"过程的知识产权管理工作具体包括以下方面：

（1）开展知识产权分析，评估可行解决方案相关的知识产权风险和机会。根据可行解决方案的商业化需要，企业应详细分析目标市场相关国家/地区的知识产权相关法律框架、其他适用的法律要求和合规承诺等差异。例如，新产品的销售额会有多少？新产品的销售是否会减少旧产品的销售额？新产品何时可以在国外推出，在国外可以赚多少钱？如果增加一个新品牌来扩大品牌组合，会增加广告支出吗？竞争对手收入来源于哪些国家/地区？竞争对手复制或超越该新产品需要多长时间以及难度有多大？除最终产品的销售行为，其他与产生销售收入有关的活动发生在哪些国家/地区？

（2）基于知识产权视角，分析可行解决方案相关的知识产权风险，并采取适当措施，降低可行解决方案的知识产权风险，确保解决方案在部署过程能够自由实施。例如，如果可行解决方案可能侵犯第三方的知识产权，企业可以考虑获得第三方的知识产权许可、规避设计、额外知识产权保护；为阻止竞争对手在相关领域获得知识产权保护，企业可以将自身发明进行防御性公开；为获取潜在合作方的知识产权或其他创新资源、能力等，企业可以与潜在合作方进行协商等。

（3）签订知识产权相关合同/协议并履行，并行使知识产权权利。企业在创新过程中可能会签订多种知识产权相关合同/协议。例如，与供应商签订供货合同/协议；通过伙伴关系将新产品推向市场过程中，与合作伙伴签订许可、合资、合并、收购或战略联盟协议。如果双方尽早协商签订合同/协议，确保在知识产权所有权方面达成共识，就可以避免潜在的法律冲突。在合同/协议履行过程，双方应按照合同/协议，履行相应的知识产权义务，行使相应的知识产权权利。例如，对侵犯企业知识产权的市场进入、制造或出口假冒产品等行为，通过诉讼、申请海关制止等行为，阻止竞争对手进入相关市场或分销假冒产品。

（4）持续保护知识产权。企业可以根据可行解决方案的部署计划，制订相应的知识产权保护计划,包括更新的知识产权组合、资源部署、防御性公开、品牌推广等内容。不同类型的知识产权可以单独或联合促进技术获取和商业化使用。例如,真空吸尘器的发明就很好展示了专利、工业品外观设计和商标组合使用能够有力增强创新营销的效果。企业可以进一步明确可行解决方案又产生了哪些新的知识产权?是否需要保护?采用哪些知识产权类型保护?知识产权保护范围是什么?采取哪些商业秘密保护措施?是否有潜在获得许可和对外许可机会?

(5)妥善处理商标和其他相关知识产权,以支持企业的品牌战略。创新需要将新产品成功推向市场,而商标在营销过程中起着重要作用。商标是基于技术或非技术(即通过品牌延伸)推出新产品的有用工具。

一方面,商标使消费者能够将该产品与其他类似产品区分开来,因此在开拓新市场方面非常有用。例如,微软在 Kinect 娱乐系统开发过程中,其商标、版权和商业秘密小组与市场营销部门密切合作开发新品牌。其中一个问题是新产品的名称。微软最初考虑了 90 个名称,进行全球商标搜索,开展了消费者测试。基于商业和法律方面的考虑因素,淘汰了大多数候选者,初步保留了 8 个名称。针对这 8 个名称,微软开展了国际商标的检索分析,从多个司法管辖区寻求了大约 100 份独立的法律意见。最终,微软为 4 个名称提交了商标申请。其中,"Kinect"品牌在市场上一经推出就获得了良好的反响。❶

另一方面,商标对某些超过专利有效期的商业利益扩展也发挥着重要作用。例如,德国拜耳公司 1899 年申请了阿司匹林的发明专利。在该专利有效期临近届满前,拜耳公司就开始着手推广其商标"Aspirin®"。当阿司匹林专利正式到期后,拜耳公司就能继续通过在阿司匹林商品上使用商标"Aspirin®"获益,以维护其竞争优势。❷

---

❶ 威廉,W. 费雪,菲力克斯·奥伯霍尔泽-吉. 知识产权的战略管理:一体化方法[J]. 加利福尼亚管理评论,2013(4):15-20.

❷ 威廉,W. 费雪,菲力克斯·奥伯霍尔泽-吉. 知识产权的战略管理:一体化方法[J]. 加利福尼亚管理评论,2013(4):15-20.

企业应基于短期和长期目标、竞争对手经营区域、商业和行业趋势等，并考虑市场营销和特许经营的机会，确定是否在某些国家/地区注册商标。为降低未经企业授权销售、假冒以及商标或域名抢注的风险，企业可以考虑积极进行国际商标注册申请。如果企业没有在某些国家/地区经营的计划，但在这些国家/地区又存在第三方创新的需求，企业就可以将商标许可给第三方经营，并获得相应的商业回报。例如，麦当劳公司通过标准化其生产流程，并向连锁店授权其标准的使用而收取高额的加盟费，而加盟店则享受由麦当劳品牌带来的超额利润。

在分析知识产权侵权风险时，自由实施（FTO）分析是一种重要方法。FTO分析通过针对企业可行解决方案是否侵犯第三方知识产权或被第三方侵权的可能性进行评估，使企业可以采取适当措施，降低知识产权侵权的风险；同时使企业可以对可行解决方案进行适当部署，以防止知识产权被侵权。自由实施（FTO）分析具体包括以下几个步骤：

首先，通过发明披露表收集企业内部的创新信息，并理解发明的技术范围、创新本质和目标以及具体市场。为避免隐藏的所有权可能在后期引发所有权争议，企业应确保发明的知识产权权属清晰。

其次，根据可行解决方案的目标市场，按照属地原则，确定知识产权的检索策略，明确检索关键词和/或专利分类。检索完成后，还要将检索到的知识产权信息进行整合、分析、研究和评估，识别出那些阻碍企业自由实施、未来可能成为问题的重要信息，从而发现第三方可能拥有与可行解决方案相关的任何知识产权。

再次，根据与自由实施相关的业务风险及其可行解决方案，评估自由实施的可能性，识别潜在的知识产权问题，并制定相应的解决措施（如建立合作伙伴关系、知识产权无效、知识产权许可、规避设计等）。例如，考虑知识产权所有者及其风险水平、知识产权法律状态、潜在知识产权的保护期限、影响风险分析的其他知识产权信息等开展分析。例如，企业有意生产硬件，但需要受版权保护的软件来运行或与其他系统兼容；企业开发出一个移动应用程序，但是需要接入第三方应用程序接口（API）或软件开发工具包（SDK）；软件的开源许可很可能与合同义务捆绑，这可能会阻碍企业对初始源代码的商业利用。

最后，将潜在的知识产权问题及其解决措施的所有信息进行汇总，并结合企业可用的资源来作出相关决策，包括可行解决方案的部署、停止、延迟或替代计划等。例如，如一项或多项专利确实限制了企业的自由实施，则企业可以通过购买专利、许可（含交叉许可）、参与专利池、开发替代技术等方式，为创新过程清除专利障碍；拥有高价值专利和/或商业秘密的企业，通过与拥有强大商标的企业进行合资，可以扩大市场销售规模；拥有较多专利的企业可以更容易以优惠的条款和条件加入战略联盟，从而获得合作伙伴的研发设施或销售渠道和网络，同时企业也可以从新产品的进一步开发中获得更多收益。

企业在推出新产品之前开展FTO分析是将知识产权侵权风险降至最低的一种方式，这也会增加企业寻求合作伙伴和吸引投资者的机会。由于知识产权的地域性，FTO分析在每个开展分析的国家可能产生不同结果，因此企业应尽早在所有的目标市场开展全面FTO分析，否则很可能付出更多的成本以获取相关技术，并面临第三方知识产权侵权诉讼和企业声誉受损的风险。如果缺乏足够资源对所有目标市场开展FTO分析，企业可能要首先确定FTO分析的优先顺序，这通常取决于不同目标市场的法治环境、风险等级和专利所有人特征等因素。

第六节 "部署方案"过程创新与知识产权管理要点

一、"部署方案"过程的创新管理要点

"部署方案"过程旨在通过向利益相关方提供解决方案，并改进解决方案、开发合作关系和激发新的商业机会，持续实现价值（见表8-9）。

第八章 企业创新全过程知识产权管理要点

表 8-9 "部署方案"过程创新管理要点

类别	"部署方案"过程创新工作内容
目的	通过向利益相关方提供解决方案,并改进解决方案、开发合作关系和激发新的商业机会,持续实现财务或非财务的价值
输入	已开发的可行解决方案
方法	(1) 向用户、客户、合作伙伴和其他利益相关方提供解决方案,例如启动、实施或交付解决方案; (2) 促进和支持解决方案,例如销售、营销、沟通、意识培养,以及用户、客户、合作伙伴和其他利益相关方的参与; (3) 监测用户、客户、合作伙伴和其他利益相关方的采用率和反馈; (4) 监测价值实现或再分配方面的影响; (5) 识别知识产权的新含义; (6) 在部署时获取新的知识,以改进方案、开发关系以及触发新机会
输出	(1) 实现财务的或非财务的价值; (2) 通过采纳创新而与用户、客户、合作伙伴和其他利益相关方产生新的行为方式而产生的影响; (3) 用于改进解决方案的见解和新知识

企业通过部署解决方案,实现财务或非财务价值,例如,促进发展、收入、盈利能力和竞争力;降低成本和消耗,提高生产力和资源效率;提升可持续性和韧性;提高用户、客户、市民和其他利益相关方的满意度;持续更新的产品组合;组织内人员的参与并得到授权;提升获得合作伙伴、合作者和经费资助的能力;提高企业声誉和估值等。

根据企业的业务战略和市场目标,企业既可以全面部署解决方案,也可以分过程部署解决方案。例如,企业可以首先推出标准化解决方案,然后针对不同行业的用户需求,面向特定行业推出定制化解决方案;企业可以首先在某些市场区域部署标准化解决方案,然后针对不同市场区域的用户需求,面向特定市场区域部署本地化解决方案等。

解决方案部署是一个全方位的提供、促进和支持系统。新产品在引入市场之前需要一系列的计划(如产品定位、定价等),虽然这些计划在开发方案过程已经着手进行,但是必须在新产品实际完成后,才能具体实施。例如,企业需要在目标市场市场开展营销和品牌推广,与利益相关方进行沟通,面向用户销售新产品,通过各种方式进行促销,提升利益相关方对于解决方案的认可度。某些情况下,企业还可能根据某些用户的特殊需求来定制相关产品等。

企业解决方案的部署过程离不开利益相关方的参与，包括用户、客户、合作伙伴和其他利益相关方等各方。利益相关方对解决方案的接受程度，直接影响企业是否能够实现市场目标。同时利益相关方反馈的信息也可以成为企业的新知识来源，其中那些对现有解决方案在价值实现方面的信息尤为重要。因此，企业应监测利益相关方的反馈信息，尤其是客户和经销商的反馈信息，并据此决定是否改进现有的解决方案、开发新的合作关系，发现新的商业机会，并开展创新活动。

二、"部署方案"过程的知识产权管理要点

"部署方案"过程的知识产权管理旨在从知识产权角度，支持可行解决方案的有效部署，实现价值最大化和风险最小化（见表8-10）。

表8-10 "部署方案"过程知识产权管理要点

类别	"部署方案"过程知识产权工作内容
目的	从知识产权角度，支持可行解决方案的有效部署，实现价值最大化和风险最小化
输入	(1) 可行的解决方案； (2) 知识产权计划，包括更新的知识产权组合、事务性安排、防御性公开、品牌推广等； (3) 具有合同关系的合作伙伴的反馈； (4) 创新部署的业务战略
方法	(1) 监控和评价知识产权风险以在创新行动生命周期内降低风险； (2) 若出现法律纠纷，选用适当资源应对； (3) 审查知识产权申请、技术创新方向、市场趋势、技术标准、竞争性解决方案，以识别创新机会，例如可通过知识产权导航或知识产权全景分析等工具； (4) 理解企业知识产权资产的效用，例如，知识产权权利执行的难易程度，与企业产品、竞争对手产品的接近程度、保护期限、保护范围及获得知识产权权利的国家； (5) 利用知识产权资产，例如，通过获得许可、对外许可谈判以实现知识产权价值；若有侵权行为，则行使知识产权权利；与第三方合作利用知识产权；获得财务投资；促进业务合作；探索并购机会； (6) 更新企业知识产权资产或知识产权组合的相关信息，并适时调整组合； (7) 确保已部署的知识产权符合并支持知识产权战略
输出	(1) 优化的知识产权资产台账； (2) 最小化的与已部署解决方案相关的风险； (3) 知识产权实现的价值，包括财务和非财务价值； (4) 未来创新行动的新机会

企业在创新"部署方案"过程的知识产权管理工作具体包括以下方面：

（1）优化企业知识产权资产清单，适时调整知识产权组合，确保已部署的知识产权符合并支持知识产权战略以及创新部署的业务战略。企业知识产权战略始终要与企业业务战略一致。如果企业的知识产权组合是根据产品线和区域收入来源构建的，企业就需要维持这种平衡。通过知识产权审计，企业可以识别出相关变化，并根据具体变化情况，再进一步确定是否需要完善知识产权组合。例如，企业有关产品线和市场区域收入、产品线扩展和正在开发的新产品，知识产权组合与竞争对手产品的相似度，已获得的知识产权权利保护期限、保护范围及其保护国家/地区，知识产权权利执行的难易程度，知识产权保护事务性安排（例如，防御性公开、品牌推广等）。一般来说，企业通常将知识产权维护费视为"沉没成本"。因此企业需要监控知识产权组合中哪些知识产权仍然有价值。例如，随着专利权利届满日期日益临近，每年的专利维护费却水涨船高。在许多国家，专利维护费可能还会根据拥有专利的企业规模不同而有所差异。因此，企业需要明确在未来一段时间内一项专利的价值与其维护成本相比是否相同或更高，然后决定是否值得继续维护。由于企业调整业务方向，不再需要相关知识产权，这些知识产权就会变得多余，而考虑将这些知识产权放弃或对外出售给第三方也许是更明智的选择。

（2）降低与已部署解决方案相关的风险。通过监控知识产权风险，评估知识产权风险，并采取适当措施，降低与已部署解决方案相关的风险。如果出现知识产权相关法律纠纷，应选用适当的资源进行应对。例如，当企业计划收购另一家企业或某块业务时，知识产权相关尽职调查通常很重要。如果企业收购的动机正是出于对目标公司的技术、品牌或知识产权的兴趣，知识产权相关尽职调查就更加重要。一是要评估收购目标公司的知识产权持有状况，针对目标公司声称拥有的所有知识产权，要确保目标公司是知识产权的真实、合法的所有者，这意味着对目标公司提供的知识产权清单进行详细核查。二是要确保在收购后，目标公司签署的所有知识产权许可仍然有效,这需要审查目标公司已签署的所有与知识产权相关的许可合同,明确其中是否包含广泛的许可转让约定或条款,即允许购买方在受让知识产权后继续享有合同中的权益。尤其是确保与竞争对手的广泛交叉许可在目标公司被收购后仍然有效,这能够保护目标公司在收购后免受专利侵权诉讼。

(3) 识别未来的创新机会。例如,通过知识产权导航或知识产权全景分析等工具,结合合作伙伴反馈信息,审查知识产权申请、创新方向、市场趋势、技术标准、竞争性解决方案,并识别新的创新机会。例如,某些企业将知识产权许可战略巧妙构建在技术标准许可战略中,将专利成功结合于标准之中,使二者成为一个不可分离的整体,形成一条"技术专利化—专利标准化—标准许可化"链条。最典型的就是高通公司。对于2G之后每一代移动网络通信技术标准,高通公司都提出了关于如何通过无线电频谱传输更多数据的关键想法。借助这些标准必要专利,高通公司很快就开拓了新的业务市场,不仅设计了与移动网络通信的调制解调器芯片,还设计了运行智能手机核心系统的专用处理器,并且通过销售芯片和许可知识产权获得了数千亿美元的收入。

(4) 利用知识产权资产实现价值,包括财务和非财务价值。企业应了解知识产权在其生命周期内可以产生开发利用的机会。例如,专利保护期为20年,经续展的商标寿命可以不断延长,经妥善保护的商业秘密可能具有永久性。例如,宝洁(P&G)公司就确立了一项标准,如果公司的某项专利技术在3年之内没有被公司内的任何部门采用,那就考虑将这项专利出售给别人,甚至包括竞争对手。

企业应持续监控知识产权,确保能够横跨创新五过程,持续优化知识产权的保护、商业化、开发和利用。例如,直接销售受知识产权保护的产品;获得第三方知识产权许可或对外许可第三方使用知识产权;针对第三方的知识产权侵权行为,通过行使自身知识产权权利,限制竞争对手;与第三方开展业务合作(例如,供应、分销、特许经营或制造等);利用知识产权组合获得财务投资;成立基于知识产权的独立公司,使企业能够避免其核心业务受到干扰和中断以及避免进入新市场所带来的风险；开展合并或并购等。

知识产权开发和利用需要考虑很多因素。例如，知识产权许可中，许可方考虑的因素主要包括：创新成果能否构成独立产品的基础；企业能否单独实施知识产权；是否具有相应资源；是否有第三方未经同意使用企业的知识产权；是否有使用证明；能否通过许可获得收入；许可是否会对企业现有业务造成负面影响；能否在对外许可后依然保持技术优势；是否需要其他知识产权；能否与被许可方交叉许可必要的知识产权；被许可方考虑的主要因素包括：企业是否侵犯第三方知识产权；能否获得第三方许可；能否开发替代技术；许可合同中是否有许可方对企业未来活动施加过多控制的风险；如果许可方将来拒绝或终止许可，企业是否还有其他选择。

企业在签订知识产权许可协议时，通常需要明确以下事项：

（1）许可内容。哪些创新成果被许可；知识产权目前是否有效；许可方是否有权许可该项知识产权（是否存在所有权/许可权障碍）。

（2）授权范围。许可是排他的、非排他的或有其他限制；在哪些地域授予许可（是否有地域限制）；在哪些应用领域授予许可（许可限于一个行业/部门，或扩展到多个领域，或对所有使用领域开放）；许可的权利范围是什么（是否有分许可权利，是否有修改权利，是否拥有未来进一步开发知识产权的权利等）；许可协议的期限是多久（许可的协议期限绝不能超过知识产权的有效期限）。

（3）许可收益。支付条件是什么（包括入门费、首期费用、提成费、股权或上述方式的组合等）；支付模式是什么（包括固定费用、销售额的百分比或基于销售产品的数量等）；控制条款有哪些（包括报告、审计、管理费等）。

（4）附加权利和义务。包括：被许可方的绩效标准，配额，指定日期前商业化的尽职条款，质量控制，检查/监控/批准产品和/或营销材料等权利；许可方的技术援助，培训，技术支持，维持、执行或保护知识产权等义务。特许经营许可不仅授予知识产权（包括技术诀窍），还包括流程、业务模式使用、品牌等，明确许可方与被许可方的义务。

（5）合同一般条款。例如，合同期限（包括开始日期和结束日期）；终止权（包括终止的情形，终止后能否续约及续约义务有关条款，或许可方的技术归还权）；许可方的保证（包括无已知限制或侵权）；诉讼（包括涉及费用与责任，用于针对侵权人发起维权行动，或用于延续申请及权利维护）；转让条款（包括收购或转让等）；管辖等。

通过在创新过程各个过程中妥善处理各类知识产权问题，企业可以为创新提供指引，提高创新质量和效率；同时加强品牌建设，促进无形资产的积累，实现产品差异化和市场定位，保持市场优势地位，为企业带来财务、声誉、合作、网络效益，实现创新价值的最大化。

第七节 案 例

【案例一】我国第三代核电技术创新[*]

2004年，我国已具备第二代核电批量建设能力，但在技术及设备方面仍有一些关键环节被国外垄断，面临设计、材料、关键设备"卡脖子"问题。为此，我国计划从国外引进第三代核电技术，并走一条"引进、消化、吸收、再创新"之路，开发第三代核电技术。

其中，在我国与美国西屋电气谈判过程中，知识产权一直是双方争议较激烈的问题。为了给再创新留有余地，我国坚持在合同中写明，中方在西屋电气现有技术基础上做出重大改进和再开发的堆型，应拥有全部自主知识产权。西屋电气则提出如果我国自主开发出功率超过135万千瓦的非能动大型压水堆，则我国可以拥有知识产权并对第三国出口，但向美国和日本出口则必须与西屋电气合作。最终，双方达成协议，西屋电气在核

---

[*] 陈肇博. 亲历中国引进三代核电技术AP1000始末[J]. 中国经济周刊, 2014（13）: 13-16.

电设备采购采取分级供货制度，同时分过程向中方转让第三代核电设备AP1000的全部技术资料。

2007年，国务院常务会议确定，在国家中长期科技发展规划中，将"大型先进压水堆核电站"列为重大专项，在技术引进的基础上，开发具有自主知识产权的大型先进压水堆核电技术。经过不懈努力，项目研制取得重大技术突破，形成一系列具有自主知识产权的创新成果。随后我国两条自主核电技术线技术国产率均超过85%。其中，"国和一号"（CAP1400）超越了我国在西屋AP1000技术引进合同中所设置的135万千瓦技术门槛。而"华龙一号"（ACP1000）成熟性、安全性和经济性可满足三代核电技术要求，并在设计技术、设备制造和运行维护技术等领域的核心技术方面，具有自主知识产权，是我国目前唯一可以自主出口的第三代核电机型。

"华龙一号"是我国中核集团和中广核集团这两大核电集团，在我国30余年核电科研、设计、制造、建设和运行经验的基础上，采用国际最高安全标准研发的自主三代核电机型。项目立项之初，中核集团就明确通过全过程知识产权工作来保护自己的创新成果，同时为项目后续在国内外工程实施保驾护航。为确保成果的自主性，项目立项之初就组织专家对核心技术进行梳理分析，明确了技术路线，相应开展了知识产权调查、分析及相应的对策研究，围绕技术路线确定了知识产权工作目标。研制过程中，项目组建立了知识产权预警机制，跟踪监视技术发展动态，分析相关技术的专利状况，并及时调整科研方向。

按照"开放、包容、合作、共赢"的原则，中核集团联合国内厂商共同开展研发，协商处理知识产权的归属和使用问题，明确项目下属单位成果保护的基本原则：需要对外交付的创新方案且符合专利申请条件的技术方案要先行申请专利；仅在企业内部进行设计、分析使用的技术方案以及研发过程中产生的分析报告、设计图纸、工艺参数、开发的软件等，以技术秘密的方式保护；需要对外交付的文件、资料等，则通过保密协议/条款，明确其保密责任。

为有效开展知识产权工作，中核集团在"华龙一号"项目中实行了知识产权专员制度。知识产权专员协助项目总设计师组织落实项目的知识产权基本目标和原则，负责构建项目知识产权工作体系，组织开展专项知识产权策划，在项目立项论证、研发过程、验收等各个过程开展具体工作。在项目实施过程中，还构建了专业服务机构、企业知识产权管理者、项目组人员共同参与的工作体系，通过专题会、科研/设计例会、培训等多种方式，共同推进知识产权工作的开展。

"华龙一号"项目最终形成了完整的知识产权保护体系，包括700余件专利和100余项软件著作权，覆盖设计、燃料、设备、建造、维护等领域，并自主开发了核电专用软件，实现百万千瓦级压水堆核电技术、核心设备与关键材料的国产化，不仅使我国三代核电技术不再受制于人，还为"华龙一号"出海提供了有力的知识产权保障。

"华龙一号"的成功研发，打破了国外核电技术长期垄断，使我国进入了核电技术先进国家行列。"华龙一号"知识产权保护体系，也为"华龙一号"出海提供了强有力的保证，解决了自主核电出口的"锁喉之痛"，使我国形成了具有国际竞争力的自主品牌，对保障国家能源安全、落实核电"走出去"战略产生巨大影响，成为我国向核电强国迈进的重要标志。

【案例二】3M 公司手术薄膜创新历程*

1996 年，3M 医疗事业部的一个外科手术产品团队发现，3M 手术薄膜产品在当时的市场上几乎已没有增长空间。由于成本高昂，3M 手术薄膜产品无法进入新兴市场。3M 成立由研发、市场和生产部门的 6 位员工组成的项目团队，致力于"找到一种更好的一次性手术薄膜"。

项目团队先用了一个半月的时间通过查阅文献和访谈业内专家来了解感染的原因和防止感染的方法。项目团队兵分多路前往马来西亚、印度尼

---

* 陈劲，郑刚. 创新管理赢得持续竞争优势［M］. 3 版. 北京：北京大学出版社，2016：377-380.

西亚、韩国和印度等国家进行实地调研,了解当地医生在手术室会遇到的感染问题以及他们的解决方案。项目团队意识到,即使3M公司大幅降低手术薄膜的成本,很多发展中国家的医院还是负担不起。由于细菌会产生耐药性,因此当地医生依赖廉价的抗生素来防止感染蔓延的做法,长远来看并不会奏效。基于这些分析,项目团队将目标重新修正为"找到一种除抗生素和手术薄膜之外,更便宜、更有效的预防感染发生、防止感染蔓延的方法"。

项目团队通过网络方式,联系到了"更便宜、更有效的感染控制"领域的"领先用户"。他们发现,在条件简陋、成本有限的情况下,一些宠物医院的兽医仍能保持很低的感染率;好莱坞的化妆师擅长使用不刺激皮肤而又容易卸除的化妆材料,而理解这种材料的特性对于研发出直接涂抹于皮肤上的感染控制材料非常重要。此时,项目团队的核心问题是:我们能否找到一种革命性的、低成本的感染控制方法?

项目团队邀请了几位"领先用户"来参加了一个为期两天半的研讨会。参会人员被分成几组进行讨论,最终产生了6个新产品创意和1项革命性的感染控制方法。项目团队经过筛选,将其中3个新产品创意提交给高层进行决策,其中一项名为"皮肤医生"的新方案获得通过。这是一种可单手操作的小型装置,轻轻挤压,即可将含有抗感染成分的药膏均匀涂抹在患者皮肤表面(这是从兽医专家那里获得的启发)。该装置还带有吸附功能,可以轻而易举地将药膏和术后污垢清除,且对皮肤没有刺激(这是好莱坞领先用户的贡献)。更重要的是,该方案为发展中国家的病人提供了一种能支付得起的抗感染手段。

【案例三】 航天科工成功并购 IEE 公司*

航天科工是我国国有特大型高科技企业,致力于走中国特色的军民融合发展之路,在信息产业、装备制造业等方面开发了一系列重大军民结合

---

* 贺化. 评议护航:经济科技活动知识产权分析评议案例启示录 [M]. 北京:知识产权出版社,2014:18-26.

技术产品。在汽车电子产业领域,航天科工历经 20 余年发展,已取得一定规模,国内市场占有率达到 10% 左右。然而,由于航天科工缺乏核心技术、产品附加值不高,质量和稳定性难以达到世界级水平,始终难以敲开国际汽车电子市场的大门。为此,航天科工将收购国内外具有较强影响力的企业作为快速提升规模、促进转型升级、提升核心竞争力、快速完成国际化经营布局的重要途径。

2012 年 6 月,在汽车安全电子领域享有盛誉的卢森堡 IEE 公司因基金股东到期清算拟出售全部股权。IEE 公司在全球拥有 8 家子公司,全球员工总数接近 2000 人,大约 12% 的人员为技术研发人员。该公司的两大支柱业务,分别占据全球细分市场的 78% 和 26%,拥有包括通用、宝马、日产、戴姆勒、大众等众多世界著名的整车厂客户。IEE 公司非常重视研发投入,拥有世界领先的核心技术,与产品相关的技术基本都申请了专利,在全球拥有几百项专利或专利申请,分布在不同国家、不同的产业发展方向,这也是其能够保持竞争优势的重要原因。

如果能够成功收购 IEE 公司,将有利于航天科工提升相关产业的核心技术竞争力,促进国内相关行业的标准出台,抢占细分市场先机,同时搭建在欧洲发展和布局的平台,培养和储备国际化经营人才。因此,航天科工果断决策,计划并购欧洲卢森堡 IEE 公司。为此,航天科工集团组建了知识产权专业团队,开展知识产权分析评议工作。

(1) 对于 IEE 知识产权总体情况进行摸底,确保对 IEE 知识产权的全面收购,防止重要知识产权在并购中流失,确保购入的知识产权权属无争议、物有所值。航天科工对 IEE 公司所有专利的法律状态进行了进一步核实,发现 IEE 提供的专利清单中专利数量为 200 余件,其中大部分专利的有效期在 10 年以上,有 15 件专利有效期在 2010 年已届满,2 个专利族在未来 5 年内将到期。经检索发现 IEE 在全球专利申请总数为 800 余件,其中部分专利均处于未交费、视为撤回等无效状态。此外,IEE 提供的商标清单中,也存在已被局部转让、被拒绝注册、已被无效、漏报的情况。IEE 还有很多版权、商业秘密和其他未注册的知识产权。基于此,航天科工进一步要求 IEE 提供必要的证据，例如要求其提供对所转让的专利享有全部权利的声明等。

（2）对 IEE 知识产权实际价值进行分析，确保购入的知识产权能给航天科工持续带来竞争优势。主要分析 IEE 全球市场知识产权的布局与风险、竞争对手以及上下游专利技术分布、收购技术与航天科工自身技术的协同性等，重在分析 IEE 技术先进性、IEE 专利是否易于被绕开或反向工程、IEE 产品侵犯他人专利权的可能性以及风险可否规避、IEE 产品是否受上下游技术专利的限制等重要事项。经分析发现，IEE 共有 16 个产品系列，其在美国和德国获得授权的专利最多，但是竞争对手的知识产权也最强，因此有侵犯第三方专利权的可能性。IEE 在日本许多专利因未缴年费已失效，在过去几年中也未在日本进行专利布局。IEE 在中国的授权专利仅有 14 项，未授权的专利获权希望不大，并且这些专利仅能对 6 个产品系列进行保护；其余产品因缺乏专利保护，在进入中国后，很可能侵犯第三方专利权或被随意仿制，有一定市场风险。另外，IEE 还有大量的计算机软件著作权和技术秘密。

（3）对 IEE 知识产权法律诉讼进行分析，对可能的知识产权风险进行预警评估，避免出现"花钱买官司"的尴尬局面。经分析发现，IEE 有些专利诉讼案件尚未终结。一是美国某公司起诉 IEE 侵权，IEE 也进行了反诉；但是 IEE 若败诉，将承担赔偿高额赔偿金、诉讼费以及附加的数额未知的专利侵权许可费。二是 IEE 有 2 项欧洲专利被他人提出无效申请，但即使这 2 项专利被无效，也不会对其商业活动产生过多影响。三是 IEE 起诉中国某公司专利侵权尚未结案。四是 IEE 发现中国某公司未经其许可，制造、销售、许诺销售其专利产品，已向法院提起专利侵权诉讼。

根据上述分析结果，航天科工在整个并购谈判过程中，采取审慎而快速的决策。一方面对专利侵权诉讼进行密切跟踪，并逐一排除潜在风险；另一方面制定风险应对方案，如果在签订收购合同时，这些专利侵权诉讼案件仍然不能终结，则需要设定相关协议条款，并评估最大可能的损失，待案件清晰后再处理。

2012年12月,经过艰苦谈判,航天科工联合其他两家投资方,与IEE股东签署了股权收购协议,以合理的价格完成了收购。同时,航天科工针对IEE未保护的产品技术提前开展专利布局,针对竞争对手的专利进行产品规避设计,为新公司未来经营发展奠定良好基础。

第九章 以评促建——企业创新与知识产权管理实施路径

第一节 企业创新与知识产权管理能力分级评价工作简介

ISO 56005 国际标准是创新管理标准系列中最重要的标准之一。它定义了创新主体业务、创新与知识产权的关系，将知识产权管理嵌入创新流程，通过知识产权管理最大化创新价值。

标准的生命力在于实施。创新管理标准化国际伙伴计划（Innovation Management Standardization Partnership Program，IMSPP）正是以创新主体需求为导向，充分发挥 ISO/TC 279 标准制定专家的能力和优势，旨在通过系统化、数字化的方法和手段推广、实施、验证与发展 ISO 56000 创新管理国际标准系列。

创新与知识产权管理能力分级评价（以下简称"分级评价"）是 ISO 创新管理标准化技术委员会（ISO/TC279）备案的国际贯标项目，是创新管理标准化国际合作伙伴计划（IMSPP）的标准实施项目，也是目前唯一国际通行的创新管理标准实施评价项目。该项目定位于 ISO 56005 国际标准的实施及有效性评价。分级评价采用《创新与知识产权管理能力分级评价指标体系》，通过结合线下评价机构评价与线上大数据校验的评价模式来确保评价一致性。以评促建，推动创新组织构建战略体系、促进创知融合、寻找创新路径、降低运营风险、促进创新协作、实现创新价值。

一、分级评价内容

分级评价主要针对创新组织在创新过程中知识产权战略管理能力、基础管理能力、过程管理能力、创新产出与知识产权运用能力,以及知识产权质量进行评价。通过规范的评价流程和评价方法,推动创新组织实现创新与知识产权管理的深度融合,全面提高知识产权的创造质量和运用效益,实现"以评促建"。

二、分级评价等级

分级评价明确了创新与知识产权管理在不同阶段应达到的水平。分级评级共分为五个级别,自低向高分别为一级(初始级)、二级(过程级)、三级(项目级)、四级(系统级)和五级(生态级)。

(1)一级(初始级)。创新组织开展了创新管理活动并建立了基础的知识产权管理体系。

(2)二级(过程级)。在初始级的基础上,创新组织实现了在部分创新过程中具有知识产权管理。

(3)三级(项目级)。在过程级的基础上,创新组织实现了在创新项目全过程实施知识产权管理,能够在项目层面有效支撑创新项目目标的达成和价值实现。

(4)四级(系统级)。在项目级的基础上,创新组织实现了知识产权管理与创新管理全面、深入融合,知识产权能够在组织层面有效支撑组织经营战略和创新战略目标达成。

(5)五级(生态级)。在系统级的基础上,组织的创新管理和知识产权管理在战略与管理层面高度一致,相互促进;知识产权管理能够在生态层面支撑产业生态构建、发展与优化等组织战略目标的达成。

三、分级评价作用

客观评价:第三方分级评价机构,坚持客观、中立的原则,基于先进的国际标准，运用科学的评价体系，全维度扫描创新组织的创新与知识产权管理工作，以定性指标和量化数据为依据，帮助创新组织清晰认识当前创新与知识产权管理现状，精准定位问题，为创新组织后续提升创新与知识产权管理能力提供清晰的改进方向。

专业服务：分级评价项目的服务质量依赖于专业人才的硬实力。第三方分级评价机构的评价人员持有专利代理师、国家注册知识产权管理体系审核员与创新与知识产权管理分级评价师"三证"，既能深入理解知识产权的实务操作，又精通管理体系的构建逻辑。这种"双视角"能力使其能够提供系统性服务，其专业价值渗透创新与知识产权管理能力对标诊断、能力建设、分级评价的每一个环节。

提高效率：对多数创新组织而言，自主摸索并实施标准往往面临"三大痛点"：一是对标准条款理解碎片化；二是内部流程与标准要求难以匹配；三是管理试错成本高。第三方分级评价机构凭借多年来服务于不同行业创新与知识产权管理的经验积累，帮助创新组织更快将创新与知识产权标准化管理优势转化为创新价值。

促进协同：创新与知识产权管理工作需要创新组织内部各个部门的共同推进。第三方分级评价机构通过客观评价，促使创新组织直面管理短板，基于组织架构和责任矩阵，加强关键流程节点控制，加强各部门协同配合，建立创新与知识产权管理工作的联动机制。

培养人才：第三方分级评价将人才培养嵌入全流程，为创新组织提供专业的创新与知识产权管理培训。同时，鼓励创新组织培养一定数量的创新管理师，全面提升创新与知识产权管理团队的业务能力。

助力成长：通过第三方分级评价，促进创新组织实现创新与知识产权工作全面融合，借助知识产权管理帮助创新组织寻找创新路径，通过开放式创新帮助创新组织实现创新内外部协作，降低创新风险，实现创新价值，构建核心竞争力，在激烈的市场竞争中占据优势。

四、创新评价工作现状

2021年10月，国务院印发《"十四五"国家知识产权保护和运用规划》，提出"推动实施创新过程知识产权管理国际标准"。2022年年初，中石化石油化工科学研究院有限公司、中国商用飞机有限责任公司、贵州航天电器股份有限公司等3家单位启动了ISO 56005国际标准试点评价工作。试点单位按照ISO 56005国际标准的要求，聚焦创新与知识产权的融合管理，在创新全过程中全面实施知识产权管理，并完成了分级评价。试点评价工作也为分评价级在国内全面实施推广奠定了良好基础。截至2025年6月底，全国已有34家认证机构参与分级评价工作，累计培养分级评价师近600人。

2023年4月28日，国家知识产权局、工业和信息化部等多部门联合发布通知，大力推广实施ISO 56005国际标准，并组织开展创新管理知识产权国际标准实施试点工作，分期分批实现对本地国家知识产权优势示范企业和专精特新"小巨人"企业的全覆盖。这一举措为创新主体开展创新与知识产权管理工作提供了明确的政策导向和实施路径，激发了其参与积极性。随后，全国各省市积极响应，北京、上海、广东、浙江等各地方政府纷纷出台具体的落地政策，鼓励创新主体参与分级评价工作，将分级评价与其他政策措施相结合，形成政策合力，进一步提升企业参与分级评价工作的积极性。

目前，分级评价工作已成为众多创新型企业提升战略管理、基础管理、过程管理、创新产出与知识产权运用能力的有力支撑。截至2025年6月底，全国已有700余家创新组织通过分级评价并获得证书，覆盖全国绝大多数省、自治区、直辖市，其中不乏各行业领军企业。其中，中知（北京）认证有限公司发证量近300张，占全国发证总量1/3以上；其中，三级证书占全国同级证书超60%，四级证书占比近90%。

第二节 企业创新与知识产权管理能力分级评价工作要求

创新与知识产权管理能力分级评价建立了一个多维度的指标评价体系，

第九章 以评促建——企业创新与知识产权管理实施路径

旨在帮助创新组织以评促建,全面提升创新效率和创新质量,包含创新成果、实现创新价值。

一、分级评价指标体系

分级评价指标总体构架分为三个评价指标层级,每个评价模块有不同的评价单元,每个评价单元项下又有不同的评价指标,评价指标按照指标性质分为等级指标和一般指标。依据分级评价的等级要求,创新与知识产权管理能力分级评价各等级需要测评的内容有所不同❶。

分级评价指标共分为战略管理能力、创新与知识产权基础管理能力、创新过程知识产权管理能力和创新产出与知识产权运用能力四大模块。

1. 战略管理能力

战略管理能力是对创新组织的目标管理能力、战略制定能力、战略实施能力进行评价,评级主要考量创新组织的知识产权战略目标的适宜性、知识产权战略制定的适宜性等方面内容。

2. 创新与知识产权基础管理能力

基础管理能力是对创新组织最高管理者、创新与知识产权管理制度、组织职责、人力资源、财务资源、法律事务、基础设施7个方面进行评价,评级主要考量最高管理者对知识产权方针、目标的部署以及对持续改进机制的重视与实际参与度,在组织职责项下外部服务机构的服务质量控制的有效性、商业秘密管理实施,专职知识产权工作人员数量,创新管理师数量、知识产权数据资源是否能充分满足创新与知识产权工作需要等方面内容。

3. 创新过程知识产权管理能力

过程管理能力是对创新组织创新过程知识产权管理总体要求、识别机会过程、创建概念过程、验证概念过程、开发方案过程、部署方案过程的知识产权管理进行评价,评级主要考量项目分级分类管理、重点创新项目

---

❶ 注:本节内容涉及评价指标的,均依据《创新与知识产权管理能力分级评价等级指标(试行版V2.1)》。

过程知识产权管理覆盖情况、创新项目知识产权融合管理、专利信息利用、知识产权分级分类管理等方面内容。

4. 创新产出与知识产权运用能力

创新产出与知识产权运用能力是对近 3 年资金指标、创新产出、知识产权运用能力进行评价，主要考量近 3 年研发投入平均最低要求、近 3 年知识产权投入平均值、专利质量、知识产权综合数量、海外专利保护、海外商标保护、国家专利密集型产品备案认定数量或知识产权综合运用情况等方面的内容。

二、其他评测内容

除评价指标外，分级评价还关注创新组织的专利检索、专利撰写质量、专利运用及保护、知识产权布局、商业秘密管理、商标申请与运用等方面。

申请一级的创新组织应满足：具有基本的知识产权管理，可自身或在外部机构的协助下通过专利申请等基本知识产权手段对核心技术进行保护，但专利检索能力和专利对技术保护的完备性还有待提高。

申请二级的创新组织应满足：具有较好的知识产权管理，可自身或在外部机构的协助下通过专利申请等基本知识产权管理对核心技术进行保护，申请的专利从撰写角度对技术进行较好保护，考虑采用不同类型的知识产权对核心技术进行保护。

申请三级的创新组织应满足：具有完整的知识产权管理，可自身或在外部机构的协助下对创新项目全过程实施知识产权管理，知识产权工作可包括技术专题检索、可专利性检索、防侵权检索、竞品检索等；知识产权综合布局，如"技术秘密+专利+商标"等。

申请四级的创新组织应满足：具有战略性的知识产权管理，知识产权不仅能保护核心创新成果，且最大化价值，还可在组织运营层面，如限制竞争对手、技术交叉许可、收并购、投融资等方面提供支撑。组织知识产权战略从防御型向混合型、合作型和进攻型转变。

申请五级的创新组织质量要求目前待定。

第三节　企业创新与知识产权管理能力分级评价工作流程

创新与知识产权管理能力分级评价周期为3年。

在一个分级评价周期内,创新与知识产权管理能力分级评价按照评价的时期序列可分为初次评价、年度确认、再评价,以及由创新组织根据自身需求提出的升级评价。

初次评价是指创新组织实施创新与知识产权管理国际标准后首次开展的创新与知识产权管理能力评价工作,由分级评价人员对创新组织的创新与知识产权管理能力进行评价。

年度确认是指创新组织获得创新与知识产权管理能力等级证书后的定期测评工作,由分级评价人员对创新组织的创新与知识产权管理能力保持和改进情况进行测评;一般情况要求每年一次。

再评价是指创新组织在等级证书有效期届满前重新申请的评价工作,由分级评价人员对创新组织的创新与知识产权管理能力进行再评价,创新组织可以申请保持当前能力等级或者在当前能力等级基础上升级。

升级评价是指创新组织在取得创新与知识产权管理能力等级证书满1年后提出升级申请的评价工作,由分级评价人员对创新组织的创新与知识产权管理能力进行升级评价。升级评价的工作流程与再评价的工作流程一样。

一、初次评价

初次评价包括启动、评级申请与受理、预评价、正式评价、合规审查、颁发证书等6个阶段。

(一) 启　　动

创新组织欲进行创新与知识产权管理能力分级评价,应先在创新与知识产权管理能力分级评价服务系统(https://grading.imspp.org.cn)(以下简称"分级评价服务系统")进行注册。

(二)评价申请与受理

申请创新与知识产权管理能力分级评价的创新组织(以下简称"申请组织")登录分级评价服务系统进行分级评价申请。

申请组织可根据自身需求以及企业经营/运行/服务范围与活动情况确定拟申请评价等级、评价范围,上传申请所需材料,并选择合适的评价机构和质量评价人员,即可完成分级评价的申请。

1. 申请条件

分级评价要求申请组织的主体应为单一组织,单一组织的界定以企业统一社会信用代码为准。

对于有下属分子公司的集团公司,其下属的分公司或子公司可以以集团公司名义申请分级评价,分级评价后所获取的评价证书中的组织名称为集团公司。若下属分公司、子公司独立开展创新与知识产权管理活动并以独立申请主体的名义来申请分级评价,在满足相应的等级要求时可获得以该分公司或子公司为主体的评价证书。

对于多名称组织,申请组织应根据每个组织的经营活动、创新成果(专利、软著等)权属分别申请分级评价。

2. 申请所需材料

申请材料主要包含评价申请表、营业执照或法人证书等法律地位证明文件的扫描件、创新与知识产权管理能力基础调查表以及其他材料。此类材料应在分级评价服务系统中上传盖章扫描件。

评价申请表内容包含企业名称、地址、拟申请等级、评价范围,以及企业经营/运行/服务范围与活动情况等基本信息。

创新与知识产权管理能力基础调查表是企业能力自述。

其他材料是指管理文件、资质证明,以及其他与分级评价有关的文件,如知识产权优势组织、知识产权示范组织、驰名商标证书、中国专利奖证书等能体现申请组织创新与知识产权管理能力的相关文件,其他材料属于非必要上传文件,申请组织可以根据自身情况选择提供。

3. 申请受理

评价机构依据申请组织所申请的分级评价范围、分级评价拟申请等级以及其他影响分级评价活动的因素，综合确定是否受理分级评价申请。评价机构在受理时如发现申请组织存在以下情形则不予受理：

（1）申请组织或申请组织的法人被纳入国家信用信息失信主体名录的；

（2）申请组织被行政管理部门责令停业整顿的；

（3）申请组织无任何知识产权，经进一步沟通了解申请组织也无创新活动的；

（4）其他违反国家法律法规、行业规定的情形。

申请组织的分级评价申请受理后，就进入到合同签订阶段，申请组织即可与评价机构签订合同。

（三）预评价

预评价的主要目的是基于 ISO 56005 国际标准，初步识别申请组织的创新与知识产权管理现状，对标分析与诊断申请组织创新与知识产权管理中的薄弱环节，提出整改要求，并指导试运行实施。

1. 预评价的前期准备

在预评价实施之前的前期准备工作包括组建预评价工作组、获取正版 ISO 56005 国际标准和确定创新管理师学习人员。

进入预评价阶段，评价机构指定预评价组长后，预评价工作组基本上已就绪。

申请组织应购买 ISO 56005 国际标准，组织员工系统学习该标准并培养满足分级评价等级要求数量的创新管理师，为创新与知识产权管理工作奠定基础。

评价人员在预评价准备阶段应协助申请组织了解 ISO 56005 国际标准、知悉预评价阶段知识产权管理与质量评价工作流程、评价指标、总体进度安排和关键时间节点、各成员的工作职责，制定能力建设实施方案，并准备评价相关材料。

2. 预评价的实施

预评价阶段以启动会召开日为起点，预评价结论提交日为终点。预评价实施阶段可以划分为能力建设阶段和试运行阶段，其中能力建设阶段则包含能力诊断和能力提升，不同分级评价等级，预评价时间周期要求也不尽相同。预评价实施过程应分配各阶段的时间。

（1）启动会。

启动会召开，标志着申请组织创新与知识产权管理能力分级评价预评价工作正式开始。

分级评级工作组应参加启动会，并向申请组织宣贯分级评价工作，申请组织的最高管理者、创新管理工作分管领导及各部门负责人等相关人员均应参加，领导层应确认分级评价项目资源的承诺和保障。

（2）能力建设阶段。

第一，对标诊断。预评价人员基于 ISO 56005 国际标准要求，对申请组织的创新现状、知识产权管理能力现状进行现场调研，对照 ISO 56005 国际标准和创新与知识产权管理能力分级评价指标对申请组织创新与知识产权管理的战略管理能力、基础管理能力、过程管理能力、创新产出与知识产权运用能力等进行对标诊断，形成对标分析诊断报告，梳理申请组织在知识产权管理架构、知识产权战略、创新过程中的知识产权管理方面的现状以及与 ISO 56005 国际标准的差距，指出有待改进的工作方向。

第二，能力提升。基于对标分析诊断报告和 ISO 56005 国际标准，预评价工作组分析现状与标准要求的差距，明确能力提升目标、任务和要求，设计申请组织创新与知识产权管理体系架构、对标提升措施、需制订/修订文件清单、能力提升培训方案，形成能力提升方案，指导申请组织能力提升。

第三，文件修订与提升培训。依据创新与知识产权管理能力提升工作的要求，预评价人员应对申请组织开展有针对性的创新与知识产权管理能力提升培训，申请组织应在分级评价工作组指导下，编制或完善创新与知识产权管理文件。创新与知识产权管理制/修订文件清单中所有文件在申请组织内部的正式实施标志着能力提升的完成。

申请组织各相关部门应指派专人负责本部门创新与知识产权管理能力提升工作，理解创新与知识产权管理文件的主要内容、职责分工、工作流程和要求等，并及时与其他部门开展协调和沟通，确保组织创新与知识产权管理能力提升各项工作按计划安排稳步推进。

（3）试运行阶段。

在能力提升完成后，申请组织进入试运行阶段，创新与知识产权管理制/修订文件的实施日既是能力提升阶段的终止日，同时也是试运行阶段的起始日。为确保申请组织创新与知识产权管理能力提升工作的贯彻落实，一般情况下试运行周期应满足一定时间要求。

申请组织在预评价工作组的指导下按照对标提升建议进行能力提升并试运行。按照创新与知识产权管理相关流程与文件要求，申请组织在实施运行中形成和创新与知识产权管理有关的各类记录；申请组织应妥善保管相关运行记录，以证实该组织的创新与知识产权管理能力提升实施运行的效果。

在达到规定试运行周期后，分级评价人员对申请组织的创新与知识产权管理能力与申请等级基本要求是否匹配进行判断，确定申请组织是否符合进入正式评价的要求。

（四）正式评价

1. 正式评价前准备

正式评价阶段所有工作都由评价机构单独完成。预评价完成后，评价机构组建正式评价组并指定正式评价组组长。正式评价工作组与预评价工作组就申请组织的创新与知识产权管理能力提升和试运行情况进行交接。正式评价组组长核验资料齐备性，在判断申请组织具备正式评价可行性后，制定正式评价的评价计划。

2. 正式评价的实施

正式评价组应依据正式评价计划在申请组织所在地现场开展，依次完成召开首次会议、现场调研、信息评审、评价组内部评议、沟通评价发现、召开末次会议等相关流程，对申请组织创新与知识产权管理能力进行取证核实，给出评价等级的推荐意见。

（1）召开首次会议。

正式评价工作组应与申请组织的创新管理工作相关人员（包括但不限于最高管理者、创新管理工作分管领导、各部门负责人、正式评价工作组成员）召开正式的首次会议。首次会议由正式评价组组长主持，会议目的是简要介绍正式评价的评价指标、评价流程、目标、任务等相关评价事宜，详略程度可与申请组织对评价活动熟悉程度相一致，确保正式评价所有策划活动能够实施。

（2）现场调研、评审及沟通。

正式评价工作组应按照正式评价计划的安排有序开展评价工作，针对申请组织战略管理能力、基础管理能力、过程管理能力、创新产出与知识产权运用能力进行现场调研、取证核实，收集、验证、记录相关数据及信息。正式评价工作组就各评价组成员提交的评价依据和评价结果进行内部评议，对照《创新与知识产权管理能力分级评价指标体系》要求，结合申请组织拟申请等级和分级评价指标体系达成比率形成评价等级的推荐意见，并与申请组织管理层沟通评价情况及评价发现。

（3）召开末次会议。

正式评价工作组应与申请组织的创新管理工作相关人员（包括但不限于最高管理者、创新管理工作分管领导、各部门负责人、正式评价工作组成员）召开正式的首次会议。末次会议由正式评价组组长主持，会议目的是介绍创新与知识产权管理能力的取证核实情况、评价等级的推荐意见以及申请组织能力提升建议清单。

3. 推荐评价等级

正式评价工作完成后，正式评价组组长应及时将正式评价期间形成的必要文件，提交分级评价服务系统。评价机构在分级评价服务系统中对预评价及正式评价的评价材料进行内部审核，确认评价机构的推荐等级。

4. 平台测评

平台测评是创新与知识产权管理能力分级评价服务系统通过大数据以

及系统模型对申请组织的创新与知识产权管理能力的评测,并给出评价等级数据。如果系统所给出的评价等级与正式评价推荐等级一致则系统自动进入下一环节。在平台测评环节,申请组织应准确填写创新管理相关数据,以确保平台测评等级的准确性。评级机构可协助申请组织完成平台测评。

(五) 合规审查

评价机构完成等级推荐后,合规审查人员对评价机构推荐的评价等级、评价材料和流程的有效性、合规性进行审查;若评价材料、评价流程和平台测评结果均符合要求则通过评级申请;若评级材料和/或流程存在问题,则驳回评级申请(驳回时应在系统中备注驳回原因)到申请组织。申请组织可根据合规意见与评价机构协商,补充完善相应评价材料。申请组织也可以申请专家复议。专家复议结论为申请组织符合拟申请等级的,给出通过意见;专家复议结论为申请组织不符合拟申请等级的,给出复议不通过意见,分级评价流程结束。对于材料说明审核不符合要求的,若申请组织不申请专家复议,则分级评价流程直接终止。

(六) 颁发证书

校验复核通过后,分级评价服务系统将自动生成带有唯一证书编号的创新与知识产权管理能力等级证书。证书纸质版由评价机构打印盖章后向申请组织寄发。颁发证书后初次评价流程完结。

分级评价服务系统证书信息可在分级评价系统的证书查询栏目查询。

二、年度确认评价

(一) 年度确认评价时机

创新与知识产权分级评价等级证书自颁发之日起 3 年内有效。申请组织获证后,需定期完成年度确认。原则上,第一次年度确认应在颁发证书之日起 12 个月内提出申请,且两次年度确认申请时间间隔不得超过 12 个月。

分级评价服务系统会在期限到达前 2 个月通过发送短信和/或邮件的方式提醒获证组织进行年度确认申请。获证组织超过期限未进行年度确认的，其等级证书将被暂停或撤销。等级证书暂停期原则上不超过 6 个月。暂停期满等级证书将被撤销。

（二）年度确认评价流程

年度确认评论流程包含评级申请与受理、核实能力保持与持续改进情况、平台测评、合规审查和评价结论五个阶段。

获证组织可在分级评价服务系统中申请年度确认并提交《年度确认申请表》，评价机构接收到获证组织的年度确认申请后应在 1 个月内受理并组建年度确认工作组。年度确认工作组负责核查获证组织创新与知识产权管理相关制度的执行情况、研发项目的持续情况、知识产权深度融合情况、等级指标信息更新等情况；确认获证组织创新与知识产权管理能力的持续保持和改进情况在能力持续提升方面的其他问题，并给出改进建议；协助获证组织完成分级评价服务系统的数据测评工作。年度评价工作组应在年度评价申请受理后 1 个月内完成年度确认工作。

分级评价的年度确认结论包括以下情况：

（1）符合等级要求，保持评价等级；

（2）不符合等级要求，暂时保留评价等级，自行改进；

（3）降级证书；

（4）撤销等级证书。

第一次年度确认时，若获证组织的等级指标达标且平台测评结果符合获证等级，则保持评价等级；若获证组织的等级指标不达标或平台测评结果不满足获证等级，则暂时保留评价等级，自行改进；

第二次年度确认时，对于第一次年度确认获得等级保持的获证组织，第二次年度确认都可以保持等级，区别在于不符合等级要求的需要自行改进。对于第一次年度确认结论为不符合等级要求的获证组织，第二次年度确认时等级指标再次不达标或平台测评结果再次不满足获证等级时，则会出现暂停或撤销等级证书。降级原则将按照所有等级指标能同时满足的最高等级执行。

三、再评价

创新与知识产权管理能力等级证书有效期为3年，评价证书到期后需申请再评价。获证组织可以申请保持当前评价等级或者升级，原则上，获证组织应在原有证书分级评价基础上，逐级进行升级。

再评价工作流程与初次评价流程相同。

四、升级评价

获证组织可于初次评价颁发证书日起1年后提交升级评价申请，评价机构应对获证组织升级评价的申请进行评审。升级评价可单独进行，也可与年度确认评价同时进行。原则上，申请组织应逐级申请升级评价。

升级评价的工作流程与再评价的工作流程相同。

下篇
创新与知识产权管理能力建设案例

第十章　企业创新与知识产权管理能力建设案例

第一节　巨石集团创新与知识产权管理能力建设案例

一、企业基本情况

巨石集团有限公司（以下简称"巨石公司"）成立于1993年，地处长三角经济圈的中心位置，是国有控股上市公司"中国巨石"的主业子公司，主营玻璃纤维及其制品的生产与销售，巨石公司在全球建有浙江桐乡、江西九江、四川成都、江苏淮安以及埃及、美国六大生产基地，总产能260万吨，全球市场占有率约27%，居世界第一位。产品销往全球100多个国家和地区，是全球著名的玻璃纤维生产商。

巨石公司实施"产品高端化、产业一体化、布局国际化、市场全球化"的发展战略，建有国家认定企业技术中心、国家博士后科研工作站、省级重点企业研究院、省重点实验室、省国际科技合作基地等机构，被科技部评为国家创新型试点企业，被工业和信息化部评为国家技术创新示范企业；是国家知识产权示范企业、工业和信息化部工业企业知识产权运用试点企业；获评国家科技进步奖二等奖、中国工业大奖、国家单项冠军示范企业等，多次荣获中国专利优秀奖和省专利优秀奖；2022年，公司发明专利荣获中国专利金奖；2023年，荣获首届浙江省知识产权奖专利奖发明一等奖。巨石公司在玻璃配方、大型玻纤池窑、纯氧燃烧、表面处理剂等领域拥有自主核心知识产权，科技创新与知识产权保护位居行业领先地位。

目前，巨石公司仍在积极布局海内外生产基地的建设，通过对海外生产基地的布局建设，旨在打破国外巨头对我国的贸易保护和壁垒。此外，巨石公司还在南非、韩国、意大利、西班牙、法国、加拿大、印度、新加坡、日本、美国和我国香港等地设立了贸易型海外公司，拥有全球营销网络，是浙江省新材料产业做大做强和"走出去"的典型代表之一。

二、贯标背景

2023 年，根据《国家知识产权局办公室 工业和信息化部办公厅关于组织开展创新管理知识产权国际标准实施试点的通知》（国知办发运字〔2023〕23 号）要求，浙江省率先探索实施创新管理知识产权国际标准（以下简称 ISO 56005 国际标准）国家试点工作并确定了 ISO 56005 国际标准实施首批国家重点试点单位和区域。作为 11 个县（市、区）重点试点区域之一，2023 年 8 月 16 日，桐乡市人民政府发布《桐乡市人民政府关于印发桐乡市创新管理知识产权国际标准实施国家试点工作方案的通知》，在浙江省和桐乡市发布的通知中，巨石公司均被列为首批重点 ISO 56005 国际标准试点企业。为了提升创新与知识产权管理能力与水平，巨石公司积极组织投入 ISO 56005 国际标准试点工作。经过前期对国际标准条款的学习和理解，对贯标工作要求、形式、过程、安排等内容的调研与梳理，巨石公司于 2023 年 9 月正式启动该项工作。

三、贯标工作开展情况

创新与知识产权管理工作获得高层重视与支持：巨石公司上下对创新与知识产权工作高度重视，最高管理层面对创新和知识产权管理工作给予了高度重视和坚定支持，坚持"创新是企业发展的核心动力，知识产权则是企业创新成果重要载体和保护手段"的创新与知识产权保护管理理念。

深入解读与理解标准：通过邀请专家对 ISO 56005 国际标准、创新与知识产权管理内涵和价值进行解读，使公司管理层对创新和知识产权价值有了更深刻的理解，坚定了将创新贯穿企业发展全过程，将知识产权管理作为企业管理的核心内容之一的管理理念。

坚定支持创新与知识产权管理：公司管理层对创新与知识产权管理工作给予了坚定的支持，在提供充足的创新资源和知识产权管理专项资金的同时，鼓励全员积极参与创新活动，及时、全面开展知识产权申请保护。例如，巨石公司在对历代玻璃配方技术进行专利保护的同时，就 E6、E7、E8、E9 等申请产品商标注册保护，以专利—商标—商业秘密多管齐下的形式共同保护公司的创新。巨石公司还建立了完善的知识产权管理制度和激励机制，每年对创新与知识产权保护工作做出贡献的人员给予奖励，在激励全员参与创新与知识产权保护的同时，有效促进了公司创新与知识产权管理的提升。

制定实施与公司业务和创新战略相匹配的知识产权战略和目标，成效显著：制定与实施与公司业务战略和创新战略相一致的知识产权战略，明确知识产权战略目标是顺利开展创新与知识产权能力建设的重要手段。基于对业务和创新战略的分析，结合对公司内外部环境及相关方的调研和分析，巨石公司明确了自身知识产权战略的定位，并在知识产权战略定位基础上，设定了具体的知识产权目标，并将知识产权战略作为支撑创新战略和推动业务战略实现的重要基石。通过制定实施和明确知识产权战略，确保创新成果得到保护和应用。

明确知识产权战略：公司结合自身发展实际及行业需求，在业务战略与创新战略基础上，制定了与其相一致的清晰的知识产权战略。巨石公司的知识产权战略为：创新推动行业变革，带领玻璃纤维工业高质量发展；坚持产学研相结合，强化与提升公司知识产权分析、创造与产出能力；根据市场与竞争需要，确定保护重点和保护策略。加强公司知识产权政策引导和信息服务方面的利用，完善公司知识产权管理工作规范，持续推进公司自主创新体系建设，不断提升公司的知识产权运用能力，提高自主知识产权质量和拥有量，进行有效专利布局，保持全球玻璃纤维工业的领导者地位。

在战略制定基础上，进一步细化制定知识产权目标，巨石公司知识产权目标为：完善公司知识产权环境，提升知识产权价值，提高发明尤其是高价值发明专利产出能力和拥有量。到 2023 年年底，巨石公司有效发明占比超 75%，知识产权管理工作规范和自主创新体系更加完善，全员知识产权普及水平提高，知识产权创造保护意识深入人心，保持公司竞争优势。通过知识产权战略和目标的制定，明确了知识产权创造、分析、保护、运用和管理等工作要求并将其融入日常运营和长远发展规划中，达到了有效整合内部资源，提升知识产权创造、保护、运用和管理能力的目的。

知识产权战略实施成效显著：巨石公司重视知识产权战略的有效实施与落实，在知识产权创造方面，加大研发投入、鼓励全员创新与积极参与知识产权保护申请。截至 2023 年年底，巨石公司累计申请国内外专利 1514 件（欧盟申请按 1 件计算），累计有效专利 1151 件，其中有效发明 809 件（欧盟专利按生效国家数计算），有效专利总数和发明总数保有量居行业首位。在知识产权保护方面，巨石公司建立了完善的知识产权保护体系，通过组织开展行业专利现状检索分析与核心专利布局规划工作，及时发现行业技术发展方向、推动核心技术专利布局；定期开展行业内新公开及授权专利的检索与分析，对风险进行预警与分析；不定期就重点关注技术领域开展专题检索分析，为技术创新提供专利情报与依据支撑。巨石公司不仅在专利数量、地域等角度进行布局，而且对专利质量进行严格把控，严格控制非正常专利的产生，且专利预审名额每年均使用完毕、预审的专利均得到授权。

创新文化深厚，创新能力突出：巨石公司注重创新文化的打造与经营，通过营造浓厚的创新氛围和激励机制，激发全员创新的热情和创造力。

创新氛围浓厚，创新文化深入人心：巨石公司核心价值观遵循"品行、创新、责任、学习、激情"的十字方针，创新精神是巨石公司文化的精髓，坚信以创新求发展、以发展壮实力、一切源于创新。巨石公司创新氛围浓厚，建立了完善且切合公司实际的创新工作法，制度流程健全完善；同时巨石公司注重创新文化的传播与普及，以内部培训、企业文化活动等形式向全公司传递创新理念和知识产权管理知识，鼓励参与外部优秀企业交流活动，学习先进的创新理念和知识产权管理经验。这使得公司一直处于活跃状态，不断适应战略和环境变化，动态演进，创造先机。

坚持自主创新，打破关键技术垄断：中国玻纤引进自国外，前期落后于美国等发达国家几十年，作为关键核心技术之一的玻璃配方，被起步较早的西方发达国家布局了大量专利，设置了较难突破的技术壁垒。巨石公司以发展中国玻纤产业为己任，率先对配方技术开展突围，并先后成功开发提出 E6、E7、E8 和 E9 玻璃配方，其中 E8 配方产品在 92GPa 以上高端市场占有率位居第一，E9 配方产品为全球唯一能实现量产的模量超 100GPa 的玻纤产品，实现中国玻纤产业在全球从追跑到领跑的突破。

梳理和建立完善的创新过程知识产权工作机制，建立具有自身特色的创新与知识产权管理体系：结合预评价阶段评价结论、能力建设提升方案及公司工作实际，对公司创新过程知识产权管理现状进行梳理，并对实际现状与 ISO 56005 国际标准及分级评价指标要求进行比对分析，对公司现有创新过程与国际标准的五个过程进行匹配，梳理公司创新过程知识产工作流程，进一步完善和健全创新过程知识产权工作机制，使知识产权工作在创新过程的要求及内容更加明确具体。实现将创新与知识产权管理体系融入创新与科技研发项目全过程，包含创新与科技研发的前期调研、立项、执行、验收、推广等全过程环节的知识产权管理过程介入，深化创新与知识产权的有效融合。同时强化知识产权管理顶层设计，建立公司、科研及厂部级单位、知识产权小组三级管理体系，涵盖各基层单位和部门，实现决策层引领、业务层支撑、执行层有效的三级管理协同。在此过程中全面梳理创新工作知识产权管理要求，建立了符合自身实际又具有典型指导意义的创新与知识产权管理体系，使其真正发挥作用并取得显著成效，有效保障了创新与知识产权管理活动的有序开展和管理。

在此过程中对现有制度进行了优化，并按照标准新制定了部分制度文件，包括《产品开发控制程序》《重大创新项目管理制度》《一般创新与改进项目管理制度》《一般创新与改进项目管理实施细则》《对外技术开发与交流管理办法》《研究开发费管理办法》《保密管理制度》《试样管理控制程序》《对外经济合同管理制度》《档案管理制度》《销售合同、订单和协议评审控制程序》《市场信息管理控制程序》《供应商管理控制程序》《采购控制程序》《招标管理实施办法》《专利管理实施办法》等，推动创新管理与知识产权管理工作有序开展。

四、贯标工作亮点

体系融会贯通：将知识产权国内标准和国际标准体系进行融会贯通，通过实施 GB/T 29490 国家标准和 ISO 56005 国际标准，打造完整贯通的创新管理-知识产权管理体系，支持创新活动的系统性和持续性。

提升知识产权质量、加强核心技术知识产权保护：注重专利质量，提升发明专利比例，开展专利和专有技术的甄别工作，对一些技术落后、低价值的专利和专有技术进行放弃处理。开展重点技术领域专利战略研究与分析，形成专利技术核心竞争力分析报告，在玻璃纤维配方、大型池窑、纤维成型、纤维表面处理等技术领域形成专利集群，提升核心产品和技术的持续竞争力，并为公司对埃及、美国等全套知识产权输出，建设海外生产基地，走国际化道路的征程，扫清知识产权纠纷与障碍，保驾护航。

提高知识产权信息利用价值：合理利用知识产权信息，尤其是专利信息，为创新过程服务，实现在专利检索与分析中对创新过程机会的准确识别，通过对创新机会的识别和筛选以实现创新过程最佳技术方案的建立，从而降低创新成本，提高创新效率，优化专利布局，强化对产业链的整体控制力。

此外，巨石公司创新与知识产权管理能力的建设与提升，也离不开分级评价机构和质量评价老师的指导和帮助，其分别从管理线和质量线两个方面，在公司体系的建设和融合完善、对公司全体员工创新与知识产权管理意识和能力的有效提升起到了巨大的推动作用。

专业指导和体系管理融合的推动：分级评价机构为公司提供了专业的指导和建议，通过预评价过程，对公司当前现状进行检查和诊断，提出存在的问题和不足，并针对不足和问题提出具体的改进建议，为公司完善和提升创新与知识产权管理能力提供了指导。其通过引导公司将知识产权管理深度融入创新全过程，体现了知识产权管理在创新过程中的重要性，两者的深度融合在有效提升公司创新能力的同时，也增强了市场竞争力。

促进提升管理意识和能力：通过前期的诊断活动，质量评价老师向公司传递了知识产权管理的价值和关键作用，引导树立正确的创新知识产权管理观念。同时质量评价老师通过专业的指导和培训，包括专利检索、撰写和挖掘与布局方面的培训以提高相关项目人员、技术人员和知识产权管理人员的知识产权检索、撰写与布局能力，拓宽了相关人员知识产权申请与保护的视野，提升了知识产权管理能力，确保相关创新成果得到有效保护和运用。

综上，巨石公司凭借在创新知识产权管理领域的卓越实践与领先地位，在创新与知识产权管理能力分级评价中顺利获得四级证书，是结束试点工作以来全国首张四级证书，既是对公司创新与知识产权管理能力的认可，又是对公司未来创新发展道路的坚定信心和有力支撑。未来，巨石公司将继续深化创新与知识产权管理，进一步推进创新与知识产权管理体系的建设和完善，强化创新驱动发展战略，扩大国际市场影响力，巩固行业领导者地位，最终实现由强大到伟大的跨越。

（作者：周红娅、刘娟、刘嘉怡　工作单位：巨石集团有限公司）

第二节　珠海光恒创新与知识产权管理能力建设案例

一、企业基本情况

珠海光恒科技有限公司（以下简称"光恒公司"）成立于 2017 年 3

月 15 日，位于珠海市香洲区，主要致力于激光探测技术的创新与发展，涵盖从激光发射、接收、信号处理到数据解析的完整技术链。光恒公司拥有先进的激光探测设备和系统，能够实现对目标物体的高精度、高效率探测，广泛应用于气象保障、电力电网、风力发电等领域。

光恒公司的高精度多普勒激光测风雷达系统采用先进的激光探测技术和多普勒频移原理，能够实现对风速、风向等气象参数的精确测量。该系统具有测量范围广、测量精度高、响应速度快等优点，在风力发电、气象保障等领域具有广泛的应用前景。

光恒公司还专注于高端光纤无源器件的研发与生产，这些器件广泛应用于超快光纤激光器、高功率 MOPA、光纤激光器、医美行业的掺铒光纤激光器及科研应用等领域。光恒公司凭借先进的光纤技术和制造工艺，为客户提供高质量、高性能的光纤无源器件产品。

在三维成像技术领域，光恒公司凭借先进的光学成像技术和图像处理算法，成功开发出高精度实时三维成像光学检测系统。该系统能够快速、准确地获取目标物体的三维信息，为平板显示器制造、SMT、半导体芯片等精密电子行业提供了重要的技术支持。

2023 年年底，光恒公司已获得授权专利 73 项，已建立核心知识产权。其中 12 项发明专利，46 项实用新型专利，5 项外观专利，10 项软件著作权。

光恒公司还荣获高新技术企业、广东省专精特新中小企业、珠海市香洲区专精特新中小企业等多项荣誉称号。

二、企业贯标背景

在市场竞争日趋激烈的今天，创新与知识产权对产品品牌价值和核心竞争力的提升作用越发明显，光恒公司管理层对创新与知识产权的管理也越发重视。

为提升创新与知识产权管理质量，提高科技创新能力，光恒公司于 2024 年启动了创新与知识产权贯标评价工作，依据国际标准建立创新与知识产权管理体系,加强公司创新与知识产权的规范化管理。为统筹做好创新与知识产权体系建设及能力等级评价工作,光恒公司成立了创新与知识产权能力建设领导及工作推进小组,由公司副总经理担任组长,公司高层担任副组长,编制、修改并下发了《创新与知识产权管理手册》《创新与知识产权文件控制程序》《创新过程知识产权管理控制程序》等多项创新与知识产权相关制度,优化知识产权资金预算、项目知识产权管理、采购环节、产品制造成型、技术合作、知识产权获取等各个环节的管理。

在贯标期间,光恒公司根据整体发展战略,首先确立了"知识产权保优势,创新增效促发展"的知识产权方针;其次确立了业务战略、知识产权战略、知识产权战略目标、创新战略和创新知识产权管理发展战略;最后确立了"把公司建设成为知识产权创造、运用、保护和管理水平行业领先企业,知识产权环境进一步完善,创造、运用、保护和管理知识产权的能力显著增强,知识产权意识深入人心,自主知识产权的水平和拥有量能够有效支撑创新型企业建设,知识产权制度对企业发展促进作用充分显现"的长期目标。

为进一步检验运行效果,改进创新与知识产权管理体系,光恒公司邀请中知(北京)认证有限公司为公司进行评价,借助国际标准提供的管理工具和方法,全面了解公司在创新过程中对知识产权管理的现状,发现知识产权管理中存在的问题。在公司开展 ISO 56005 的预评价和正式评价过程中,分级评价机构为公司提供了专业的指导和支持,光恒公司在知识产权管理方面获得了显著的获得感和能力提升。

首先,评价机构的专业知识和经验为企业提供了宝贵的视角,帮助光恒公司深刻理解了 ISO 56005 标准的核心要求和实践要点。在预评价阶段,评价机构的细致分析和建设性反馈使光恒公司能够快速识别管理中的不足,并制定了针对性的改进措施。

其次,评价机构的培训和指导提升了相关人员的专业能力。通过参与评价机构组织的培训课程和研讨会,光恒公司的员工对知识产权的保护、管理和利用有了更全面的认识,增强了实际操作能力。

在正式评价阶段，评价机构的严格审核和客观评价进一步推动了光恒公司管理体系的完善。评价机构不仅帮助企业解决了在知识产权管理中遇到的具体问题，还提供了持续改进的建议和方案，使光恒公司的知识产权管理体系更加成熟和高效。

最终，通过评价机构的专业服务，光恒公司在知识产权管理方面取得了实质性成效，使知识产权管理工作能够符合公司实际情况并取得预期效果，确保知识产权管理的适宜性、充分性和有效性，实现创新管理与知识产权管理的融合，从而提升创新发展质量和效益。光恒公司不仅成功通过了 ISO 56005 的正式评价，而且在保护创新成果、优化知识产权策略和提升市场竞争力方面迈出了坚实的步伐。

三、贯标工作开展情况

光恒公司知识产权创新管理体系从开始筹备、启动、运行、正式评价、获得评价证书历时共五多个月。其间，光恒公司、评价机构中知（北京）认证有限公司和质量评价人员陈旭红为体系评价工作的顺利运行，做了许多准备工作。

（1）组建团队。

为统筹做好知识产权创新管理体系建设及能力等级评价工作，光恒公司在评价机构中知（北京）认证有限公司的指导下成立了知识产权创新管理体系的领导小组和推进小组。

领导小组由组长韩增良和副组长罗洪星组成，负责统筹部署创新与知识产权体系建设及能力等级评价专项工作，听取工作小组工作汇报，协调解决与决策工作中的重大问题。

推进小组负责落实方案各项工作举措，推进 ISO 56005：2020《创新管理 知识产权管理指南》贯彻实施，构建创新与知识产权体系，配合评价机构中知（北京）认证有限公司开展创新与知识产权管理能力等级评价，向领导小组汇报专项工作进展。

（2）开展预评价启动会。

2024 年 1 月 15 日，光恒公司开展了创新与知识产权管理能力预评价启动会。

评价机构中知（北京）认证有限公司指派了专业的老师进行创新与知识产权管理能力分级评价工作流程介绍，并对标准的条款进行了解读。

此次启动会，光恒公司的研发部、人事行政部、财务部、采购部、生产部、品保部、销售部等7个部门参加。

光恒公司召开启动会议，启动"创新与知识产权能力建设项目"，成立创新与知识产权能力建设领导小组与推进小组，发布公司知识产权方针、中长期知识产权目标和知识产权战略目标，宣贯ISO 56005标准及创新与知识产权管理能力体系建设的意义及内涵。

（3）现场诊断。

2024年1月15日，光恒公司进行了创新与知识产权管理能力现场诊断。

本次现场诊断，评价机构中知（北京）认证有限公司指派了专业的老师开展了现场访谈调研和诊断，调研对象包括创新研发人员、知识产权工作人员、人力资源工作人员等各部门人员，调研内容包括公司组织架构及部门职责、创新与知识产权工作现状和创新过程管理运行情况及相关工作流程等。

诊断过程中，评价机构中知（北京）认证有限公司协助光恒公司进行对标诊断梳理，对标ISO 56005：2020《创新管理　知识产权管理指南》国际标准，借助国际标准提供的管理工具和方法，从战略域、基础域、过程域、效果域四个大方向全面了解公司在创新过程中对知识产权管理的现状，发现知识产权管理中存在的问题，并且提供有针对性的解决方案，使知识产权管理工作能够符合公司实际情况并取得预期效果，确保知识产权管理的适宜性、充分性和有效性，实现创新管理与知识产权管理的融合，从而提升创新发展质量和效益。

（4）落实职责。

按照公司统一部署，各部门在各自职责范围内，负责落实与本部门职责相关的创新与知识产权管理能力提升工作。各部门指派专人负责本部门创新与知识产权管理能力提升工作，并及时与其他部门开展协调和沟通，确保公司创新与知识产权管理能力提升各项工作按照计划安排稳步予以推进。

（5）配备资源。

研发部牵头负责配备公司创新与知识产权管理能力提升工作所需的人事、财务、设施、信息、财务、法律等各项资源，必要时可适当配备外部资源，为公司创新与知识产权管理能力提升工作顺利开展提供物质保障。

（6）编制文件。

2024年1—2月，光恒公司针对创新管理体系，结合实际情况，对标诊断发现的问题，形成文件清单，编制创新与知识产权管理能力提升文件并审批，创新与知识产权管理能力提升文件共25件。同时开展文件宣贯培训，使员工了解创新与知识产权管理能力提升文件的主要措施、流程和具体要求。

（7）组织培训。

研发部负责牵头开展公司创新与知识产权管理能力提升宣贯，组织研发人员参与质量评价人员陈旭红开展的专利能力提升培训，组织各部门员工学习ISO 56005国际标准，向员工普及创新与知识产权知识。组织部分员工参加创新管理师课程培训，系统构建公司创新与知识产权管理能力提升的人才队伍，共有2位员工考取创新管理师证书。

（8）实施文件。

光恒公司把创新管理体系导入创新工作中，特别是在识别机会、创建概念、验证概念、开发方案、部署方案创新五大环节。

光恒公司按照创新与知识产权管理能力提升文件的要求，组织各部门全面贯彻和实施创新与知识产权管理能力提升文件，形成创新与知识产权管理各类记录并妥善保管。

（9）开展自我评价。

在公司创新与知识产权管理能力提升文件实施3个月后，开展创新与知识产权管理能力自我评价,从创新与知识产权整体工作情况、战略管理能力相关情况、基础管理能力工作情况、创新产出与知识产权运用能力工作情况、过程管理能力基本情况五方面全面评价光恒公司创新与知识产权管理能力提升的效果。

(10)正式评价。

2024年4月25—26日,光恒公司进行了创新与知识产权管理能力初次评价,评价机构中知(北京)认证有限公司正式评价组依据创新与知识产权管理能力分级评价指标体系,对公司创新与知识产权管理能力进行取证核实,给出评价等级的推荐意见,评价等级为一级。

四、贯标工作亮点

在开展 ISO 56005 评价之前,光恒公司在知识产权领域的管理尚处于萌芽状态,缺乏系统性、规范性的管理体系,创新成果的保护与利用显得力不从心。光恒公司虽拥有一定的技术积累与市场洞察,但面对日益激烈的市场竞争和知识产权保护的严峻挑战,原有的管理模式显得捉襟见肘。具体而言,公司面临知识产权意识淡薄、管理流程缺失、创新激励机制不足、风险防控能力薄弱等相关问题,这不仅限制了公司创新能力的进一步提升,也影响了公司核心竞争力的构建。

光恒公司进行分级评价后,建立了涵盖知识产权创造、运用、保护、管理全链条的完整体系,实现了知识产权工作的制度化、流程化和信息化;优化了创新激励机制,将知识产权的创造与员工的绩效考核、晋升机制紧密挂钩,极大地激发了员工的创新热情;建立健全了知识产权风险预警和应对机制;更加注重知识产权的转化运用。通过分级评价,公司还了解到可以通过技术许可、转让、作价入股等多种方式,将知识产权转化为经济效益,公司也将会朝着这些方面进行发展。

以研发项目管理为例,分级评价以前,光恒公司项目研发过程存在执行不到位、不规范的情况,缺少对行业动态、竞争对手知识产权信息的检索和分析。开展分级评价后,光恒公司按照创新过程的五阶段模型及各阶段知识产权管理要求，系统梳理公司研发管理制度，完善了公司创新管理流程、知识产权管理流程，确保知识产权管理活动能够覆盖创新全过程。以科研项目开展过程的知识产权管理为主线，结合实际管理需求，对照国际标准，加强创新管理与知识产权管理的整合程度，如增加专利战略分析、所属领域分析、竞争对手知识产权分析、技术标准发展趋势分析等知识产权工作，以及将来根据项目和产品的需要有针对性地开展知识产权全景分析和 FTO 分析。加强了研发过程中知识产权信息的利用，优化现有专利分析、导航项目申报流程，让相关知识产权工作能够覆盖更广泛的重点项目。

总之，通过实施 ISO 56005 评价体系，光恒公司建立起系统化、规范化的知识产权管理体系，能更好地保护和利用自身的知识产权，推动创新和创业活动，并在竞争激烈的市场中取得竞争优势。更重要的是，提高了公司的创新能力和持续创新的能力，促进公司的长期发展和可持续性。这一系列的改进和成效，标志着光恒公司在知识产权管理上迈出了坚实的步伐，为公司的创新发展和市场竞争力的提升提供了有力支撑。

光恒公司贯标工作成效主要体现在以下几个方面：

（1）创新体系的系统化构建。

通过 ISO 56005 体系的实施，光恒公司成功构建了一套高效、系统的创新管理体系。这一体系不仅明确了创新活动的目标、流程和责任分配，还融入了持续改进和反馈机制，确保创新活动能够持续、有序地进行。系统化的管理促进了创新资源的优化配置，提高了创新效率，为公司带来了源源不断的创新动力。

（2）知识产权保护的全面强化。

ISO 56005 体系的评价促使光恒公司全面加强了知识产权保护工作。光恒公司不仅建立了完善的知识产权管理制度，还加大了对知识产权创造、申请、维护和运用的投入。通过加强知识产权培训，提升员工的知识产权保护意识，有效防止知识产权的流失和侵权风险。

（3）风险管理能力的显著提升。

在 ISO 56005 体系的指导下，光恒公司建立了科学的风险管理机制，能够全面、系统地识别、评估并应对创新过程中的各类风险。无论是技术迭代带来的市场风险，还是研发过程中的不确定性风险，光恒公司都能够提前预警并制定出针对性的预防措施和应急响应计划。通过制定针对性的风险应对策略和预案，光恒公司有效降低了创新活动的风险系数，为公司的稳健发展提供了有力保障。

（4）管理水平的整体跃升。

ISO 56005 体系的实施不仅促进了创新管理与知识产权保护的优化，还带动了公司整体管理水平的提升。光恒公司不断优化内部流程，加强团队协作与跨部门沟通，提高了工作效率和协同能力。同时，光恒公司还注重员工培训和激励机制的完善，激发了员工的积极性和创造力，为公司的发展注入了新的活力。

五、总　结

ISO 56005 知识产权管理体系评价的实施，是光恒公司管理史上的一个重要里程碑。它不仅帮助公司构建了完善的知识产权管理体系，更激发了全公司的创新活力，提升了风险防控能力，促进了知识产权的转化运用。展望未来，我们将继续深化 ISO 56005 评价的应用，不断优化管理机制，推动企业在知识产权保护的道路上越走越远，为实现高质量发展奠定坚实基础。

（作者：罗洪星　工作单位：珠海光恒科技有限公司）

参考文献

[1] ISO 56000: 2025 Innovation management-Fundamentals and vocabulary.

[2] ISO 56001: 2024 Innovation management System-Requirements.

[3] ISO 56002: 2019 Innovation management – Innovation management system – Guidance.

[4] ISO 56003: 2019 Innovation management – Tools and methods for innovation partnership-Guidance.

[5] ISO/TR 56004: 2019 Innovation Management Assessment-Guidance.

[6] ISO 56005: 2020 Innovation management – Tools and methods for intellectual property management-Guidance.

[7] ISO 56006: 2021 Innovation management-Tools and methods for strategic intelligence management-Guidance.

[8] ISO 56007: 2023 Innovation management-Tools and methods for managing opportunities and ideas-Guidance.

[9] ISO 56008: 2024 Innovation management-Tools and methods for innovation operation measurements-Guidance.

[10] ISO/TS 56010: 2023 Innovation management – Illustrative examples of ISO 56000.

[11] 陈劲,郑刚. 创新管理:赢得持续竞争优势 [M]. 3版. 北京:北京大学出版社,2016.

［12］波维茨·K. 阿德曼，查尔斯·D. 谢泼德. 创新管理：情境、战略、系统和流程［M］. 陈劲，译. 北京：北京大学出版社，2014.

［13］罗伯特·莫杰思，刘芳. 商业知识产权战略［M］. 北京：中国法制出版社，2020.